南京大学
中华民国史研究中心

学术前沿系列 ················ 朱庆葆 主编
城乡研究辑

发展与嬗变

民国时期
山东城市下层社会变迁研究

毕牧 著

江苏人民出版社

图书在版编目(CIP)数据

发展与嬗变：民国时期山东城市下层社会变迁研究 / 毕牧著. —南京：江苏人民出版社，2021.6
(南京大学中华民国史研究中心学术前沿系列 / 朱庆葆主编. 城乡研究辑)
ISBN 978-7-214-25737-6

Ⅰ. ①发… Ⅱ. ①毕… Ⅲ. ①社会阶层-社会变迁-研究-山东-民国 Ⅳ. ①D693.71

中国版本图书馆 CIP 数据核字(2020)第 255061 号

书　　　名	发展与嬗变:民国时期山东城市下层社会变迁研究
著　　　者	毕　牧
责 任 编 辑	洪　扬
装 帧 设 计	刘荨荨
出 版 发 行	江苏人民出版社
出版社地址	南京市湖南路 1 号 A 楼,邮编:210009
出版社网址	http://www.jspph.com
照　　　排	南京紫藤制版印务中心
印　　　刷	苏州市越洋印刷有限公司
开　　　本	652 毫米×960 毫米　1/16
印　　　张	19.25　插页 2
字　　　数	250 千字
版　　　次	2021 年 6 月第 1 版　2021 年 6 月第 1 次印刷
标 准 书 号	ISBN 978-7-214-25737-6
定　　　价	68.00 元

(江苏人民出版社图书凡印装错误可向承印厂调换)

序　言

在中国历史上,民国时期是一个独特的存在。存续时间虽不长,却给现代中国带来剧烈长远的变化。这种变化,既有中华传统文明在外来文明影响和内忧外患中的深层次危机,同时也有中华民族为挽救民族危亡、寻求国家富强进行的不懈努力。在此过程中,中国社会在历史的惊涛骇浪中艰难转型,其势如洪峰激流,奔腾而下,既有转型间的坎坷,也有历史性的成功。民国时期的城市转型和乡村建设,正是中国近代转型中至关重要的一部分,不仅建树颇多,也独树一帜,在坚持民族性、本土化的基础上,又体现出多样性、开放性、国际化和具有鲜明意识形态色彩的多重特征。虽然各地区的自然环境、资源禀赋、经济水平、制度环境、人文历史、发展机遇千差万别,但西方文化的外在影响、政治机构的宣传动员、经济组织的分工协作、社会成员的文化心理都发生了适应"现代化"进程的巨大改变。不过,鉴于各地城市和乡村的组织主体、建设思路,乃至社会各阶层对社会建设的判断和认识各不相同,要想对整个民国时期的城乡建设进行深入探讨是很难的,需要通过具体个案来进行实证研究,这样才看得更深入、更清楚。

南京大学中华民国史研究中心推出的学术前沿系列"城乡研究辑"所收录的这八种书,就是基于上述理解所展开的区域专题研究。

从选题看,这八种书研究的对象分别是民国时期的地方自治、根据地农村社会秩序的移异、交通运输发展、城市社会变迁、城市社会调控、城市社会物质生活、民国乡村实验区建设,以及长江三角洲地区城市发展路径,既有微观的城市地方自治、城市社会,也有区域乡村社会改造、交通运输发展,还有相对宏观的区域城市发展转型分析。尽管主题不尽相同,但都体现出人文关怀的社会眼光。应该说,这种从人文思入社会的视角,无疑使大家把研究的焦点对准社会,绝不是头痛医头脚痛医脚的小题小作,而是从"大处着眼、小处着手"的精雕细琢。之所以这么说,是因为这八种书的内容并非简单的历史描述和勾勒,而是具有一定的思想性。其最大特点在于,它是一套基于理念而开展研究的书系,真实记录了民国以来中国社会不断新陈代谢、革故鼎新的历史发展进程,特别是底层城乡民众在"现代化"这一历史背景下的艰难转型。虽然学界已问世的近代中国城乡转型论著不少,但是探寻城乡社会转型特别是底层社会变迁的并不多。这八种书的背后都蕴含着一种价值追求,"改变中国""富强中国"正是其所体现的思想灵魂和人文关怀。

思想取决于眼光。这八种书的另一个特点是有历史眼光与国际视野。所谓历史眼光指的是,近代中国城乡社会的变迁并不是凭空启动的,是传统中国的历史延续,但并不是简单的历史重复,而是在近代中国整体嬗变的大背景下和先进中国人的前后接续奋斗中进行的。在一定意义上,其所涉及的各地城乡变化,就是一部中国近代社会史,就是一个近代中国转型的缩影。这就需要我们把城乡社会的变化放到百年中国发展转型的背景中去理解把握,讲清楚百年中国城乡嬗变的历史轨迹,而且社会变迁的影响是长期的,对当代中国也有着深远影响。所谓国际视野指的是,近代中国城乡社会发展变化,是在外来文明尤其是西方文明影响下发生的,从传统到现代是其变化的本质特征与主要方向,因此,研究近代中国城乡变迁一定要有国际视野,要将近代中国城乡变迁置于中国现代化进程的大趋势中去把握。

近代中国城乡的转型发展,也离不开"思想""激情"和"行动"的结合,三者缺一不可。思想是前行的方向,激情是为实现理想而勇于投入,而最终思想和激情都要落实到国民党、共产党及其他各政治派别、社会团体的行动上。城乡社会变迁离不开近代中国客观条件的约束,因此,这八种书还展示了如何在外敌入侵、内战频仍、社会分裂的剧烈变动下探索实现中国现代化的变革路径。在这些探索中,既有自上而下的,也有自下而上的;既有政党引领的革命方式,也有社会推动的改良方法。各种改革方案中都有大量的历史细节,提供了从传统到现代,从思想到行动,从政党到社会,从沿海到内陆等各个环节的各种细节,从中既可以看出历史之"应然",也可见得历史之"必然",经各种思想、各种方案的现实筛选,历史最终选择了既有思想,又有行动,知行合一,具有思想力、组织力和行动力的中国共产党领导的社会变革道路。

这八种书虽然是讲历史,但对当前的社会改革也有重要的借鉴价值。虽然这八种书的作者主要是历史学专业研究者,但他们在思考近代中国城乡社会变迁上却有一些不同于传统历史学家的特点,具体表现在以下两方面:一是分析的思路与方法是多学科的,既有历史学的,也有政治学的,还有经济学、教育学、统计学的,特别是有了社会学的理论分析框架,我们对近代中国社会的变革路径及其分析就有了比较系统和严谨的思维方法,包括近代中国城乡发展的思路、社会对政策方针的反应的分析等。二是近代城乡社会的研究对当下的社会改革有参考价值,很多过去的历史经验在今天仍然值得人们吸收借鉴。特别是如何在社会变革中,较好地实现政治稳定、经济发展、社会进步、思想开放,而民众又有较强的幸福感、满足感和收获感。这些既是近代中国社会转型变革面临的历史使命,也是当代中国进一步推进社会治理体系和提高国家治理能力建设的现实要求。

近代中国城乡转型的主题是"现代化",而变革的两项内容是"人的思想观念的变革"和"社会的组织化"。基于这样的思路,这八种书既真实再现了近代中国社会"为何而变",也深刻勾勒了中国社会"如何改变"。我认为这正是其出版的意义所在。

学术贵在创新,而创新的途径各有不同。作为国内最早开辟民国史研究的学术重镇之一,南京大学中华民国史研究中心始终坚持学术上的"双轮驱动"。一方面,围绕国家发展战略需求,对关系国家民族利益和人类社会进步的重大历史问题开展研究,形成面向国家目标的系统性成果;另一方面,鼓励在学术前沿领域开展自由探索和学术创新,推动多学科的交叉融合,引领学术方向,形成新的学术生长点。近年来,中心先后推出《南京大屠杀史料集》(72卷,4 000万字)、《南京大屠杀全史》(三卷本),组织海峡两岸暨香港、澳门70位知名学者联袂打造了《中华民国专题史》(18卷)等力作,在海内外产生了很好的社会反响和学术效应。同时,中心也不断加大学术交流及人才培养的力度,长期致力于培育更多具有前沿意识、创新精神的学术新人和学术新作。此次推出的学术前沿系列"城乡研究辑",就是基于这样思考的一个尝试。我们希望借此推动更多具有学术创新能力的年轻学者茁壮成长,也为学界奉献更多有关近代中国研究的新作!

南京大学中华民国史研究中心主任
朱庆葆
2020年4月

目 录

前 言 1

    一、研究缘起 1

    二、研究回顾 3

    三、研究方法 21

    四、研究范围 23

第一章 民国时期山东城市下层社会概述 25

  第一节 近代山东城市化与城市社会结构的发展 25

    一、近代山东城市化概述 26

    二、城市化背景下近代山东城市社会结构的发展 28

  第二节 民国时期山东城市下层社会组成 39

    一、民国时期山东城市下层社会的结构 40

    二、民国时期山东城市下层社会的来源 43

  第三节 民国时期山东城市下层社会成因 46

    一、城市发展对农村人口的吸引 46

    二、农民离村与向城市流动 47

第二章 民国时期山东城市下层社会经济生活变迁 54

第一节 民国时期山东城市下层社会的收入状况 54
一、工人群体的收入状况 54
二、人力车夫的收入状况 67
三、娼妓的收入状况 72
四、乞丐的收入状况 75

第二节 民国时期山东城市下层社会的消费状况 79
一、工人群体的消费状况 79
二、人力车夫的消费状况 86
三、娼妓的消费状况 89

第三节 民国时期山东城市下层社会的衣着、饮食、居住 92
一、衣着 92
二、饮食 95
三、居住 97

第四节 民国时期山东城市下层社会的娱乐休闲 102
一、工人的娱乐休闲 105
二、人力车夫的娱乐休闲 107
三、娼妓的娱乐休闲 108

第五节 民国时期山东城市下层社会的婚姻与家庭 109
一、城市人口及其性别比 109
二、下层社会的婚姻与家庭 111

第三章 民国时期山东城市下层社会管理的变迁 118

第一节 民国时期山东城市下层社会管理机构的变迁 118
一、行政管理的更迭 118
二、警察管理的变迁 124

第二节 民国时期山东城市下层社会法制管理的变迁 128
一、民国时期法制管理概述 129

二、山东省、济南市、青岛市关于城市下层社会的法制管理　134

第四章　民国时期山东城市下层社会改良的变迁　137

第一节　民国时期山东城市下层社会的社会教育与职业教育　137

一、民国时期山东社会教育情况　139

二、民国时期山东职业教育情况　147

第二节　民国时期山东城市下层社会的社会救济与劝导　159

一、救济政策及管理机构的变迁　160

二、救济机构的变迁　167

三、民间社会救济的开展　180

第三节　民国时期山东城市下层社会的社会风气与风俗　186

一、城市风气的改善　187

二、城市风俗的改变　198

第四节　民国时期山东城市下层社会的公共卫生与市容　211

一、民国时期山东城市市容市貌的改善　212

二、医疗防疫事业的开展　219

第五章　民国时期山东城市下层社会变迁对社会发展的影响　229

第一节　民国时期山东城市下层社会对社会经济发展的作用　229

一、北洋军阀统治时期山东城市经济缓慢发展　230

二、国民党统治时期山东城市经济曲折发展　236

三、抗战(日伪)时期山东城市经济的艰难发展　241

四、解放战争时期山东城市经济的萧条　245

第二节　民国时期山东城市下层社会对革命运动的推动作用　248

一、辛亥革命到第一次国内革命战争时期的山东工人运动　248

二、第二次国内革命战争时期的山东工人运动　255

三、抗日战争时期的山东工人运动　260

四、解放战争时期的山东工人运动　264

结　语　*268*

　　一、自然、经济、政治因素对下层社会发展的一般影响　*268*

　　二、东西方文化、新旧文化冲突对下层社会发展的重要影响　*273*

　　三、党的领导对下层社会发展的决定性影响　*274*

参考文献　*277*

后　记　*294*

前　言

一、研究缘起

作为民国时期城市社会结构中的重要组成部分，城市下层社会是一个庞大的群体。虽然人数众多，但由于城市下层社会的地位低下，不能进入主流社会，加以资料匮乏，因此长期以来在城市史研究中，城市下层社会的研究一直未受重视。事实上，城市下层社会尽管生活贫苦，在整个社会中缺少话语权，但他们的生活与经历，真切地记录了近代社会转型和剧变带来的后果和影响；他们的遭遇和生命历程，蕴含了丰富的反映中国近代社会新陈代谢的信息。

在已有的社会史和城市史的研究论文和专著中，人们已涉及社会阶层的研究，但对城市下层社会（特别是山东城市下层社会）的关注程度和认识深度参差不齐，目前仍然是研究中的一个薄弱环节；城市下层社会的内部结构、人数分布、收入与生活费用、婚姻与社会状况、家庭生活等具体问题的研究较为含糊；缺乏历史学与社会学等相关学科在理论上的整合与贯通。所以对这一群体进行研究具有重要的学术价值和现实意义。

（一）关注失语人群，洞察社会底层，丰富历史认识

近代城市下层社会是一个庞大的社会群体，是近代城市社会结构中一个重要的组成部分，是近代中国社会转型和分化的产物。长期以来，被社会精英的话语霸权左右的主流史学一直漠视他们的存在，使其始终处于失语状态。因此，对这一群体进行研究就成为非常有意义的学术实践：其一，从研究下层社会入手可以更细致、更具体地认识近代中国政治、经济和社会剧变，更直观地体察近代中国社会转型的进度、广度和深度。其二，研究城市下层社会，将目光投向中国近代历史的细部，审视处于社会底层的芸芸众生在中国近代社会转型这一大背景下曲折坎坷的生存实态，有助于人们了解中国近代历史的另一面，把握历史全貌，丰富历史认识。

（二）弥补中国近代城市史研究中的某些薄弱或空白环节

彭南生指出："就历史人物研究而言，人民群众是历史的创造者已经成了高悬于口头的空洞口号，在这一口号下，大量的研究却集中在精英人物身上，翻开近代史研究论文索引，映入眼帘的人物研究多是以洪秀全为代表的农民精英，以孙中山为代表的革命精英，以康有为、梁启超为代表的改良精英，以李鸿章、张之洞、袁世凯为代表的统治精英。他们的思想、活动及对历史发展的影响都成为研究的重点，相形之下，民众的历史黯淡无光。要改变这种状况，需要一批学者将关注的焦点下移到普通民众身上。"[①]目前，对民国时期城市下层社会的研究尚不充分，这也使后来者有可能在这一领域的研究中获得较大的发挥余地。

（三）有利于拓宽和深化山东区域史研究

民国时期的山东是当时中国社会的一个缩影，从某种意义上说，民国时期山东城市下层社会的状况具有典型的代表性。因此，以山东城市

[①] 彭南生：《关于新世纪中国近代史研究如何深入的思考》，《史学月刊》2004年第6期，第17页。

下层社会的研究为切入点,可以使人们从中了解当时整个中国城市下层社会的具体状况。城市下层社会是中国近代山东区域社会的重要组成部分,不了解城市下层社会就不可能真正了解近代山东区域社会的"本相"和全貌。研究城市下层社会,重构近代山东城市下层社会群体的生活史,可以把近代山东区域史研究进一步推向细密化和精致化。本书通过对大量具体生动的史料进行缜密的梳理和细致的分析,再现了民国时期山东城市下层社会真实的生活状况,拓宽了中华民国史的研究领域,丰富了民国历史表述的题材,填补了民国社会生活史研究的空白。

(四)为当前构建和谐社会、实现科学发展的社会实践提供历史借鉴

在当代中国社会转型过程中,城市里仍然存在数量庞大、结构复杂的弱势群体,由此引发的许多社会问题亦急需寻找因应之道。因此,研究民国时期山东城市社会下层的生存状况、特点以及政府对下层社会的调控,可以为今天的城市管理提供参照和借鉴,为当下正在展开的构建和谐社会、实现公平正义的社会建设实践提供可资利用的经验。

二、研究回顾

(一)国内研究现状

十一届三中全会以来,中国近代社会史研究呈现出一派繁荣景象。学者们不仅构建了社会史研究的理论框架,而且对社会史范围内的婚姻、家庭、习俗、社会变迁、游民、灾荒、匪患、会党、娼妓、烟毒等社会问题,几乎无所不涉,发表了不少论文。此外,有关中国近代社会史的论著也大量陆续出版,如乔志强主编的《中国近代社会史》、张静如等主编的《中国现代社会史》、朱汉国主编的《中华民国史·社会卷》等都是具有较为完整学科体系的专著,作者按照各自的架构,从宏观上对近现代中国各种社会现象、社会问题、社会心理、社会控制、社会生活等方方面面进行了探讨,其中,对城市下层群体也有所阐述。

1. 城市史研究

国内学界对中国近代城市史的研究兴起于 20 世纪 80 年代。具体来讲,起步于"七五"规划,1986 年国家哲学社会科学"七五"规划将上海、天津、重庆、武汉等四个城市的近代化研究列为国家课题,以此为契机,"近代城市史研究勃然而兴"。[1] 尽管此时西方学术界的中国近代城市史研究已经形成若干理论模式并出版了一些研究论著,但由于中西文化长期的阻隔,这些研究成果在 80 年代中国近代城市史研究兴起时翻译成中文的极少,因而中国学术界对中国近代城市的研究是在缺乏理论和方法借鉴的情况下起步的。

近年来,近代中国城市史研究取得了较大进展。"中国城市史研究的进展,表现为城市史研究传统与现代、中国与世界多种学术源流的并举与融合,表现为城市史研究学科的分化与整合以及多学科的相互渗透,表现为城市史研究论著的丰厚和相关研究机构的创建,表现为城市史研究实践不断丰富的同时城市史学理论的兴起与发展,表现为城市史研究的整体推进与众多热点领域的不断形成。"[2]

据张利民、何一民等人的统计,到上世纪末国内出版的相关专著、资料集、论文集等共计 518 部,发表的相关学术论文达 1000 余篇。[3] 数量可谓良多,但真正能够称得上是城市史研究著作的,所占比例不大。其中,张仲礼主编的《近代上海城市研究》(上海人民出版社 1990 年版)及《东南沿海城市与中国近代化》(上海人民出版社 1996 年版)、隗瀛涛主编的《近代重庆城市史》(四川大学出版社 1991 年版)、罗澍伟主编的《近代天津城市史》(中国社会科学出版社 1993 年版)、皮明庥主编的《近代武汉城市史》(中国社会科学出版社 1993 年版)、何一民的《中国城市史

---

[1] 隗瀛涛:《中国近代不同类型城市综合研究》,四川大学出版社 1998 年版,第 1 页。
[2] 毛曦:《中国城市史研究:源流、现状与前景》,《社会科学》2011 年第 1 期,第 163 页。
[3] 张利民:《近代中国城市史论著索引》,《城市史研究》1996 年 Z1 期、1997 年 Z1 期;何一民:《中国近代城市史研究述评》,《中华文化论坛》2000 年第 1 期。

纲》(四川大学出版社1994年版)、刘海岩的《空间与社会:近代天津城市的演变》(天津社会科学院出版社2003年版)、茅家琦主编的《横看成岭侧成峰——长江中下游城市近代化的轨迹》(江苏人民出版社1993年版)、唐振常和沈恒春主编的《上海史》(上海人民出版社1989年版)、史明正的《走向近代化的北京城——城市建设与社会变革》(北京大学出版社1995年版)、常宗虎的《南通现代化:1895—1938》(中国社会科学出版社1998年版)等著作,可谓是城市史研究中的力作。此外,傅崇的《中国运河城市发展史》(四川人民出版社1985年版)、谢本书与李江主编的《近代昆明城市史》(云南大学出版社1997年版)、程子良与李清银主编《开封城市史》(社会科学文献出版社1993年版)、刘景玉与智喜君主编的《鞍山城市史》(社会科学文献出版社1994年版)、张学军与张莉红主编的《成都城市史》(成都出版社1993年版)、王仁远等编著的《自贡城市史》(社会科学文献出版社1995年版)、傅崇兰主编的《拉萨史》(中国社会科学出版社1994年版)等专著也都各具特色。上述著作,虽然各有其侧重点,一般而言,对城市社会阶层也都有所涉及,但是由于资料的缺乏,或者体例的限制,上述著作均对城市下层社会群体的研究着墨不多。下面就几种最具有代表性的论著,作简要评述。

张仲礼主编的《近代上海城市研究》由总论、经济篇、政治社会篇、文化篇诸部分组成。总论对上海城市的近代化历程进行了理论概括。经济篇对近代上海城市经济兴起、发展的原因,近代上海城市建设、内外贸易的发展、交通的近代化、近代上海金融中心的形成和发展、上海城市工业结构演化轨迹和近代上海工商团体的历史演变等进行了专题研究。政治篇分别研究了上海开埠与新城市格局的形成,租界与华界的兴衰,各种政治力量的组合与冲突,上海市民群体,劳资关系等问题。文化篇就上海传统文化态势,西方文化的输入与中西文化的碰撞,上海文化中心的形成和发展,大众文化,社会文化,海派文化等各个方面作了深入的分析,并明确提出了"海派文化"等概念。《近代上海城市研究》以城市的现代化历程为主线,透视城市内部各方面的发展状况,展现城市发展的阶段性波动,总结城市发展的特点,揭示城市发展的规律,突破了传统史学的研究方式,采用了史论结合及综合运用经济学、社会学、政治学与数量统计等方法,富有创新性,其每一"篇"都不同程度地对上海下层社会群体的相应层面进行了简要探讨。

隗瀛涛的《近代重庆城市史》着重对五个方面的问题进行了深入的研究:(1)重庆城市的地域结构;(2)城市经济;(3)城市社会;(4)城市政治;(5)城市文化。该书以近代化和城市化为主线,探讨了重庆城市从一个封建城市变为半殖民地城市的同时,又逐渐从一个中世纪城市走向近代城市的进程。作者运用了历史学、经济学、社会学、人口学、行政学、政治学、大众传播学等多学科的理论与方法。该书对下层社会也有涉猎,如对"下江人""棒棒"的研究就是例子,但只是在相关研究中提及,没有进行深入研究。

罗澍伟《近代天津城市史》以天津城市现代化为主线,按五个历史发展阶段分类加以论述,力图通过对每个阶段天津城市各方面的研究,勾画天津城市现代化的整体发展状况,并对天津城市在中国现代化进程中的地位和作用加以定位。由于全书自始至终紧紧抓住了城市发展这条基本线索,并注意将影响全国的重大历史事件同天津城市自身的发展密切地联系起来,所以总体看来该研究属于宏观叙事,对城市社会阶层尤其是社会下层涉猎较少。

皮明庥的《近代武汉城市史》以近代城市文明的变化和现代化的发展作为主线,将武汉近代城市史分为三个时期加以论述。该书对每一阶段影响武汉城市现代化的主要方面进行了分类研究,从而既纵贯了武汉城市的现代化历程,又强调了武汉城市发展的各阶段特点。另外著作对城市人口和职业、城市阶级结构、城市秘密社会、社会风俗,以及城市的总体特点等则列专章加以阐述,可谓对城市下层社会群体有一定的研究。

史明正的《走向近代化的北京城——城市建设与社会变革》没有全面探讨北京城市的现代化演变，而是重点研究了清末民初30年间北京城市基础设施的现代化建设与社会变革的互动关系。作者十分强调西方科学技术在资本密集的公共工程和公用事业中的作用及对北京城市发展的影响，著作不仅对城市基础设施建设进行了深入的研究，同时也探讨了城市基础设施的变化对20世纪初北京城市环境和城市生活的影响。该书虽然对城市各社会阶层甚少论及，更像是一部城市建设发展史，但是作者写作中运用的方法论对近代中国城市研究，包括本书的研究，均有一定的借鉴意义。

常宗虎的《南通现代化：1895—1938》主要从经济结构的变化、教育体制的转型、社会结构的重组等方面探讨了南通早期现代化的历程，并对南通现代化道路进行了历史的反思，总结了南通现代化的实践和成败原因。其中"社会结构"部分的研究，对城市社会阶层有所探讨，值得借鉴。

由张仲礼主持的国家八五社科重点研究课题《东南沿海城市与中国近代化》，第一次"将东南沿海城市作为一个城市群来研究"。著作紧扣东南沿海城市与中国近代化这一主题，并就上海、宁波、福州、厦门、广州这五个最早对外开放的通商口岸与中国近代化的关系逐一进行个案研究，从政治、经济、文化、社会等方面进行专题研究、对比研究和综合研究，力图以纵横交织的多角度，既勾勒出每个城市的个性，又归纳出五口通商城市的共性特征。虽然该著作同样对城市下层社会着墨不多，但是它对城市群体的综合研究，对于本书城市群体的社会下层的类似研究，有重要的启发意义。

20世纪80年代以来，山东学界对近代山东城市史也进行了一定的研究，如王守中与郭大松的《近代山东城市变迁史》（山东教育出版社2001年版）、党明德与林吉玲主编的《济南百年城市发展史——开埠以来的济南》（齐鲁书社2004年版）、聂家华著《对外开放与城市社会变迁——以济南为例的研究(1904—1937)》(齐鲁书社2007年版)、任银睦的《青岛早期城市现代化研究》(生活·读书·新知三联书店2007年版)、邓向阳主编的《米字旗下的威海卫》(山东画报出版社2003年版)、孔令仁与李德征主编的《周村开埠与山东近代化》(山东大学出版社1996年版)、寿杨宾主编的《青岛海港史(近代部分)》(人民交通出版社1986年版)、丁抒明主编的《烟台港史(古、近代部分)》(人民交通出版社1988年版)等。

以上成果主要有以下几个方面特色：第一，城市通史研究为现有成果的主要表达方式；第二，单个城市史研究为主体，但是以城市群体作为研究对象已经开始；第三，不同类别的城市受到的重视程度不同，总体看来，沿海开放城市更受重视，传统城市和内陆城市研究较少；第四，研究方法还较为陈旧，基本上为宏大叙事体，没有能够展现近代山东城市的全貌，对社会下层涉猎甚少；第五，对城市发展与近代山东社会变迁的关系探讨不够，城市似乎是孤立存在的；第六，资料的发掘不够，尤其是缺乏档案材料作为支撑。

另有许多高校或科研机构的研究生也选择以近代山东城市为研究对象撰写了一批硕士、博士论文。如：聂家华：《开埠与济南早期城市现代化(1904—1937)》(浙江大学2004年博士论文)、朱云峰：《清末民初济南公共领域的近代转型(1904—1919)》(山东大学2006年硕士论文)、万强：《近代济南的人口与城市发展(1904—1936)》(内蒙古大学2004年硕士论文)、谷学峰：《近代济南市民文化研究(1904—1937)》(山东大学2005年硕士论文)、桂晓亮：《济南商埠研究(1911—1928)》(山东师范大学2007年硕士论文)、王醒：《济南市政建设与城市现代化研究(1904—1937)》(山东师范大学2010年硕士论文)、孟玲洲：《传统与变迁：工业化背景下的近代济南城市手工业(1901—1937)》(华中师范大学2011年硕士论文)、孟宁：《近代济南城市空间转型及发展研究(1904—1948)》(西安建筑科技大学2009年硕士论文)、葛晓茜：《烟台城市近代化的历史考察》(山东大学 2008 年硕士论文)、刘慧：《济南与烟台城市早期现代化比较研究》(山东师范大学 2008 年硕士论文)、崔玉婷：《抗战以前青岛华人社会阶层分析》(山东大学 2003 年硕士论文)、张秋菊：《抗战以前烟台社会阶层结构的变迁》(山东大学 2004 年硕士论文)、张刚：《抗战以前济南社会阶层结构的现代转型》(山东大学 2004 年硕士论文)等。

总体看来，目前国内城市史研究主要集中在城市现代化与城市化、半殖民地化与城市发展、城市现代化和城市化的动力、近代城乡关系等方面，虽然相关研究有城市结构内容，但是经济方面的研究居多，而城市文化、城市社会、城市管理的研究相对较少，并多停留在表面的描述上。虽然在已有的社会史和城市史的研究论文和专著中，人们已开始社会阶层的研究，但对城市下层社会(特别是区域城市下层社会)的关注程度和了解深度参差不齐，仍然是当前历史研究中的一个薄弱环节，城市下层社会的内部结构、人数分布、收入与生活费用、家庭与社会生活等具体问题的研究较为含糊，缺乏历史学与社会学等人文社会学科在理论上的整合与贯通。

2. 城市下层社会研究

近年来，社会史"最大的空缺是社会下层民众的动向，史学研究需要从点点碎影中修复这历史的残缺，从社会下层发掘足以反映历史变动的轨迹，以最大限度地接近历史的真相"，[①]研究的焦点也逐渐"从国家上层移向社会下层……透过他们日常普通的物质生活、精神生活和心理世界，展示千百万人的'众生相'，由下而上地展开对中国社会深层结构的揭露"。[②] 随着城市史研究的深入和研究领域的扩展以及"从下往上看历史"研究的兴起，学界对城市下层社会有了初步的研究。"城市下层社会"往往被表述为"贫困群体""弱势群体"等特殊的群体，"贫困"是下层

[①] 刘志琴：《贴近社会下层看历史》，《读书》1998 年第 8 期，第 69 页。
[②] 王家范：《从难切入，在"变"字上做文章》，《历史研究》1993 年第 2 期，第 3 页。

社会的一大特点。但是作为一个阶层概念,"城市下层"的涵盖面应该更广,其区分标准也不应仅限于财富收入(城市下层社会的具体划分将在第一章专门论述)。① 在城市下层社会的研究成果中,对下层社会中的某个组成部分(如人力车夫、乞丐、娼妓等群体)的研究成果较多。这些研究主要集中在下层社会群体的结构与特征、生存处境、下层社会与城市救济、下层社会与城市近代化等方面。

人力车夫作为近代中国苦力工人中较为庞大的一个群体,以其悲惨的生存状态、坚决的斗争精神而逐渐受到研究者的关注。王印焕的《民国时期的人力车夫分析》(《近代史研究》2000年第3期)以大量资料分析了民国时期人力车夫的数量、来源、拉车原因、收支情况、住房、婚姻及其与社会的矛盾,指出人力车夫大多数是来自农村的破产农民,民国时期人力车夫数量不会低于50万,②其劳动强度大,收入微薄,社会地位极其低下。马陵合的《人力车:近代城市化的一个标尺——以上海公共租界为考察点》(《学术月刊》2003年第11期)通过剖析市政当局管理制度的"改良"和指导人力车夫的"自助",从反面揭示了中国近代城市化的痼疾与畸形,同时从人力车夫的生存状况这一特殊的视角审视近代城乡关系以及城市下层民众的边缘特性。严昌洪的《近代人力车夫群体意识探析》(《华中师范大学学报》2007年第6期)指出,经过知识界的启蒙和共产党的教育,人力车夫的群体意识提升到阶级意识、民族意识的高度,并为了无产阶级的解放、为了捍卫国家和民族的利益进行了积极的斗争。

---

① 李明伟在《清末民初中国城市社会阶层研究(1897—1927)》(社会科学文献出版社2005年版)一书中将清末民初城市各类群体划分为官僚阶层、买办阶层、企业家阶层、城市知识阶层、城市中等市民阶层、下层市民阶层、工人阶层、贫民阶层等八大阶层,并从职业构成上探讨了城市各阶层的具体组成,对包括工人、苦力、贫民等在内的城市下层社会群体的生成与生存实态进行了描述,是较早涉及到城市下层群体系统研究的成果。罗国辉的《城市下层社会群体研究述评》(《学术界》2008年第2期)论述了城市下层社会研究涉及的主要问题及不足。吕伟俊、聂家华的《生成与生存:城市化背景下的山东城市下层社会述论(1912—1937)》(《东岳论丛》2008年第3期)则从整体上论述了山东城市下层社会的结构分布与生活状况。
② 王印焕:《民国时期的人力车夫分析》,《近代史研究》2000年第3期,第198页。

刘秋阳的《民主革命时期中共对城市下层社会的认识与启蒙——以对人力车夫的认识启蒙为例》(《党史文苑(学术版)》2006年第20期)认为人力车夫是城市社会下层的代表,人力车夫经济社会地位低,缺乏文化知识,中国共产党在把人力车夫转化成现实革命力量的过程中,实际上经历了认识、启蒙过程。邱国盛的《从人力车看近代上海城市公共交通的演变》(《华东师范大学学报》2004年第2期)和王印焕的《交通近代化过程中人力车与电车的矛盾分析》(《史学月刊》2003年第4期)都一分为二地看待人力车在近代城市交通中的作用。杜丽红的《20世纪30年代北平人力车夫管理与救济》(《中国社会科学院近代史研究所青年学术论坛(2002年卷)》,社科文献出版社2004年版)从当时北京人力车夫概况入手,论述北平市政当局采取的若干救济措施以维持人力车夫生存,但由于种种原因收效甚微。①

乞丐是远离主流社会的次生群体,某些情况下是社会秩序的破坏者、人民生活的扰乱者。曲彦斌的《中国乞丐史》(上海文艺出版社1990年初版,九州出版社2007年再版)由乞丐是什么说起,论及帝王与乞丐、雅士与乞丐、中国丐帮、乞丐与公案、乞丐与江湖诸流、古今行乞诸生相、乞丐现象与习俗风尚、乞丐与中国文化等方面,取材广泛,是中国第一部乞丐史专著。周德钧的《乞丐的历史》(中国文史出版社2005年版)重点分析了乞丐产生的社会文化根由、乞丐的类型及乞讨方式、乞丐的庸劣

---

① 其他有关民国时期人力车的研究主要有:何建国、谢永栋的《近代城市发展中的规范与危机:1934年上海人力车纠纷探析》,《兰州学刊》2011年第2期;汤蕾的《战后汉口人力车夫的生存合力(1945—1949)》,《华中师范大学学报》2007年第6期;邱国盛的《北京人力车夫研究》,《历史档案》2003年第1期;于景莲的《20世纪二三十年代的济南人力车夫研究》,《滨州学院学报》2009年第2期;邱国盛的《人力车与近代城市公共交通的演变》,《中国社会经济史研究》2004年第4期;孔祥成的《现代化进程中的上海人力车夫群体研究——以20世纪20～30年代为中心》,《学术探索》2004年第10期;刘芳的《现代化进程中的上海人力车夫群体研究(20世纪20～30年代)》,《党史研究与教学》2004年第6期;张致森的《二十世纪三十～四十年代成都市人力车夫研究》(四川大学2007年硕士论文);张小阑的《上海公共租界人力车业改革研究(1934—1936)》(华东师范大学2011年硕士论文)等。

习性、江湖习气与流氓行径。曲彦斌的《中国传统社会群体研究之十——乞丐群体的历史考察》（湖北教育出版社2005年版）认为乞讨现象在中国几千年的传统社会中绵延不绝、延续至今，与民族文化这一母体中蕴涵着丰厚的乞讨文化有着极大的关系。李红英的《略论近代中国社会的职业乞丐问题》（《安徽师范大学学报（人文社会科学版）》2000年第1期）认为政府除了沿用传统的措施（收容、救济、资遣回籍等）之外，还采取了一些比较积极的防范和控制手段，如创设工艺局。由于时代的局限，近代统治者和社会人士提出或实施的解决乞丐问题的措施，都未收到满意的效果。邓小东、杨骏的《民国时期的乞丐及乞丐救济》（《晋阳学刊》2004年第1期）认为虽然民国时期出现了一些救济乞丐的思想和举措，但乞丐抵触心态的存在影响了救济的效果。①

妓女是近代中国一个人数众多的群体，尤其民国时期娼妓业的繁盛，使得妓女群体成为近代中国城市下层社会群体中为数众多的一分子。邵雍的《中国近代妓女史》（上海人民出版社2005年版）专注于近代中国社会转型时期的娼妓发展变化，对妓女的来源、等级、活动、社会关系及自我体认与思想认识等方面进行了分析阐述。武舟的《中国妓女文化史》（东方出版中心2006年版）把妓女现象作为一种文化现象来加以审视，在系统考察娼妓制度的古今演变和历代妓女的生命活动方式的基础上，深入阐述了中国妓女文化从产生到发展、从兴盛到消亡的总体趋

---

① 其他有关民国时期乞丐的研究主要有：罗国辉、刘永晋的《从〈申报〉报道看上海的乞丐（1927—1937年）》（《西安石油大学学报（社会科学版）》2007年第2期）；罗国辉的《民国时期乞丐群体成因探析——以上海乞丐群体为例》（《天中学刊》2006年第6期）；侯艳丽的《民国时期的乞丐及其影响》（《忻州师范学院学报》2006年第1期）；任吉东、毕连芳的《弱者的武器：近代中国城市乞丐的生存文化》（《历史教学（高校版）》2007年第3期）；刘荣臻、樊艳丽的《身心共济：北京市乞丐的收容救助——以1928～1937年北京官方的赈救为例》（《社会工作（学术版）》2011年第8期）；胡红娟的《民国乞丐讨术大扫描》（《成都大学学报（社会科学版）》2008年第1期）；池子华的《沉重的历史省思——近代中国的乞丐及其职业化》（《中国党政干部论坛》2004年第4期）；侯艳丽的《透视民国乞丐》（吉林大学2004年硕士论文）；胡红娟的《抗战时期四川的乞丐问题研究》（四川师范大学2008年硕士论文）等。

势。张超的《民国娼妓盛衰》(社会科学文献出版社 2009 年版)认为娼妓不是一种孤立的社会文化现象,它与人类社会的政治经济制度、婚姻制度、道德伦理以及种种约束人类行为的社会规范紧密地联系在一起。近代民国资本主义条件下的娼妓及其制度,与传统小农经济条件下的娼妓及其制度不可同日而语,娼妓的种类、身份地位、接客方式和妓院的营运也随着近代化的推进而不断变化。蒋建国的《青楼旧影:旧广州的妓院与妓女》(南方日报出版社 2006 年版)全面论述民国时期广州娼妓业,将娼妓这一社会问题置于社会生活与消费文化的视野之下进行解读、研究。秦晓梅的《近代山东娼妓业的兴衰》(《中华女子学院山东分院学报》2007 年第 2 期)分析了近代山东主要城市的娼妓从业情况,娼妓业兴盛的原因以及南京国民政府的废娼运动。张百庆的《中国城市早期现代化过程中的娼妓问题》(《史学月刊》1999 年第 1 期)从认识中国城市早期现代化过程中弊病的角度,分析了在城市早期现代化过程中一系列的娼妓问题,以城乡关系和城市政治、经济、文化及市民行为观念的转型变迁为背景,剖析了在中国近代开埠城市中,卖淫嫖娼日趋社会化、商业化、复杂化这一城市病的历史及社会根源。①

---

① 其他有关民国时期娼妓的研究主要有:王书奴的《中国娼妓史》(团结出版社 2004 年版);江沛的《20 世纪上半叶天津娼业结构述论》(《近代史研究》2003 年第 2 期);宋明军的《南京国民政府战前首都禁娼初探》(《民国档案》2004 年第 2 期);孟庆超的《论民国时期的娼妓管理》(《吉林公安高等专科学校学报》2005 年第 6 期);邢颖娜的《清末民初北京八大胡同娼妓业变化初探》(《山东女子学院学报》2011 年第 5 期);陈文联的《近代中国废娼思想的历史考察》(《中南大学学报(社会科学版)》2004 年第 5 期);忻平的《20~30 年代上海青楼业兴盛的特点与原因》(《史学月刊》1998 年第 1 期);欧安年的《旧广州娼妓问题之历史回顾》(《岭南文史》1995 年第 1 期);尹旦萍的《新文化运动时期关于废除娼妓的思考》(《江汉论坛》2005 年第 11 期);李敬之的《旧社会汉口的娼妓》(《武汉文史资料》1994 年第 2 期);孙国群的《旧上海娼妓制度发展的原因及其特点》(《社会科学》1989 年第 6 期);罗衍军的《民国时期的娼妓书写与治理——以杭州(1927—1937)为中心》(《浙江社会科学》2008 年第 5 期);罗衍军的《1945—1949 年间的杭州娼妓概况与其治理》(《聊城大学学报(社会科学版)》2008 年第 6 期);宋庆欣的《民国时期北京娼妓的救济问题》(《首都师范大学学报(社会科学版)》(见下页)

学界针对城市下层社会重要来源的流民群体也进行了专门研究。池子华在《中国近代流民》(社会科学文献出版社 2007 年版)中通过史料的梳理及对农民离村率的量化分析,对流民的成因和生命历程进行了较系统的研究。池子华的《论近代中国农民进城对城市社会的影响》(《江苏社会科学》2005 年第 3 期)对流民在近代城市社会的影响进行了考察。池子华的《农民工与近代社会变迁》(安徽人民出版社 2006 年版)分析了近代社会的转型与农民工的伴生、农民的分化与流动、农民工的向心运动、农民工的职业分流等。池子华的《20 世纪中国农村人口流动研究概述》(《中国农史》2005 年第 3 期)对近代农民离村、流民与移民问题进行了翔实的介绍。王文昌的《20 世纪 30 年代前期农民离村问题》(《历史研究》1993 年第 2 期)对农民离村现象的特点、原因、影响进行了研究。鲁西奇的《近代农民离土现象浅析——以 1912—1937 年间为中心》(《中国经济史研究》1995 年第 3 期)对近代农民离土情况及离土率进行分析,认为农民离土是"经济压力和经济吸力"引发的。①

另外,城市下层社会与社会救济也有论述。蔡勤禹的《国家、社会与

(接上页)2011 年第 S1 期);叶扬兵的《日伪统治时期南京的娼妓业》(《学海》2010 年第 6 期);彭建新的《民国广州时断时续的禁娼》(《民国春秋》1997 年第 5 期);郝鹏的《20 世纪 20 年代哈尔滨市官方对娼妓业的管理——以〈滨江时报〉所载报道为例》(《学理论》2011 年第 15 期);石燕的《19~20 世纪上海娼妓的分层:消费分层的体现》(《理论界》2011 年第 4 期);刘荣臻的《"危险的愉悦":浅析近代北京的娼妓业——以 1912—1927 年为范围》(《山西高等学校社会科学学报》2011 年第 10 期);刘平的《近代娼妓的信仰及其神灵》(《近代中国社会与民间文化——首届中国近代社会史国际学术研讨会论文集》,社会科学文献出版社 2007 年版);张超的《民国娼妓问题研究》(武汉大学 2005 年博士论文);宋庆欣的《民国时期北京娼妓研究》(首都师范大学 2011 年硕士论文);马杰的《20 世纪上半叶新疆娼妓问题初探》(新疆大学 2009 年硕士论文);王凯的《民国时期城市妓女群体初探》(吉林大学 2007 年硕士论文);邬长明的《东北伪满时期中国妓女透视》(吉林大学 2005 年硕士论文)。

① 其他有关民国游民的研究主要有:王跃生的《近代中国人口的地区流动》(《人口经济》1991 年第 4 期);姜涛的《中国近代人口变迁及城乡人口结构的现代启示》(《战略与管理》1994 年第 4 期);彭南生的《也论近代农民离村原因——兼与王文昌同志商榷》(《历史研究》1999 年第 6 期);彭南生的《近代农民离村与城市社会问题》(《史学月刊》1999 年第 6 期);王印焕的《1928—1937 年河北农民离村后的流向及其社会影响》(中国现代史学会编:《二十世纪中国社会史研究》,当代世界出版社 1998 年版)等。

弱势群体——民国时期的社会救济（1927—1949）》（天津人民出版社2003年版）论述了传统社会的救济思想及措施，现代社会的救济思想、行政体制演变、立法与设施，国民政府的社会救济，民间社会的互助共济，最后在此基础之上对民国社会救济的影响、特点进行了反思，并总结出经验教训，以鉴示未来。赵宝爱的《慈善救济事业与近代山东社会变迁1912—1937》（济南出版社2005年版）论述了近代慈善救济事业的兴起、慈善救济与政府责任、山东省内民间支持系统、跨越省界和国界的慈善活动。任云兰的《近代城市贫民阶层及其救济探析——以天津为例》（《史林》2006年第2期）分析了近代城市贫民阶层的构成、生存方式和国家与社会对城市贫民阶层的救济活动。牛林豪的《论民国社会救济中的传统因素》（《株洲工学院学报》2005年第5期）认为在民国社会救济中，传统社会救济方式仍发挥着独特且不可缺少的作用。[①]

（二）国外研究现状

对中国近代城市史的研究，西方学者先于中国。城市史研究作为一门新兴学科早在19世纪末和20世纪初就在一些欧美国家兴起。20世

[①] 其他有关民国城市下层社会与社会救济的研究主要有：任云兰的《近代天津的慈善与社会救济》（天津人民出版社2007年版）；蔡勤禹的《民国社会救济立法述论》（《中国海洋大学学报（社会科学版）》2002年第1期）；蔡勤禹的《民国社会救济行政体制的演变》（《青岛大学师范学院学报》2002年第1期）；任云兰的《近代天津的社会救济事业探略》（《历史教学（高校版）》2007年第4期）；李桂芳的《抗战时期国民政府的社会救济行政》（《法制与社会》2007年第3期）；岳宗福、杨树标的《近代中国社会救济的理念嬗变与立法诉求》（《浙江大学学报（人文社会科学版）》2007年第3期）；岳宗福的《民国时期农民离村的社会致因与社会救济》（《百色学院学报》2007年第2期）；房列曙的《民国时期安徽的社会救济和社会保障》（《安徽师范大学学报（人文社会科学版）》2008年第2期）；范彬的《社会转型背景下的民国社会救济特点论述》（《黑龙江史志》2009年第12期）；邹海英的《南京国民政府时期四川社会救济事业研究》（《商业时代》2011年第21期）；孙勇的《近代山东社会救济研究》（山东师范大学2005年硕士论文）；周蕴蓉的《抗战时期广东的灾况和社会救济》（暨南大学2004年硕士论文）；古娜的《民国新疆社会救济事业研究》（新疆大学2007年硕士论文）；王栋剑的《战后武汉社会救济事业研究（1945—1949年）》（华中师范大学2011年硕士论文）；王超的《论抗战时期国民政府社会部的社会救济》（华中师范大学2011年硕士论文）；张益刚的《民国社会救济法律制度研究》（华东政法大学2007年博士论文）；向常水的《民国北京政府时期湖南慈善救济事业研究》（湖南师范大学2008年博士论文）等。

纪20年代西方学术界就已出版了有关近代中国城市史研究的论著,60年代以来,西方学术界对中国近代城市史研究已经形成若干理论模式,并出版了大量的研究论著,但真正的研究起点还是罗兹曼的中国城市网络学说和施坚雅的中国城市发展区域说。他们研究的最重要贡献是将区域学说引入中国城市史研究,注意到了中国区域间城市化差异这一重要特征,突出对城市网络的研究,主要解决的是城市结构的现代化问题。虽然这些研究偏重于城市地理学,但是,由于施坚雅的研究背景是西方史学界对马克斯·韦伯"西方中心论"的批评和"东方主义"的兴起,所以其研究试图"通过中国发现历史"的做法,无疑具有积极的意义,但也存在矫枉过正之嫌,因为他过多地忽视了西方外力对中国近代城市发展的巨大冲击作用。

美国学者在近代中国城市史的研究领域作出了突出贡献。墨菲的《上海——近代中国的钥匙》(上海社会科学院历史研究所译,上海人民出版社1986年版)、罗威廉的《汉口:一个中国城市的商业与社会(1796—1889)》(江溶、鲁西奇译,中国人民大学出版社2005年版)和《汉口:一个中国城市的冲突和社区(1796—1895)》(鲁西奇、罗杜芳译,中国人民大学出版社2008年版)、鲍德威的《中国的城市变迁:1890—1949年山东济南的政治与发展》(张汉、金桥、孙淑霞译,北京大学出版社2010年版)、魏斐德的"上海三部曲"之一《上海警察(1927—1937)》(章红等译,人民出版社2011年版)、《上海歹土:战时恐怖活动与城市犯罪(1937—1941)》(芮传明译,人民出版社2011年版)和《红星照耀上海城(1942—1952):共产党对市政警察的改造》(梁禾译,人民出版社2011年版)等也相继出版。这些著作壮大了西方学术界对近代中国城市史的研究。此外,施坚雅等人编著的《中华帝国晚期的城市》(叶光庭等译,中华书局2000年版)、《两个世界中间的中国城市》(斯坦福大学出版社1974年版)汇集了近代中国城市史研究的众多理论探讨和个案研究的成果,足以显示西方学者的研究实力。下面就几种具有代表性的论著,作简要评述。

墨菲的经典著作《上海——近代中国的钥匙》考察了19世纪西方人到来后,上海的城市发展模型、上海在区域经济中的重要地位以及上海都市对其腹地乃至整个中国经济发展的影响。他认为尽管有上海这样的城市兴起,中国城市也不能担当起近代化的重任,而是淹没于中国农村的汪洋大海之中。

传统中国是"停滞"社会的观点,在西方和中国学界都十分流行。美国约翰霍普金斯大学历史系讲座教授罗威廉是针对这种观点的最尖锐的批评者之一,1984年和1989年,他在斯坦福大学出版社先后出版了《汉口:一个中国城市的商业和社会(1796—1889)》和《汉口:一个中国城市的冲突和社区(1796—1895)》,以严实的资料和严密的论证,证明了马克斯·韦伯所谓"中国没有形成一个成熟的城市共同体"的论断,是对中国社会发展的一个极大误解。

在《汉口:一个中国城市的商业和社会(1796—1889)》中,罗威廉精密地分析了汉口完整的商业网络结构以及商人与政府权力之间紧密的互动关系,并对城市市政建设、社会组织、经济活动、市民生活进行了系统论述。罗威廉力图证明这样一个事实:由各路精英组成的各种城市团体最终融合成了一个独特的城市精英共同体,这一精英共同体有能力也乐意投资被地方政府忽视的地方权力的建设,进而操控对城市的管理,从而得出与过去中国城市缺乏自治性的经济、社会组织的看法相反的结论,认为清末汉口已有相当规模的自治权,并且指出中国城市的变革是自发的,是内在原因在起作用,而不是一般所认为的只有在西方势力进入中国后中国城市变革才得到启动。

罗威廉第二部关于汉口的著作是《汉口:一个中国城市的冲突和社区(1796—1895)》。在这部著作中,罗威廉把他的注意力从精英集团转向人口的整体性以及社会控制模型的研究。他认为,汉口像所有巨大的城市集合体一样潜藏着诸如自然灾害和社会冲突的严重危机。但是由城市行会建立起来的社会福利和公共事务组织形成了一个中间社会和

17

中间政治舞台——"公共领域"——它介于"公域"(国家及其公职人员)和"私域"(个人、家庭和企业)之间,并认为这一新的活动领域相对于政府出资操办而言更能对城市公共领域进行有效管理,社会精英们在那里发挥着重要作用。由于社会精英们的努力,尽管汉口潜藏着诸如食品短缺、劳工骚动以及团体械斗等多种危险的问题,但是,汉口仍然是各种社会冲突发生频率较低的城市,应该归功于"公共领域"这种社会组织形式。

总之,尽管对于罗威廉近代汉口城市的"公共领域"和"市民社会"理论,学者们见仁见智,各有评判,但是其研究对于本书有重要的借鉴意义,无论是印证或者是辩驳罗威廉的理论,近代山东城市都可以提供一个很好的案例,因为如果其理论成立,那么它应该在近代山东城市下层社会展现其作用。

鲍德威的《中国的城市变迁:1890—1949年山东济南的政治与发展》是针对一个具有深厚历史文化沉淀的典型内陆城市进行的研究。一方面,他试图从较长时段对济南整个城市的命运进行全面考察,以探讨其政治及社会的近代变革;另一方面,他也力图通过强调当地资产阶级的领导角色来勾勒济南经济和教育的现代化进程。但由于政局动荡,特别是军阀混战、日本的侵华战争和国共内战,济南现代化的进程受挫。尽管鲍德威精心构思,尝试在著作中进行社会经济史维度的考察,但是研究成果还是落入了政治史的窠臼,没能够立体地展现近代济南发展的全面图景,对下层社会也着墨甚少,尽管如此,该著作毕竟是西方学者关于近代山东城市史研究的第一部著作,对本书有所帮助。

施坚雅在《中华帝国晚期的城市》中将中国城市化划分为西北、华北、长江上游、长江中游、长江下游、岭南、东南沿海、云贵和满洲等九大独特的"大区域"。正如前文肯定施坚雅学说方法论的意义一样,近代山东城市基本上可以分为沿海城市、内陆城市、运河沿岸城市三大类型,所以施坚雅的城市发展区域说对本书有借鉴价值。

日本学者对近代中国城市史也有精细的研究,例如早在 20 世纪 40 年代,今堀诚二就开始研究中国近代城市史。今堀诚二不是从权力一方来把握城市史,也不是从革命运动的政治斗争立场来分析城市史,而是始终以人们的日常世界作为研讨对象来研究北平市民的"水会",试图描绘出当时的北平社会,这在当时是划时代的实证研究。20 世纪 70 年代后半期,"上海史研究会"成立,从此日本学界试图通过近代中国城市史研究来回答"中国社会的本质是什么"的问题。从某一个角度上讲,日本学者的研究更加微观和具有实证性,这种以小见大的叙事模式有极大的方法论价值。

总的看来,国外中国近代城市史研究,是基于"欧洲中心观"和"中国中心观"这两个出发点,探讨城市在适应、领导近代中国现代化过程中的作用。正因如此,虽然国外学者在研究有些问题(如社会犯罪、公共领域等)时,涉及城市下层群体,但是没有进行专题研究,从而为本书留下了足够的研究空间。

在城市史研究的基础上,国外学者对城市下层社会群体也进行了相应的研究,下面就其中的重点成果作简要介绍。

美国学者王笛的《街头文化——成都公共空间、下层民众与地方政治(1870—1930)》(中国人民大学出版社 2006 年版)对成都下层民众与公共空间、社会改良者以及地方政治三方面以街头为中心的关系进行了细致入微的考察,以下层社会民众为主体展示各种文化现象,揭示了以街头为主的"公共空间"文化在各种政治、社会力量冲击和在自身各种利益矛盾作用下的发展、变迁及转化过程,尤其是国家、精英、下层社会之间在大众文化问题上的合作、斗争和互动关系。

美国学者史谦德的《北平人力车:20 年代的市民与政治》(加州大学出版社 1989 年版),是一部专门论述民国初期北京人力车工人生活状况和政治斗争的专著。该书以北京为例,描述了中国早期公共领域的发展,作者认为晚清时期中国新兴的经济和社会力量催生了一个由新旧公共团体合成的"新的政治舞台或公共领域",这一领域给人力车夫、挑夫等新市民提供了保护他们劳动权益的渠道。从他的整个分析中,不难看出当时北京民间社团力量的强大。但一些反对将这一理论用于近代中国研究的学者如魏斐德、孔飞力等人却始终怀疑他所说的这种西方式的"市民社会"在近代中国的发展程度。

法国学者安克强的《上海妓女:19—20世纪中国的卖淫与性》(袁燮铭、夏俊霞译,上海古籍出版社2004年版)从剖析高级妓女的活动空间和生存状况入手,对近代上海的卖淫市场、卖淫场所及由此产生的性经济进行了深入的考察。作者认为对于经济和社会变化,娼妓的反应速度和适应速度都要比社会上其他群体快得多。就上海来说,卖淫可以被视为1842年至1949年这座城市现代化加速发展的晴雨表。

美国学者卢汉超的《霓虹灯外——20世纪初日常生活中的上海》(段炼、吴敏、子羽译,上海古籍出版社2004年版)对近代上海的乞丐"阶层"进行了系统的考察,为了解上海底层市民生活提供了蓝本。

美国学者贺萧的《危险的愉悦:20世纪上海的娼妓问题与现代性》(韩敏中、盛宁译,江苏人民出版社2003年版)分类统计了各等级妓女的情况,探讨了娼妓及娼妓问题在各个层面上与上海社会的政治权利关系、商业和经济利益、社会改革、民族意识、社会性别构造等关系。

综上所述,学界目前对城市下层社会的研究大体集中在以下几个方面:城市下层社会组成部分的单一群体研究、城市下层社会的特征研究、城市下层社会与城市近代化、城市下层社会与社会救济等方面。这些研究对城市下层社会的来源、构成、组织、生活及其与社会的互动等问题进行了考察、分析和有益的思考。但总体来看,目前对于城市下层社会的研究还有很多薄弱环节,具体而言:

第一,城市下层社会的研究还存在着大量的空白领域等待开发与填补。近年来的研究中,城市下层社会的人力车夫、乞丐、娼妓等等吸引了不少的关注,其他下层社会群体研究较少;第二,对城市下层社会的分层研究关注的不够。城市下层群体内部不同层次有不同的特点,对其进行分门别类的考察有利于把城市下层社会研究推向精细化;第三,对城市下层社会的整体性研究尚待进一步加强。社会群体同样无法孤立存在,而是要依存于群体内部成员之间及其与其他社会群体的社会互动关系之中,在近代中国社会历史图景和错杂复杂的社会互动关系网络中,应该注重社会群体之间的互动关系。

单就民国时期山东城市下层社会的研究而言,成果较少,缺乏从整体上对山东城市下层社会的宏观研究。资料整理以及记叙性、写实性的文章多,学术性的探讨少,从城市社会分层的角度对下层社会进行的研究鲜有发现。总体看,民国时期山东城市下层社会研究带有浓厚的基础性研究的特点,这种文献调查整理、个案分析等基础性研究是重要的,但是,当基础研究进行到一定阶段后,就应该向带有宏观性、总体性特点的研究纵深推进,本书试图在这方面有所突破。

大致说来,本书有四个基本研究目标:第一,以民国时期山东城市为切入点,揭示民国时期城市下层社会的生存实态;第二,探讨城市下层社会群体对社会变迁的自我调适;第三,研究各级政府对于城市下层社会问题的因应方略;第四,探究城市下层社会在民国社会变迁中所扮演的角色。

三、研究方法

历史学的发展既源于内在的动力,又得益于学科之间的借鉴。目前,历史学与社会学、社会心理学、现代化、城市学、经济学、政治学等研究相互交叉,派生出许多新的研究领域及课题,出现了一批极为可观的成果。城市社会史研究也需要广泛吸收其他学科的理论,构建起更符合历史实际的完整理论体系和分析模式。城市下层社会的研究涉及众多领域,如城市史、区域史、社会史、经济史、近现代化研究等,因此民国城市下层社会的研究不能简单地归于某一学科,而是多学科交叉的综合性研究。

本书在宏观上"运用唯物辩证法的基本原则和实事求是的研究方法,按照历史的本来面目研究历史"。① 本书属于社会史研究,"社会史作为历史学与社会学的交叉学科,区别于其他社会科学的一个显著特点,是从社会学的视角来观察社会的历史发展。因此,在社会史的研究中,在构建社会史的科学研究体系中,运用社会学的知识,借鉴社会学的理论与方法,是必要的,也是不可避免的"。② 因此对本书来说,城市下层社会的研究离不开社会学的理论和方法。本书的研究涉及城市下层社会的经济生活,有大量的数据需要分析,这属于经济史范畴,因此也需要使用经济学、计量史学的方法,对下层社会的人数、收入支出等方面进行更加精确的分析,使研究更加深刻,结果更加客观。

因此,本书以既往研究为基础,将社会学、城市学等学科理论与史学的分析论证结合起来,运用社会学、经济学等相关学科的理论、概念和方法,同时运用传统的比较法,以丰富的史料为依据来全面系统深入地探讨民国时期山东城市下层社会的情况。在新的研究视角下,原来社会史研究中容易被忽视的部分将得到更鲜明的揭示,进而推动民国城市社会史研究走上一个新台阶。

本书以民国时期山东城市社会结构的发展为切入点,跨越民国社会史和城市史两个学科,对民国时期山东城市下层社会的基本状况进行分析和探讨。通过运用历史学和社会学的交叉研究,本书试图构建民国时期山东城市下层社会的研究框架,对其进行整体性研究,从而揭示其内部变化的规律和特点。

本书从民国时期山东城市社会的分层研究入手,对城市下层社会的状况进行系统的研究,将以往人们所忽视的城市下层社会的人数分布、

---

① 汪朝光:《50年来的中华民国史研究》,《近代史研究》1999年第5期,第160页。
② 朱汉国:《关于社会史研究的若干问题——以民国时期的社会史研究为例》,《史学月刊》1998年第3期,第85页。

收入状况、社会交往、生活状况、婚姻状况、家庭子女教育、社会组织、城市下层社会与社会变迁以及统治者对城市下层社会控制的政策措施等方面问题进行叙述、评价与比较研究,分析城市社会内部的互动关系,探讨不断变迁的城市下层社会生活的具象与特征,从而描绘一幅民国时期山东城市下层社会历史的多彩画卷。

四、研究范围

本书主要研究民国时期山东城市下层社会,从时间范围上来讲应该是整个民国时期,即1912—1949年。民国时期社会动荡剧烈,并有较长时期处于战争状态,比较明显以1937年抗日战争的爆发为界:1937年抗战开始前的时期,虽然也有战争侵扰,但总体来说还算相对稳定,各个方面还在向前发展,到七七事变前,经济、政治、城市现代化等各个方面都达到了整个民国时期的顶峰,能够代表民国时期社会发展的最高水平。而此后的抗日战争和解放战争时期,全国大部分地区包括山东则由于战乱的影响在各个方面都出现了不同程度的倒退,呈现出"有进有退、扑朔迷离、错综复杂的局面"。[①] 另外由于材料的原因,抗战前的材料相对多一些,抗战和解放战争时期的材料相对较少,因此本书在时间范围上以1937年抗日战争之前为叙述的重点,兼及抗战及解放战争时期。

在空间范围上,本书研究山东城市下层社会。但从严格意义上来讲,民国时期山东省内带有"市"字的地名只有"济南市""青岛市"等少数几个,因为民国时期通行的行政管理体制是省县制,由省直接管理县。民国初年为省、道、县三级管理。南京国民政府成立后废道由省直管县。到抗战前,山东省由108个县、两个市(济南、青岛)和一个行政区(威海卫)组成。抗战结束后,威海卫行政区改称威海卫市,又在福山县设烟台

---

① 聂家华著:《对外开放与城市社会变迁——以济南为例的研究(1904—1937)》,齐鲁书社2007年版,第39页。

市。因此,本书所研究的山东城市大多是参照今天的城市设置而言。目前山东省共辖 17 个地级市,文中涉及的城市均以民国时期的名称为准,如德州市当时叫"德县",潍坊市当时叫"潍县",泰安市当时叫"泰安县"等等,也有一些地名民国时期并没有,建国后设置,如东营。也是由于材料的原因,有的城市材料多些(如青岛、济南),有的城市材料少些,有的城市甚至未能找到可以利用的材料。因此本书无法对全部城市都一一论述,只能根据掌握材料的多少进行论述,材料多的重点论述,材料少的简单论述,没有材料的就只能忍痛割爱了。

第一章 民国时期山东城市下层社会概述

作为民国时期城市社会结构中的重要组成部分,城市下层社会是一个庞大的群体。虽然人数众多,但是城市下层社会的地位低下,不能进入主流社会,在整个社会中缺少话语权。尽管如此,他们的生活与经历,真切地记录了近代社会转型和剧变带来的后果和影响;他们的遭遇和生命历程,蕴含了丰富的反映中国近代社会新陈代谢的信息,所以对这一群体进行研究就成为很有意义的学术实践。

第一节 近代山东城市化与城市社会结构的发展

民国时期山东城市下层社会是近代中国社会转型的产物,城市化则是这一转型的重要内容和突出标志。城市化是人类社会结构的综合变迁过程,它不仅仅是城乡人口结构的转化,也是一种产业结构及其空间分布的转化,是传统生产方式、生活方式和行为方式的转化。可以说,城市化及由此带来的城市社会结构变迁是民国时期山东城市下层社会的基本生成背景。因此,将近代山东城市化进程作为考察民国时期山东城市下层社会的历史起点和逻辑起点是合理的。

一、近代山东城市化概述

明清以来,由于中国的政治中心在北京,山东遂成为北京周围的重要地区之一。随着社会经济的发展和手工业、商业的繁荣,山东城市也有较大的发展。但是,传统城市的经济功能主要集中在流通和消费领域,各中心城市之间的经济联系相对较弱,长途贸易较少。所以,农业时代的山东城市未能构成一体化的、联系紧密的城市体系。

近代以降,随着中国社会的变迁以及商业化、工业化和现代交通的发展,山东城市也开始了城市化进程。烟台、青岛等约开商埠城市和济南、周村、潍县等自开商埠城市的崛起为山东城市的发展注入了活力。到1949年山东区域超过50万人口的大城市就有2个,即青岛和济南。总体看,近代山东的城市化在近代中国区域城市化发展中成效显著,这突出表现在以下几个方面。

1. 近代山东城市经济结构的转换与城市功能的嬗变

城市化伴随着产业结构的转换而展开,城市化的过程也就是第二、第三产业在城市的集聚过程。随着城市化进程的推进,近代山东城市的经济功能明显增强,城市经济逐渐摆脱了对封建自然经济的依赖,第二、第三产业获得了较快发展。济南在1904年开埠后,烟台、青岛的外商络绎而至,经营与口岸贸易相关的土洋货输出入业务。济南逐渐成为省内进口品最大的消纳市场和最大的出口土货供应地,彻底改变了以往济南传统市场商业活动的地方性、封闭性特征。

商业的繁荣,交通运输的进步,以及新技术和先进机械设备的引进,为济南城市现代工业的发生发展奠定了基础。资料显示,到1930年代初期,济南有各类工厂455家,其中全部使用机器动力设备的工厂57家,资本总额1083.9万元。从工厂数量看,济南现代机器工业厂家只占全市工厂总数的4.4%,但是,从资本数量看,57家机器工厂的资本占455家工厂全部资本总额的86.5%;从产值看,机器工业产值是3666.9195万元,占总产值的84.26%;手工业产值为137.19万元,仅占总产值的3.15%。[①] 新兴的机器工业已在济南的工业结构中占主导地位。随着城市工业化的推进,企业对城市的生产性服务不断提出新的要求,相关的第三产业也逐渐发展起来,到1930年代,济南基本建立起了近代金融体系。其他服务性行业如饮食零售、社会保险、医疗卫生和文化教育等等也纷纷崛起。第二、第三产业在济南的聚集使城市原有结构和功能逐渐向多元化发展,经济因素逐步取代政治和防御功能成为城市功能的主体。

2. 城市规模的扩大

与城市区域呈点状扩散的分散型城市化不同,近代山东城市化属于原有中心城市或大城市率先发展的集中型城市化。城市地域以老城为中心向近郊扩展,在地域范围上溢出原来的城墙,向城郊农村扩展,城市形态和空间结构发生了重大变化,原来的郊区变为市区,老城、新区逐渐联为一片,从而实现城市规模的扩大和城市体量的增加。

从1904年到1937年,济南经历了"建设商埠—拓展商埠—筹建北商埠"这样一个扩张过程,近郊大量的村庄逐渐变为城市区域。到1930年代末,济南城市形态已发生重大变化,封闭、集中、讲究对称布局的传统城市特点逐渐褪去,向着开放、多点式、注重功能的现代城市转变。

3. 城市人口规模的扩大

农村人口向城市的大规模转移和集中无疑是城市化主要特征,城市人口的迅速增长是城市化起步和发展的重要表现。

随着现代以机器生产为主的现代工业的发展以及第二、第三产业在城市地域聚集,造成农村人口大量向城市集中,城市人口密度增大。济南在1904年开埠后,随着城市工商业的发展,"富商大贾麇萃糜至,即负

[①] 何炳贤主编:《中国实业志·山东省》(辛、丁),民国实业部国际贸易局1934年版;济南市政府秘书处:《市政月刊》第10卷第7、8期合刊,1936年8月,第10卷第10期,1936年10月;胶济铁路车务处:《胶济铁路经济调查报告总编》分编六,胶济铁路车务处1933年。

贩小民亦皆提携妇孺,侨寓其间,以谋生计"。① 资料显示,1929年,市区人口已达379549人,到1936年,全市人口增加到435136人,较1929年增加了55587人。1906年到1936年的30年间,济南人口增加189158人,平均年增6305人。② 城内已是"人烟凑集,非常之多,即闲街僻巷,亦如闹市"。③ 烟台"自辟商埠后,工商业日盛,人口亦因之顿繁,五方杂处,转徙频仍,但人数则有增无已"。④ 1922年有83000人,1931年达到131000人,9年间增长了近48000人。⑤

青岛从一开埠就呈现出急剧的人口城市化的特点。青岛市区原为渔村,1901年即青岛开埠四年后,仍仅有14000人,但到了1913年,则增为53312人,到1927年,则达91500人。⑥ 26年间增加77500人,增长了5.5倍,增加之速,可见一斑。

随着近代城市化进程的推进,各城市人口明显增长,大量增加的城市人口,对城市社会变迁带来一系列深刻的影响。

二、城市化背景下近代山东城市社会结构的发展

在近代以前,城市与其腹地乡村一起组成了一个以自然经济为基础的高度同构、同质的共同体,在城乡一体的管理体制下,城市并未独立于乡村之外而取得政治、经济上的独立性,除地域边界外,两者的政治边界、经济边界、文化边界是重叠的,唯一将它们区分开来的标志就是那道高大厚实的城墙,从某种意义上说,所谓的城市不过是用城墙围起来的乡村。城市与周边乡村高度同构的事实生动地演绎着马克思所说的"城

---

① 张英麟、毛承霖纂:《续修历城县志》(卷四地域考),历城县志局1926年铅印本。
② 济南市史志编纂委员会编:《济南市志》(第1册),中华书局1997年版,第488—489页。
③ 《盛京时报》,1906年12月29日。
④ 何炳贤主编:《中国实业志·山东省》(丁),民国实业部国际贸易局1934年版,第56页。
⑤ 丁抒明主编:《烟台港史》(古、近代部分),人民交通出版社1988年版,第177—179页。
⑥ 张玉法著:《中国现代化的区域研究·山东省》,台湾"中央研究院"近代史研究所1982年版,第696页。

市与乡村无差别的统一"这句话的内在含义。

山东城市在漫长的古代社会中往往是作为区域政治、军事中心而存在的。城市居民按照身份等级确定各自的社会位置、相应的社会活动范围、活动模式以及彼此间的相互关系,从而形成较为固定的特权等级、平民等级和贱民等级等三个基本阶层。贵族和官僚都属于特权等级,作为城市居民基本构成的士、工、商、手工业者、学徒、帮工等属于平民等级,从事低贱职业的苦力、理发匠、优伶、奴婢、娼妓及无业游民等人属于贱民阶层。在封建时代静态经济结构下,城市社会的这种阶层结构一直都比较稳定,较少发生变化。

但是,城市化的启动和推进逐渐改变了这一形态。随着资本主义工商业的发展和城市工业化水平的提高,社会地位和社会资源的获得逐渐转变为通过不同的职业来实现,而且工业的发展最终使城市居民都最大限度地被纳入正规化的职业体系中去,以至于"每一种谋生手段,甚至包括乞丐和行乞,都带有职业的性质"。[①] 城市出现了工商界、教育界、新闻界、金融界、政界、科技界、文化界等新的职业领域,产生了市政管理人员、科学家、编辑、记者、律师、西式医生等新职业者。

工业化、城市化是从传统社会向近代社会转型的重要标志,同时,也是这一过程中的重要推动力。近代以来,随着城市开埠和外国殖民主义的入侵,资本主义工商业开始在各通商口岸城市中兴起,并且率先突破旧的生产方式的束缚,"城市成为新型经济活动、新兴社会阶级、新式文化和教育的场所,这一切使城市和锁在传统桎梏里的乡村有着本质的区别",[②]从而使城市作为一个独立的经济发展主体和社会变革先导的地位日益突出。这种城市基本经济关系的变动导致近代以来城市社会结构首当其冲地发生了深刻的演变,近代城市社会结构的演变首先表现在旧

---

① [美]帕克等著,宋俊岭等译:《城市社会学》,华夏出版社1987年版,第13页。
② [美]塞缪尔·亨廷顿著,王冠华等译:《变化社会中的政治秩序》,三联书店1989年版,第66页。

的封闭结构下的各个阶层不断解体和新的开放结构下各个阶层逐渐形成。

1. 社会分层及其划分原则

城市化和工业化共同促使城市型产业的总量和增量及其比重不断上升,同时为中国的社会分层创造了经济基础,尤其在社会的收入分配、财富流动以及个人的就业状况、职业变迁、收入变化等方面产生深刻的影响,其实质即是直接导致社会阶层的变化。

社会分层是指各个社会群体由于占有或享受政治、经济和文化等方面资源的不平等和不对称而拥有不同的社会地位、处于不同的社会层面、面临不同的社会生存的总体情况,是人们被"分派"于社会的特定位置的客观状态,社会分层决定社会结构的基本特点。对于社会阶层划分,一直以来存在两个重要的理论传统,这就是马克思主义传统和韦伯主义传统。马克思强调社会分工、生产资料的占有、财产所有制对社会分层的决定性意义。韦伯虽然与马克思一样强调经济因素,但是他更注重市场能力和市场中的机会对阶层划分的意义。无论哪一种理论传统,对现代社会阶层的划分都采用了多元的分类原则或标准。

社会阶层是指社会成员在一个社会等级体系或分层系统中的等级位置。阶层的概念可以分解成三个相关的方面:政治地位(权力)、经济地位(财富)和社会地位(声望)。① 工业化、城市化促进了城市社会分工,强烈地改变着整个社会的职业结构和人们的职业位置,影响着人们因职业属性变化而发生的阶层属性的变动,同类职业从业者的集合构成社会阶层,因此职业原则自然成为阶层结构划分的主要原则。职业是对人们从事的劳动的具体体现,与其他一些原则相比,职业原则具有不可替代的可操作性。在近代山东城市化进程中,随着社会经济发展和科学技术的进步,劳动分工不断细化,原来由同一类职业者担负的功能分离成专

---

① [美]伊恩·罗伯逊著,黄育馥译:《社会学》,商务印书馆1990年版,第308页。

门的部分,由不同职业者承担,从而造成阶层之间收益收入、权力和声望差距的增大,形成阶层分化。① 表现为新社会阶层的出现和各社会阶层的特征凸显。

2. 传统等级职业阶层结构的解体

在自给自足的自然经济状态下,城市与腹地乡村所组成的区域系统是一个高度同构的经济、政治和文化共同体,乡村在经济上统治城市,而城市在政治上统治乡村。城市居民主要是以贵族和各级官僚为主的政治统治和社会管理层。以城市中的官僚阶层为核心,形成了以士大夫、士绅为主的知识阶层,以及为适应特权阶层的消费而存在的从属于工商阶层和劳工阶层的工商业者、体力劳动者及附属性、寄生性人口,如娼、隶、卒、僧、道、医等。另外,还有为数不少的无正当职业而四处游荡的流氓、乞丐等游民阶层。在论及清代城市居民结构时,费正清曾这样概括道:"这些城市是清王朝上层权贵、禁军统领、富商巨贾以及名工巧匠的居住地。在这些城市的人口中,还有在野的名门豪绅、中小商人、官署衙门胥吏、劳工和脚夫,以及没什么文化的僧侣、术士,赋闲的小产业主、落榜举子、退伍军官。此外还有一批诸如流浪汉、季节工和无业游民之类的人。"②山东城市亦大致如此。

在中国传统社会中,城市社会结构一直保持在静态的微弱变化之中。城市的阶层主要分为贵族、官僚与平民阶层,城市社区由官僚和缙绅控制,城市居民的身份、职业受到严格限制,大多数城市人口从事与封建官府和封建经济密切相关的行业。到了明清时期,城市的商品经济逐步发展,商人和手工业者有了一定的经营主动权,但他们并不能冲破封建官府的束缚自由地去发展城市经济,传统城市的社会结构始终未能发生大的变化。

---

① [澳]沃特斯著,杨善华等译:《现代社会学理论》,华夏出版社2000年版,第311页。
② [美]费正清主编,章建刚等译:《剑桥中华民国史》(第一部),上海人民出版社1991年版,第37页。

近代山东城市社会结构是一种建立在身份等级之上的等级职业结构。在这种严格的身份等级制度下,社会划分为几个不同的等级,依据身份等级的不同,城市传统的社会阶层结构由特权阶层、平民阶层和贱民阶层三部分组成。统治阶层中的贵族和官僚都属于特权等级,作为整个城市居民基本构成的工、商、手工业者、学徒、帮工、苦力等属于平民等级,在劳工阶层中从事低贱职业的理发匠、戏子、奴婢、乞丐、娼妓等人又都属于贱民阶层。

在基本的身份等级之下,城市居民内部各阶层之间的职业划分仅具有相对的意义。统治阶层可以通过各种制度化或非制度化的渠道来获取大量的社会财富以维持自己优裕的生活,因而他们并不被纳入职业分层。真正的职业分层只在其他阶层的平民等级中展开,所谓"士、农、工、商"是我国数千年以来的职业分类,即是这一分层的集中体现。清光绪时"士农工商,各有正业",仍然被认为是社会分层的基本规范,而且各个阶层的平民一般都只能在本等级的范围内选择自己的职业。即使是已沦为游民而处于社会最底层的乞丐,也是因为"不屑做娼优隶卒,所以慎交择术,才做这件营生……这等人若肯做娼优隶卒,那里寻不得饭吃,讨不得钱用,来做这样苦恼生涯"。① 同时,劳工阶层和游民阶层中社会地位低下的贱民,则又只能选择那些低贱的职业,是城市中娼妓的主要来源构成。②

可见,传统城市社会结构是一种封闭的身份等级结构。在等级森严的制度下,不仅统治阶层,而且知识阶层、工商阶层、劳工阶层等彼此之间都有较为明显的界限。比如,要想成为手工业者就必须先做学徒,再做帮工,非经这一途径便不能为城市中的其他手工业者所容纳。商人也必须要加入对其成员限制很严的行会。要想成为士子就必须先有科举

---

① 李渔著:《连城璧》,参见《李笠翁小说十五种》,浙江人民出版社1984年版,第34—35页。
② 王书奴著:《中国娼妓史》,岳麓书社1998年版,第194—196页。

功名,至少应在秀才以上,除此以外,不能得到社会的认同。不同阶层、等级之间的居民在来源构成上的先天差异进而更限制了人们在职业上的自由流动,因为各等级所能从事的职业都受到严格的规定,每一职业都被深深地刻上了身份的烙印。这种各阶层、等级之间及其在职业上的封闭性不仅与当时的政治、经济、文化结构相紧密关联,而且更为一系列的法律制度规范和社会习惯所肯定。其间可能的流动只存在于统治阶层中的少数贵族、官僚因犯罪而被贬为庶民、贱民,或者作为平民的各阶层因科举、军功而上升到统治阶层。但是这种个人身份、地位的变动"是极其有限的,并且很多不是由于社会经济、技术进步而导致的正常流动,而是由于政治的、权力的偶然因素而促成的;它也不能引起社会职业结构或阶级、阶层构成的变化"。① 因而也不可能打破既有社会结构的封闭状态。

3. 功能职业阶层结构的形成

(1) 城市职业的变化

在近代山东城市的城市化进程中,随着资本主义工商业的兴起,昔日封闭的身份等级结构最终被突破,城市社会结构开始向以功能职业为基本标准的近代社会分层结构转变。所谓功能职业结构,即按社会的不同功能需求而出现不同的社会分工并形成相应的专门职业,最后在此基础上形成新的社会分层。

在工业化时代里,群体、阶层的社会地位和社会资源的获得更主要是通过不同的职业来体现,而且工业的发展最终会使城市的全部居民都最大限度地被纳入正规化的职业体系中去,以至于"每一种谋生手段,甚至包括乞丐的行乞,都带有职业的性质、秩序的性质,这是确保这种谋生手段取得成功所必须有的性质;当然为确保成功还须其他的联系来加强这种趋向:不仅要使自身的职业专门化,还要合理化,还要完善一套具体

---

① 乔志强著:《中国近代社会史》,人民出版社1992年版,第178页。

的技术去自觉地从事这种职业"[①]。这种在整个社会大分工中发挥着不同功能的职业专门化、技术化不仅可以直接反映从业者的经济收入、政治地位和在社会中的声望，而且据此进一步将各个职业群体阶层化，从而构成新的阶层排列。这就意味着经商是一种职业，做官是一种职业，当教师、编辑、记者也是一种职业，做工亦是一种职业。近代城市中这种社会结构的新的转化过程就是功能职业结构制度化的过程。

近代工业化、城市化的发展带来了城市社会结构的深刻变革，原有的社会阶层结构受到新的生产方式的冲击，近代山东城市社会出现了前所未有的阶层松动。

就特权阶层而言，一方面，清朝特权等级中的贵族、八旗子弟向来都是依靠封建政权所提供的俸禄、赏赐而不劳而获的，但近代由于清中央政权的弱化，政府财政危机不断加深，政权所能提供的社会资源日趋减少；另一方面，资本主义工商业一出现，便对旧的等级职业结构形成了强大的冲击，从事新式工商业所带来的庞大利润又使城市里的工商阶层中出现了一个新富群体，旧的身份等级与可获取社会资源量的对应关系出现了不断扩大的偏差。特权者的身份由于丧失了物质的支撑，其价值因而大大降低。为谋求生存，他们不得不去寻求那种过去不屑于从事的职业。而随着工业化进程的推进和各项新事业的发展，城市社会出现了许多新的职业岗位，举凡公司、企业、报馆、学会、学校、留学等等都成为他们的用武之地。于是，旧的统治阶层和作为士绅的知识阶层出现了整体性、结构性的阶层分化。民国建立以后颁布的一系列资产阶级法令从制度上取消了旧的特权等级和贱民等级，为新的功能职业结构的建立扫清了道路。于是，城市中的特权阶层无论是在来源构成上还是数量上都发生了质的变化，以士绅为主体的传统城市社会中的特权阶层逐渐演化为城市中各种职业群体。

---

① [美]帕克等著，宋俊岭等译：《城市社会学》，华夏出版社1987年版，第13页。

如前所述,随着城市工业化、城市化水平的提高和现代商业和机器工业的发生发展,近代山东城市的经济结构发生变化,社会分工的日趋精细,城市行业布局则迥异于从前,众多新行业、新职业不断在城市社会中涌现。

从1898年以前青岛、李村附近48个乡镇中居民的职业类别情况中可以看出,此时的职业种类少,职业结构单一,见表1-1:

表1-1 1898年以前青岛、李村附近48个乡镇居民职业类别表

职业类别	人数	职业类别	人数	职业类别	人数
泥匠石匠	30	兽医	4	说书艺人	8
铁匠	34	扎纸裱糊匠	8	教书塾师	41
染匠	10	皮革制造匠	15	僧道	12
木匠	98	吹鼓手	47	占卦算命	11
锡匠	8	唱戏武技	45		

(资料来源:赵琪主编:《胶澳志》第一册,青岛华昌印刷局1928年版)

1920年代末1930年代初,青岛的职业结构分化迅速,社会职业日趋复杂化和多样化,表1-2是1932年青岛的职业构成情况。

表1-2 1932年青岛市民职业分类统计表　　　　单位:人

职业	数量	职业	数量
公务员	3697	渔业	1585
军人	209	交通业	870
警士	3243	律师	40
教职员	1302	医生	317
学生	5583	新闻记者	92
农业	74582	劳力	30172
工业	52602	娼妓	873
商业	36163	其他	42391
矿业	13	无职业	18759

(资料来源:青岛市政府秘书处:《青岛市行政统计汇编(民国二十一年度)》,青岛档案馆档案A000474)

1927年济南的从业人口有96785人,占总人口的32.55%。其职业分布是:议员、官吏173人,公务员1842人,教员116人,医生264人,新闻记者40人,律师24人,矿业19人,工业30268人,商业10057人,牧业、渔业15人,苦力31719人,娼妓438人,其他21810人。[①] 到1930年代中期,济南基本形成由纺纱业、面粉业、染织业、化工业、机械制造业和卷烟业6个行业构成的近代城市工业体系,新行业、新技术的出现,使城市社会职业日益分化,居民的职业结构愈加多样化。参见表1-3。

表1-3 1932年济南城市居民职业构成情况表

职业	政界	军界	学界	工界	矿界	商界	其他	合计
人数	4586	6371	1438	16024	57	76238	187233	291947
占调查人口总数的比例%	1.57	2.18	0.49	5.49	0.02	26.11	64.13	100

(资料来源:胶济铁路车务处:《胶济铁路经济调查报告总编》分编六,胶济铁路车务处1933年)

可见,与传统的"士农工商"四民类别不同,城市化打破了传统城市社会狭窄单一的职业结构,城市社会职业日趋专门化、多样化、细致化和复杂化。居民的社会地位和社会资源的获得逐渐转变为通过不同的职业来实现,城市居民逐渐被纳入正规化的职业体系中去,相应的一些新的职业和阶层应运而生。近代山东城市开始按不同功能形成的职业作为城市社会人群划分的基本标准,等级职业结构下的士绅、工乐、仆役、优伶等等级性质的职业划分渐被取消。1933年,国民政府正式公布了以城市居民职业为基础的全国统一的职业分类标准,共有农业、矿业、工业、商业、交通运输业、公务、自由职业、人事服务、无业等九大类,全国各大城市都按照这种功能职业的划分标准对本城居民进行分类。职业划分的制度化、规范化表明:新的功能职业结构已经大致取代了旧的等级职业结构,成为城市社会结构的主体构成,近代山东城市社会亦不例外。

[①] 济南市史志编纂委员会编:《济南市志》(第1册),中华书局1997年版,第495—496页。

(2) 城市职业分层

在近代山东城市化过程中,城市社会逐渐从等级职业结构向功能职业结构转变,即按照社会的不同功能需求而出现不同的社会分工并形成相应的专门职业,职业的专门化将各个职业群体阶层化,城市社会形成新的阶层排列。职业分层不仅仅反映了人们的经济地位,也反映了人们在权力结构和声望分层中的位置。职业已成为人们社会地位的最主要体现,人们社会地位的高低都通过职业地位高低精确地反映出来,这样就在职业分层的基础上形成了新的社会分层,同时也实现了职业分层与阶级分层的相互吻合。

总体看,截至1930年代中期,近代山东主要城市居民从职业构成上大致可以划分为九个层次:第一,外侨、清朝贵族、大官僚、军阀、豪绅富商;第二,外国银行、洋行的董事、高级职员和买办;第三,大型工厂、商店和银行的投资者、经营者、社会名流;第四,银行、公司和大型工厂、商店的专业职员、高级雇员;第五,中小工厂、商店投资者和经营者出版商、主编、律师、医生、教授、一般政府职员、公司职员;第六,小企业主、店主、高级店员、中间商、包工头、行帮头、工头、技术工人;第七,手工业者、商贩、店员、学徒;第八,工厂、商店和手工作坊的半熟练工人和非熟练工人,矿山、运输、建筑、装卸等行业的工人和季节工、临时工、小摊贩等;第九,自谋生计者、苦力、娼妓、乞丐、难民等。①

在上述九个社会分层中,第一、二、三类属于城市社会上层。这一群体控制着大量的资源,政治势力强大,经济实力雄厚,与中央、地方政府以及外国政治经济势力有着各种各样的联系。主要包括具有浓厚封建色彩的官僚、军阀、贵族等封建特权阶层,还有开埠之后逐渐形成的买办、大企业家、银行家、大商人和高级知识分子等群体,他们有稳定丰厚

---

① 李明伟著:《清末民初中国城市社会阶层研究(1897—1927)》,社会科学文献出版社2005年版,第99页。

的收入、巨额资产和显赫的社会地位,能够影响地方政治、控制城市经济命脉。例如,穆伯仁、崔景三、辛铸九、马伯声、苗杏村、苗星垣、张采丞等人控制的地方资本集团在济南现代工业发展过程中,表现得非常活跃。他们先后创办了诸如成通纺织品有限公司、仁丰纱厂、华庆面粉厂、成丰面粉厂、惠丰面粉厂等著名企业。其中,"桓台帮"和"章丘帮"又是济南现代工业投资主体中的主力。许多军政要人也热衷于投资现代工业。1918年成立的华庆面粉厂,就有山东督军田中玉、财政厅厅长周嘉琛、实业厅厅长田桂芳、济南交涉署长施长卿、济南道尹唐柯三投资其中。

城市社会上层收入丰厚,生活优裕。例如,政府高层公务员一方面月薪很高,另一方面因享有特权而又有许多隐性收入。1931年青岛市各局台所职员支薪者共有1238人,月薪最高者600元,最低者20元,其中月薪300元以上者有30人,[①]这些人多为局长、所长、秘书长、科长等。

第四、五、六类属于城市社会的中间阶层。在社会地位上高于体力劳动者,低于大官僚、买办、资本家阶层。他们拥有一定的社会资源,有固定职业和固定收入,生活条件比较优裕。

在清末民初城市社会中,公务员、职员、教员、自由职业者和中小企业家等,作为从事非体力劳动,具有某项专业技能的专业人员,是中间阶层的主要职业群体。他们当中大多数人都受过不同程度的教育,其中相当一部分具有较高的文化水平。随着城市化的发展,这些职业群体在城市行政、工商、文化等领域的影响日益显著。

在市政、海关、保险、公司等部门工作的公务员、职员构成的职业群体,也是近代山东城市社会中间群体的重要构成部分。这一群体的文化程度较高,大都具有大学或中等专科学校以上学历。他们通过考核进入城市行政机关、工商和文化机构中的相应岗位,承担着城市的管理、组织、开发、分配、协调等职能。

---

① 青岛市政府秘书处:《青岛市行政统计汇编(民国二十年度)》,青岛档案馆档案 A000491。

由于教育、新闻、出版业的不断发展,城市中新的知识阶层的人数迅速增加,编辑、记者、艺人、教师、工程师、律师、医生等职业人群迅速扩大。大多数编辑、记者、教师的身份已不同于传统社会的知识分子,他们是近代商业社会中的被雇佣者,从事文化产业的生产或新式文化的传播。

随着城市工业化的发展,中小资本家、手工业作坊主和商人不断从下层社会中崛起。在各个城市里,许多来自下层社会的工头、学徒、店员、摊贩通过自身的努力,成为中小企业家,构成了城市中等阶层的重要组成部分。

城市社会的中间阶层是城市的中等消费者,尽管他们不像上流社会的成员那样拥有大量的财富、企业或房地产,但他们当中的许多人可以租用宽敞舒适的住房,部分人甚至可以独立购买住房,生活十分优裕。他们拥有闲暇休养时间,衣食住行都明显有别于下层社会成员。在社会贫富差距日益扩大的社会分层结构中,社会中层在经济、政治、文化等方面均居于中间状态,他们在社会上、下层的矛盾冲突中具有缓冲功能。因为中间阶层一般为社会中的既得利益集团,并且有一定的文化修养,所以视野较为开阔,在社会上代表温和、保守的意识形态,他们往往对社会的主导价值观有较强的认同感。

第七、八、九类属于城市社会的下层,占城市人口的绝大多数。他们有的收入微薄,勉强养家糊口;有的则生活无保障,挣扎在死亡线上。

第二节 民国时期山东城市下层社会组成

民国时期山东城市下层社会是城市化的产物,在以工业化和农村人口向城市聚集为主要内容的城市化过程中,城市社会资源如财富、收入、权力和声望等等在社会成员、团体和阶层之间进行了重新分布和配置。随着城市化的推进和频繁的城乡交流,由于受制度与机制、家庭背景、教育程度、职业技能、机遇等多种因素的合力影响,一大批城市社会成员只获得较少资源甚至几近于无,这批数量庞大的人群便构成了民国时期山东城市下层社会的主体。

一、民国时期山东城市下层社会的结构

民国时期山东城市下层社会人数众多,职业涉及城市生活的各个方面。由于他们大多数是没有文化、缺乏熟练技艺的贫穷之人,谋生手段少,失业率极高,只能靠出卖劳动力和其他低等的谋生手段维持生存,职业涉及城市生活的各个方面,在城市社会中处在最低的地位。根据职业、社会地位、财富收入、声望影响等因素,民国时期山东城市下层社会大致由以下几个群体构成:一是劳工群体:主要由产业工人、手工业者、伙计、学徒等构成;二是自谋生计者群体:主要由小商贩、手艺人构成;三是苦力群体:主要由马车夫、人力车夫以及建筑、运输、装卸、清洁等行业季节工、临时工构成;四是游民群体:主要包括乞丐、娼妓、拾荒者、难民等。

1. 劳工群体

劳工群体以产业工人和手工业工人为主体,还包括佣人、伙计、店员、学徒等被雇佣人群。主要分布在加工制造业、采矿业、建筑业、交通运输及传统手工业中,是下层社会的主要社会群体。他们人数众多,工作场所相对集中,收入低下,生活缺乏保障,生活在饥寒交迫当中。据济南市政府在1932年的调查,分布在面粉、饮食加工、纺织、电力、机械、化工、卷烟等机器工业企业中的工人共有8212人。1936年,济南的传统手工业工人则有7909人。[①] 这一群体人数众多,工作场所相对集中,收入低下。1920年代,济南童工的月工资是2元,熟练男工的月工资是20元。但当时一个成年人独自生活每月需要7.5元,支撑一个5口之家一

---

① 济南市政府秘书处:《济南市政月刊》1936年第7期、第8期;1937年第2期、第3期。

个月的生活至少需要 15 元。①

2. 自谋生计者群体

自谋职业者是指那些依靠小本生意或简单手艺谋生的人群,他们不被他人雇佣也不雇佣别人,主要从事独立的个体劳动或家庭劳动,以小商贩、手艺人为主体,还包括理发匠、修理匠、铁匠等人,多以服务业为主。这一群体没有与其他人发生雇佣或被雇佣关系,是完全的个体劳动者。与律师、掮客、自由撰稿人等自由职业者相比,自谋生计者虽然从事的也是相对"自由"的职业,但其"含金量"无法与前者相比。前者主要依靠较复杂的专业知识、专业技能谋生,往往能获得较高的收入,属于社会的中层,而此处所论述的自谋职业者大多缺乏知识、资金,所掌握的技术也比较简单,因而收入微薄,仅能糊口度日。稍有不顺(如遇战争、天灾人祸),便可能破产陷入困境。当然,也不排除其中的佼佼者依靠自己的努力,加上一点运气,掌握了较高的知识技能,获得一定数量的资金积累,从而脱离下层社会,进入中层社会。

3. 苦力群体

苦力群体"是一班失去生产工具的劳农和苦工;他们是受天灾、人祸打劫的农民,被排斥的苦力,停歇工厂的工人以及一批给机械工业淘汰下来的手工业工人"。② 苦力群体是无固定收入而纯恃出卖体力为生的劳动者群体,因"中国工业化过于迟滞不能吸收大量劳动力,再因厂工大都自有组织,贫苦来奔之农民,亦不宜插足。于是离村农民到都市中最可能之出路,莫若充作苦力"。③ 在这一群体中,既包括传统城市中已有的轿夫、粪夫、清道夫、码头搬运工、搬运苦力,又包括新兴起的人力车夫和散布在工矿业中的从事最脏最累劳动的季节工、临时工,他们大都没

---

① 杨天宏著:《口岸开放与社会变革——近代中国自开商埠研究》,中华书局 2002 年版,第 384 页。
② 吴平:《农工衰败与人力车夫》,《劳工月刊》第 5 卷第 2、3 期合刊,1936 年 3 月,第 115 页。
③ 吴至信:《中国农民离村问题(续)》,《东方杂志》第 34 卷,第 22、23、24 号合刊,1937 年 12 月。

有复杂的谋生手段，只能简单地出卖劳动力，从事人力车夫和车站、码头以及建筑工地的搬运等工作，其收入不稳定，生活在极度贫困之中。"他们除双手外，别无长物，其经济地位和产业工人相似，惟不及产业工人的集中和在生产上的重要。"① 人力车夫是随着人力车的引进而出现的一个庞大的下层社会群体，也是苦力阶层的主要构成部分。

4. 游民群体

游民群体是指在城市居民中游离于基本社会结构之外的各个边缘群体，主要包括乞丐、娼妓、江湖艺人等。在近代城市化过程中，大量的农民和手工业工人在大机器生产面前纷纷破产，但是，由于以机器生产为代表的新经济力量并没有在城市中获得充分发展，相应的城市现代化进程十分缓慢，这些破产的农民和手工业者已经脱离了身份等级结构，却又无法被新的功能职业结构全部吸纳，便造成了大量的结构外边缘人口——游民。对此，毛泽东曾分析道："中国的殖民地和半殖民地的地位，造成了中国农村中和城市中的广大的失业人群。在这个人群中，有许多人被迫到没有任何谋生的正当途径，不得不找寻不正当的职业过活，这就是土匪、流氓、乞丐、娼妓和许多迷信职业家的来源。"② 他们一般无固定职业、无固定生活来源，以正当或不正当的方式谋生。在城市化及由此带来的城市职业分化过程中，社会最底层生活日益艰难化、悲惨化，有大量为生计所迫、无家可归的流浪人为游民队伍的壮大提供了丰富的源泉。这一群体主要包括乞丐、娼妓、江湖艺人、拾荒者、难民、卜卦、算命、看相、巫婆、神汉等。

需要说明的是，以上所谈到的民国时期山东城市下层社会的分类未把黑社会（含秘密社会、帮会组织）包括进去。因为黑社会是以获取非法利益为目的，是一个同主流社会相对抗的非法的地下社会，他们的存在

---

① 《毛泽东选集》第1卷，人民出版社1991年版，第8页。
② 《毛泽东选集》第2卷，人民出版社1991年版，第645—646页。

是正常社会秩序所不容的,是法律严厉打击的对象。另外黑社会成员有很大部分来源于下层社会,但也有部分黑社会成员来源于中上层社会,其组成比较复杂。

二、民国时期山东城市下层社会的来源

在城市社会由传统等级职业结构向功能职业结构的转变过程中,涌入城市的破产农民和破产失业的原城市居民,无法被新的功能职业社会结构吸纳,从而失业或丧失固定的生活来源,沦为城市社会的边缘群体。从来源看,主要是受城市发展的诱惑和失业破产的压力下而流入城市的农民、在城市社会结构转型过程流动到下层的原城市居民和失业工人。

1. 农民

由人祸、天灾等原因造成大量的农民破产,农民在破产失业以后被迫离村成为流民,其中很大一部分流入城市。由于缺乏教育和必要的谋生技能,他们在相对发达的城市里只能从事简单、低级体力劳动,就业途径极其有限。他们或进入工厂成为产业工人,或辗转成为苦力。由于人口流动无序化和城市人口的急剧膨胀,导致有限岗位竞争激烈,就业极度困难,这就为城市中的特殊行当如乞丐、妓女、城市流氓等造就了充足的人力资源。

这些离土农民来到陌生的大城市,或者找到工资微薄的工作,或者因身无长技而无业可就,成为无业游民。无论是哪一种情况,他们都是生活在城市的最底层,当初的"淘金梦"变成了"糊饱肚皮"的现实。同时,从经济、文化极为贫瘠的农村来到物质文明畸形发展的城市,这种巨大的差距使他们每一个人都在心理上失去了平衡。他们不满于社会分配的不公,不满于自己所处的境地。但是,显然他们中间的绝大部分人被迫安于现状。然而,也有少数人,其中主要是年轻人,则在城市纸醉金迷、灯红酒绿的物质生活面前,膨胀起对金钱的欲望,随时准备为获取金钱财物铤而走险而沦为盗贼,这些人显然成了城市的不安定因素。

据二十世纪二三十年代抽样调查,工厂工人出身于农民的比例大体是这样:山东中兴煤矿的矿工中,985 名里工中 52% 出身于农民,1025 名外工中则有 75% 来源于农民。① 近代产业工人,一般都来自农村中破产的农民或手工业者。山东地少民稠,本是东三省移民的发源地,天灾人祸,又继续逼迫农民出来谋生。有些工厂工作又不需要什么技能,只要有气力就行,于是农民都争先恐后地或自己、或由亲友介绍到厂做工。尤其是注重情谊的山东人,往往是一村一姓地结伴来同一个厂做工,以便彼此照应,遇事相帮。父子、兄弟、叔侄、甥舅等等姻亲在一起做工者,更是常有的事。城市下层的其他群体如苦力、乞丐和妓女等,也大都来源于农民。

2. 破产失业的原城市居民和其他城市贫民

在近代山东城市经济结构和社会结构急剧转型过程中,原有城市居民也被纳入不同的社会阶层。在这一过程中,大量城市居民在脱离旧的社会结构后无法为新的等级职业社会结构所吸纳,成为结构外边缘人口,从而失业或丧失固定的生活来源。

民国以来,在山东城市经济中仍然存在大量分散的、落后的个体手工业。又因手工业资金少,规模小,技术相对落后,劳动生产率低,无法与拥有雄厚资本、采用现代机器设备的外国在华企业和民族资本企业相比拟,因此在激烈的市场竞争中,不少手工业被淘汰出局,结果是连同手工业主在内的大批手工业从业者,无奈地加入了失业者行列。一批知识分子在城市社会转型中也被推出原社会结构和经济结构而进入失业队伍,文人失业成为社会普遍现象。

这些人一旦失业,就很难维持生存,只要身体状况还不算太坏,其中很多人都会成为人力车夫和苦力,成为城市社会下层群体的一部分。正

---

① 刘明逵编:《中国工人阶级历史状况(1840—1949)》第 1 卷第 1 册,中共中央党校出版社 1985 年版,第 167 页。

像老舍先生在《骆驼祥子》中所描述的那样:"被撤职的巡警或校役,把本钱吃光的小贩,或是失业的工匠,到了卖无可卖,当无可当的时候,咬着牙,含着泪,上了这条到死亡之路。这些人,生命最鲜壮的时期已经卖掉,现在再把窝窝头变成的血汗滴在马路上。"①更有甚者,无力找到任何谋生出路的人,则成为无业游民。民国山东城市中的苦力和人力车夫就有一部分来自原城市居民。据20世纪30年代的调查,济南人力车夫的来源构成中本地居民占29%,其余则为济南周边县市,如泰安、长清、平阴、章丘、青州等地的人。②

3. 失业工人

产业工人本是随着工业化的发展而在近代城市中出现的新兴职业群体,是城市早期现代化过程中劳工阶层发展的趋势所在。但在半殖民地半封建社会的形态下,新兴工业发展并不顺利,只是到第一次世界大战时,中国的工业发展迎来了"黄金时代",产业工人也有了巨大的发展。但随着第一次世界大战结束后,外国资本主义入侵又重新加强,国内弱小的民族资本工业又开始呈现萎缩,失业工人的数量开始不断地上升。"总的看来,这时候大城市的失业工人大约占工厂雇工人数的1/4至1/3。……抗日战争和战后时期就更可怕了。……各大、中、小城市无不充满了失业大军,到处都是流浪街头的人群,劳动人民农家都有失业人口。"③虽然较各个城市人口总数而言,产业工人所占的比例本身并不大,但这样高比例的失业人数也足以证明失业的产业工人是民国时期城市下层的重要组成部分,因为在当时城市经济普遍不景气的情况下,失业工人欲重新谋到一份正当的职业实属不易,在别无他途的情况下,只能

---

① 老舍著:《骆驼祥子》,人民文学出版社1962年版,第2页。
② 强一经:《济南洋车夫生活调查》,李文海主编:《民国时期社会调查丛编·城市(劳工)生活卷(下)》,福建教育出版社2005年版,第1176页。
③ 《旧中国的资本主义生产关系》编写组编:《旧中国的资本主义生产关系》,人民出版社1977年版,第353页。

去做苦力,乃至沦为无业的贫民和乞丐。直至解放战争时期,由于"政府无工厂容纳失业工人","人力车仍然是"失业者过渡期之工作"。[①] 因此,虽然供过于求对其自身生活造成不利影响乃至破产,但是人力车夫的数量仍居高不下。

第三节　民国时期山东城市下层社会成因

民国时期山东城市下层社会是在城市化和自然经济解体、农民破产这一大背景下生成的。一方面,随着城市化进程的推进,城市对农村人口的吸纳能力加强;另一方面,在外国资本主义入侵加剧的情况下,自然经济加速解体,广大农村日益衰败,加上接踵而至的自然灾害、兵祸匪患,致使大量的农民在破产失业以后被迫离村、流入城市。而城市工商业发展速度严重滞后,无法为新增人口提供足够的就业机会,因而绝大部分进城的农民往往是进城也无业,他们再加上失业破产的原城市居民,沦为城市社会的边缘性人口,成为城市下层社会群体的主体。

一、城市发展对农村人口的吸引

随着以机器生产为主的现代工业的发展以及第二、第三产业在城市聚集,使得城市在城乡人口流动中的吸引力大大增强,造成农村人口大量向城市集中、城市人口密度增大。从农村游离出来的大批离村农民,自发地涌入城市。在城市化过程中,山东各城市的经济功能得到加强,成为本地区的重要工商业和经济中心。城市经济的迅速发展,需要补充大量的劳动力,于是,周边农村剩余劳动力和破产农民纷纷流入城市。

随着城市化的推进,民国时期山东各主要城市的规模不断扩大,城区面积迅速扩展,城市基础设施明显改善,城市内外市政、交通、街道、房

[①] 《沪禁止人力车营业,车商请求收回成命》,《解放日报》1946年7月24日。

屋建设有很大改变,城市的负载能力显著提高,同时,京津等大城市得风气之先,西方的政治、经济和文化从这里登陆,向周围扩散。城市的商品生产与流通形成了与农村完全不同的方式,文化娱乐的广泛性和普及性,受教育和开化的程度,城市的工作、住房、交通、饮食等方面,尤其在生活和消费上,是农村生活无法比拟的。

城市环境比乡村优裕是显而易见的。因此,在农村人的眼中,城市是一个充满幻想、遍布谋生机会的所在。当时有一首歌谣,真切地反映了城乡之间的天壤之别以及人们对城市的向往:"都市肥,农村瘦;都市香,农村臭;都市楼高摩云汉,农村十屋九破漏;都市妖姬薄狐裘,村妇寒衣不避肘;都市歌舞犹通宵,谁见农村嗷嗷口! 莫作农村人,宁作都市狗。"①城乡之间的差异是一个真实的存在。这些都强烈地吸引着穷困潦倒、生活无着的广大农民,于是他们纷纷涌入城市,寻找生存的机会。城市经济不断发展所产生的极大的诱惑力,吸引着周围农村人口迅速向城市聚集;同时农村自然经济逐渐解体和连年不断的天灾人祸,也把剩余劳动力和难民、灾民推出世居的家乡,另谋生路。

二、农民离村与向城市流动

近代中国,在外国资本主义入侵加剧的情况下,人口总数与土地面积的比例严重失调,粮食普遍短缺及粮价的高涨,自然经济加速解体,小农经济的持续破产,广大农村日益衰败,大量的农民破产失业,他们不得不脱离原来的生产方式和生活环境,向外地迁移。

1. 资本主义生产关系的冲击

山东平原人口众多,而可耕土地面积相对较少,劳动生产率也相对江南要低。清代以后,山东人口迅速增加,造成农业剩余人口开始增加。特别是近代沿海城市开埠通商以后,农村商品经济有所发展,棉花、花

---

① 《乞赈之歌》,《劳动季报》第 4 期,1935 年 2 月。

生、烟叶等经济作物耕种面积大增,粮食作物的商品化程度也随之提高,加之洋货对农村家庭手工业的冲击和天灾人祸,促使土地兼并现象严重,贫富分化的速度加快,维系两千年的自给自足的自然经济开始瓦解,农村的剩余劳动力增加。于是,农村人口向城市流动的规模也逐年扩大。

自第一次鸦片战争以后,外国资本主义势力随着烟台、青岛等城市的开埠,逐渐由沿海地区扩展到广大内地,越来越多的外国商品开始涌入山东,其中以机制产品棉纱、棉布、金属、蜡烛、火柴、煤油、染料、纸张等为大宗。以棉布、棉纱为例,青岛开埠后,外国纺织品在山东又多了一条输入通道。棉布、棉纱为山东传统的手工业,大量外国纺织品,特别是棉纱进口的增加严重影响了山东的纺纱业。"洋纱输入,价格既廉,成色又高,于是纺棉者日见减少,至今已寥寥无几矣。"[①] 20世纪初的邹县,"自洋纱畅销,而邹人之纺业顿失"。[②] 莱阳农村妇女"往昔大半纺纱",但在洋纱的冲击之下,到民国初年,纺纱业已"久经停歇"。[③] 手工织布业在一些地区也面临着与手工纺纱业相同的命运,尤其是在沿海某些地区甚至出现了完全停织的现象。在广大内地,手工纺织业的破产,更是给人民生活造成了严重后果。鲁中的桓台县,"旧日惟妇女纺线织为粗布、小布,粗布销本地,小布销外境,自洋线洋布兴,此业遂归淘汰,民生益困"。[④] 正是由于外国棉制品的大量涌入,山东地区广大农民赖以生存的手工纺织业被摧毁了,瓦解了耕织结合的农村经济,大批的农民失业破产,生活境况更加贫困,而纷纷选择离家。

此外,西方国家在华大量倾销其廉价农产品,严重冲击了我国的农业生产。在1929—1933年世界经济危机期间,帝国主义各国纷纷把中

---

① 何炳贤主编:《中国实业志·山东省》(辛),民国实业部国际贸易局1934年版,第7页。
② 《邹县乡土志》,山东国文报馆1907年石印本。
③ 《莱阳县志》卷二,1935年铅印本。
④ 《桓台县志》卷二,1934年铅印本。

国当作排解其国内危机的出泄口,将大量过剩的洋米、洋麦等农产品输入中国。仅以小麦为例,据统计,1929—1933年,中国平均每年进口的小麦达1700余万担,是1912年3060担的5500多倍,且这5年中,每年进口量均呈上升的势头。① 大量洋麦的输入,使中国的小麦销售市场受到沉重的冲击,小麦价格暴跌,农民的生活也因此而急剧恶化。一方面,农民收入因粮价低落而收入减少;另一方面,为满足必要的日常开支,农民必须出卖更多的粮食,以至所余之粮不足全家一年之需。粮价的低落,使许多农民因收入骤减而不能维持生活,不得不出卖部分土地以勉强糊口。而出卖土地的增多与粮价低落的结合,则又导致了地价的低落。

2. 自然灾害的影响

自然灾害频繁发生导致农村自然社会环境不断恶化,也是迫使农民离家出走的重要原因。接踵而至的自然灾害,使得大量农民逃离家乡流入城市。自然灾害成为农民离乡、进城的一个重要原因。山东地区自然灾害频发,特别是水灾和旱灾。而且,越到晚近,灾害发生的频度越密,强度越大。统计表明,19世纪全国发生的水灾有1/3以上是在山东的大河流域,尤其是黄河流域。尽管旱灾发生的频度不如水灾高,但是灾害波及的区域范围和持续的时间往往高于水灾,对乡村经济和社会造成的灾难性后果更为深重。清末民初,山东发生的重大水旱灾害主要有1877—1878年的旱灾、1917年的水灾、1920—1921年的旱灾和1935年的黄灾,其影响往往是全域性的。

1920—1921年的特大旱灾波及直隶、山东、河南、山西和陕西五省。"灾区由保定以下直达河南南部,约长二千里或六百英里,由东至西平均一百五十英里,最广之处为由陕西边境至山东潍县,相距计一千里或三百英里,灾区面积九万方英里,人口三千至三千五百万。"② 由于此次旱灾

---

① 许道夫编:《中国近代农业生产及贸易统计资料》,上海人民出版社1983年版,第138页。
② 《大公报》,1920年9月13日。

与1917年的水灾相距只有三年,许多灾区连续遭灾,农民少有喘息之机,只有逃离一途。灾区农民生活十分悲惨,饿殍遍地,流离失所,无处安身。大难避于城,小难避于乡;小灾避县,大灾逃省。据南开大学1936年对山东农村的调查,其离开家乡的原因中属于天灾人祸的占总数的27.3%,属于生活无着等经济原因的占总数的69%。①

1920年山东大旱灾发生后,许多灾民本来准备乘火车出关逃难,却因种种原因滞留城市。由于涌入城市的灾民数量过多,地方当局难于应对,只得请求灾区当局,阻止当地灾民进城。逃入城市的灾民在灾害过后有相当部分会返回家乡,城市只是他们的"避难所"。但随着灾害频频,战乱不断,农村的生存环境越来越恶劣,迫使越来越多的灾民断了回乡的念头,在城市里由"暂避"逐渐变为"定居"。庞大的贫民阶层就是在这一过程中形成的。

1935年的黄灾,黄河在鄄城县董庄一带决口,酿成空前大水灾,相邻的菏泽、济宁变成一片泽国。"灾区东西长300里,南北宽70里,灾民达五六百万。"②受灾地区农民全部成为灾民。这些灾民有的在沾化、无棣等盐滩地区安置,有的则流入济南等城市成为难民、游民。

3. 战争频发所致

民国时期山东兵连祸结,硝烟不断,既有军阀间的混战,又有外国侵略者在中国境内发动的战争。这些战争给百姓带来了无穷的灾难,也是农民背井离乡、流落城市的重要驱动力。据统计,1912—1930年发生战争的省份数目:1912年1个,1913年6个,1916年9个,1917年5个,1918年9个,1919年2个,1920年7个,1921年7个,1922年10个,1923年6个,1924年8个,1925年13个,1926年15个,1927年14个,

---

① 周俊旗著:《民国天津社会生活史》,天津社会科学院出版社2002年版,第43页。
② 吕伟俊著:《韩复榘传》,山东人民出版社1997年版,第271页。

1928年16个,1929年14个,1930年10个。① 这个统计未必完全,但从中我们仍可以看到战争的规模在扩大。同时,战争的频次在增加。

民国时期山东更是兵祸匪患的多发地。战争期间尤其是地方军阀混战期间,其军费和战争费用多是依靠横征暴敛和任意勒索,使农民本来十分困难的生活雪上加霜。"在山东省的临沂县,每亩附加税由1912年的1.80元,到1927年增加到8元。"②因此,许多农民成为战祸下的难民不得不逃难到济南、青岛等大城市,"各客店几为难民住满,流离失所,狼狈不堪"。③ 甚至连一些空闲的货栈,也被逃难者住满。

在农业经济凋敝、天灾人祸等种种因素的合力下,民国时期山东大批农民纷纷离村外出谋生。据1933年的全国农村离村情况统计,山东省全家离村196317户,家中有青年人离村的410385户。④ 山东农民的离村数量在北方首屈一指。据归廷铨的统计,1934年,山东农村平均离村率为49%。⑤ 国民政府实业部中央农业实验所1936年对山东全家离村之农户的去处作了一个调查,到城市逃难的占11.7%,到城市作工占22.3%,到城市谋业的占13.9%,到城市住宿的占6.3%。⑥ 从数据来看,离村后奔赴城市者,全家离村和有青年男女离村的农户,山东为54.2%、47.9%,⑦都居各省离村农户的绝对多数。由此可见,在农民离村后的去向中,城市为其首选。山东的省城济南,自然也是山东省人民离村的首选。尤其遇到灾荒时,各县灾民更是纷纷投奔省城。当时也有学者指出:"今日农民的离村,已非个人的而是家族的,至少是直系亲属;已非一

---

① 王寅生:《中国北部的兵差与农民》,国立中央研究院社会科学研究所专刊第五号,1931年,第8页。
② 周俊旗著:《民国天津社会生活史》,天津社会科学院出版社2002年版,第44页。
③ 《大公报》,1924年11月4日。
④ 实业部中央农业实验所农业经济科编印:《农情报告》,1936年7月第四卷第七期,第173页。
⑤ 归廷铨:《农村经济落之原因及救济方案》,《东方杂志》第32卷第1号,1935年。
⑥ 实业部中央农业实验所农业经济科编印:《农情报告》,1936年7月第四卷第七期,第227页。
⑦ 参见王印焕:《1911—1937冀鲁豫农民离村问题研究》,北京师范大学博士论文,2001年4月。

时的,而是永久的。"①这样一来,其结果便是"每年有几百万人去城里谋生",②而且长期滞留于城市。

离村农民在迈出家园时即已一贫如洗,等待他们的前景也十分悲惨。大量流入城市谋生的农民要在这里找到一份工作十分艰难,因为"这些从传统社会经济结构中分化游离出来的一无所有的劳动者,一无资金投资,二无现代文化、现代技术可谋现代职业,三无社会关系可以运用"。③ 因此,他们除少数成为雇佣工人外,绝大多数人靠出卖体力劳动为生,大多从事一些被视为低贱的职业,如男子拉黄包车、搬运货物、做仆役;女子除做佣人之外,很多被迫沦为娼妓,剩下的就是街头巷尾随处可见的乞丐。其中以人力车夫最具代表。人力车夫是一个劳动强度大、收入微薄且社会地位极其低下的职业阶层。尽管如此,由于工作机会难得,不少涌入城市的破产农民仍然投身此业。在整个民国时期,人力车夫一直是个相当庞大的群体。在当时条件下,人力车夫这一行业,几乎成为其他失业或无业人员的容身之地。

在中国近代社会,工业化发展的严重不足本来就没有提供足够的就业岗位,而城市化的速度又明显快于工业化的速度,对于相当数量由农村涌入城市的人来说,他们首先面临的是无业可就的问题,其次才是就业后再失业的问题。1932年《社会学杂志》载文对各地失业人口进行了估计,其中济南16000人,青岛40000人。④ 青岛居民中无业、失业人员的比重相当高。以1947年为例,无业、失业人口有242254人,几乎3个

---

① 蔡斌咸:《从农村破产所挤出来的人力车夫问题》,《东方杂志》第32卷第16号,第37页,1935年。
② 《旧中国的资本主义生产关系》编写组:《旧中国的资本主义生产关系》,人民出版社1977年版,第352页。
③ 忻平著:《从上海发现历史——现代化进程中的上海人及其社会生活》,上海人民出版社1996年版,第89—90页。
④ 解敬业:《中国的失业问题》,《社会学杂志》第5卷第4号,1932年9月。

人中就有 1 个没有职业。①

  无业与失业对本来就贫困如洗到城市"讨饭碗"的小农来讲是一种再为致命不过的打击,其结果便是凶暴者流为盗贼,懦弱者穷极自杀。至于因失业而家庭离散,妇女沦为妓女,老者迫为乞丐者,可谓比比皆是,屡见不鲜。

---

① 青岛市档案馆编:《青岛旧事》,青岛出版社 1991 年版,第 82 页。

第二章　民国时期山东城市下层社会经济生活变迁

民国时期社会发生了巨大变化，政治变革、经济发展、社会变迁等。在这种宏观时代背景下人们的日常经济社会生活受到了很深的影响，不仅在社会中上阶层中表现明显，下层社会也亦步亦趋，有所变化。城市下层社会由众多群体组成，其中工人、人力车夫、娼妓、乞丐等对象构成下层社会的主体。下面将以这些对象为主，从收入、消费、衣、食、住、娱乐、休闲、家庭、婚姻等方面来对城市下层社会群体的经济社会生活变迁进行考察。

第一节　民国时期山东城市下层社会的收入状况

下层社会群体的收入是其进行日常生活的基础，是衡量其物质生活与消费水平的标尺。群体内受职业、职位、性别、年龄、地域等因素的影响，收入状况又存在着相当大的差异。

一、工人群体的收入状况

民国时期城市工人由稳定地从事体力劳动和具有一定操作技能的人们构成，主要分布在化学纺织、加工制造、矿山开采、交通运输、城市公用事业以及传统手工业等行业,他们没有任何生产资料,工资收入是唯一生活来源,是下层社会中的主要群体。考察工人群体的收入状况首先要对工人的工资情况作一了解。当时,受社会发展水平和工人群体内部差异的影响,工资形式表现多种多样。概括起来,一般工厂普遍存在着计时和计件两种工资支付制度。计时工资,根据时间的不同分为小时工资、日工资、月工资三种,其中以按日、按月支付的形式为主。计时工资是工矿企业最基本的形式。除计时工资外,在诸如纺织业中还有计件工资,在此制度下工人的工资收入主要取决于自己的劳动量。如1932年烟台纺织业中,纺络丝2.5公斤报酬3元,结发网1个1分,火柴业中糊火柴盒1万个2角,装卸业中装卸车每车3角至1元不等。① 1949年济南纺织业工人计件工资情形:仁丰纱厂,摇纱工每月最高可得工资124元,最低91元;纺织工最高105元,最低76元;织布工最高168元,最低80元;成大纱厂,摇纱工最高120元,最低53元;纺纱工最高120元,最低72元;织布工最高154元,最低72元。② 除计时工资和计件工资外,山东各城市还存在着包工制、佣金制、分成制、小账制等多种形式。

工人群体对工资的依赖程度非常大,而工资水平的高低则受多种因素的影响。首先,不同历史时期的政治环境、社会经济发展水平对工人工资收入情况影响颇大。

民国建立后,山东的经济形势与全国一样,资本主义工商业及手工业都得到了一定程度的发展,并形成了一定规模。"民国初年,济南、青岛、烟台三埠,工业勃兴。"③但好景不长,1920年以后由于日本的经济侵略,北洋军阀在山东的混战以及残酷统治,严重影响着经济社会的发展。

关于这一时期山东工人群体的收入状况,据1918年北京农商部调

---

① 烟台市地方史志编纂委员会编:《烟台市志》(上),科学普及出版社1994年版,第419页。
② 山东省地方史志编纂委员会编:《山东省志·劳动志》,山东人民出版社1995年版,第228—229页。
③ 何炳贤主编:《中国实业志·山东省》(辛),实业部国际贸易局1934年版,第637页。

查,在吉林、直隶、山东、山西、江苏、福建等 11 个省的纺织工厂中,男工最高日工资为 0.32～0.68 元,女工最高日工资为 0.23～0.65 元。山东男女职工的最高日工资则分别为 0.38 元与 0.32 元,仅居第七位与第五位,并且低于全国男织工 0.45 元、女织工 0.34 元的日工资总平均数。山东铁路交通企业的情况亦如此,据 1924 年第一次《中国年鉴》统计,京奉、京汉、京绥、陇海等铁路机器厂的男工最高日工资多在 1.4 元至 2.17 元之间,而津浦铁路济南机器厂男工最高日工资为 1.20 元,也低于同线浦镇机器厂 1.30 元的相应数。① 1925 年对青岛纱厂梳棉、打棉粗纺、精纺、搬运、杂役等工种工人的工资调查发现,其平均最低工资为 0.25 元,平均最高工资为 0.57 元。② 手工业工人的收入,1924 年济南"在家里糊火柴盒的手工工人,每糊 1000 个 6 分钱。童工在工厂装火柴,每装 170 盒挣 1 铜圆,他们做这种工作每天挣 5～20 分。在家里做发网,每打 15～20 分不等,价格依市场需求而定。"③

南京国民政府时期,山东的政治统治比较稳定,社会经济有所发展,但同时也存在着很大危机。首先是日本对山东的侵略与渗透越来越严重,其次是国民党官僚资本对经济的垄断趋势越来越明显。这一时期,山东城市社会经济整体而言有了较大的发展,但由于受国内外政治、经济局势变化的影响,1935 年后,又出现了衰败的趋势。④

济南、青岛、烟台、周村、济宁等地的工商业,如纺织、漂染、化学颜料、机器、酿造、印刷、火柴、面粉、制革等行业都有了较大的发展。以济南市为例,1930 年工厂 64 个,资金 5768580 元,年总产值 8123033 元,工人 5843 人。到 1934 年,发展到工业户 137 户,资金 10033000 元,职工

---

① 山东省总工会:《山东工人运动史》,山东人民出版社 1988 年版,第 57 页。
② 刘明逵编:《中国工人阶级历史状况(1840—1949)》第 1 卷第 1 册,中共中央党校出版社 1985 年版,第 406 页。
③ [美] A·G·帕克指导,齐鲁大学社会学系调查编著,郭大松译、庄惠娟校:《济南社会一瞥 (1924 年)》(下),《民国档案》1993 年第 3 期,第 52 页。
④ 吕伟俊主编:《民国山东史》,山东人民出版社 1995 年版,第 470 页。

11967人。①

伴随而来,这一时期工人群体的工资仍然偏低,但与北洋军阀时期相比略有提高与改善。青岛被收回后,国内民族工商业开始缓慢地发展起来,工人队伍不断壮大,收入在稳定中逐渐有所增长。表2-1为1931年对青岛市内外资的纺织、化学、机器、水电印刷、饮食等工商企业工人工资收入所做的调查。

表2-1 1931年青岛各类工厂工资调查表

工业类别	厂数	每月每人工资		
		最高	最低	普通
纺织工业类	23	16.70	5.90	8.74
化学工业类	18	23.7	7.83	13.6
机器工业类	48	21.87	9.36	13.6
水电印刷工业类	18	27.00	7.50	13.0
饮食工业类	18	24.5	9.85	13.30

(资料来源:青岛市政府秘书处编:《青岛市行政统计汇编总目(民国二十年)》,青岛市档案馆馆藏档案A000491,第47页)

又据《济南大观》记载,1934年鲁丰纱厂股份有限公司,有男工460名,女工1340名,工人每日平均工资最高1元5角,最低2角5分。成通纺纱股份有限公司,男女工人1081名,男女工资:每月最高60元,最低9元,奖金等不计算在内。成记面粉公司,全厂共计76名工人,工资额数:每月最高100元,最低12元。茂新第四面粉公司,职工130余人,工资每月最高80元,最低12元。振兴火柴公司,男女工人750余人(外工不计),工资最高者每月24~25元,最低者每月十余元。②

1930年代初,华北战事基本平息,山东社会秩序暂时稳定,至抗战前

---

① 济南市志编纂委员会:《济南市志资料》(第三辑),济南市志编纂委员会1982年印,第57页、59页。
② 罗腾霄著:《济南大观》,济南大观出版社1934年版,第302—306页。

表2-2 1935年青岛市各类工厂工资统计表

	0.35元以下	0.36至0.65元	0.66至1.05元	1.06至1.25元	1.26至1.35元	1.36至1.45元	1.46至1.55元	1.56至1.75元	1.76至1.95元	1.96元以上	每日平均工资
木材制造业	89	304	44								0.4
机器及金属品制造业	220	69	50	14	3		1				0.3
交通用具业	71	55	61	17	4	4					0.3
土石玻璃制造业	133	132	11	3		1	4	1	3		0.3
公用事业		101	110	21	9	31	19	50	10	7	0.4
化学工业	192	557	109	2							0.4
纺织工业	242	1386	299	9	4	3	1	2	4	1	0.5
服用品制造业	110	116	30			1					0.3
饮食品及烟草制造业	8	547	43	3		3	3			4	0.4
造纸印刷业	54	15	8								0.3
合计	1119	3282	765	69	20	43	31	53	17	12	0.5

（资料来源：青岛市社会局：《青岛市二十四年度社会行政统计》，青岛市档案馆藏档案A000540，第28页）

处于韩复榘主鲁时期。韩复榘为了建立"山东独立的经济体系",采取了一些发展经济的积极措施,到 1936 年达到民国时期山东工业化的最高水平。① 表 2-2 为 1935 年青岛市社会局对青岛各工厂企业工人工资所做的统计。

从表中我们可以看出:1935 年各行业的工人平均工资都比 1930 年代初有了提高。其中:木材制造业,月平均工资为 12 元;机器及金属品制造业,月平均工资为 9 元;交通用具业,月平均工资为 9 元;土石玻璃制造业,月平均工资为 9 元;公用事业,月平均工资为 12 元;化学工业,月平均工资为 12 元;纺织工业,月平均工资为 15 元;服用品制造业,月平均工资为 9 元;饮食品及烟草制造业,月平均工资为 12 元;造纸印刷业,月平均工资为 9 元。上述十大行业合起来,工人月平均工资达到 15 元。

相对于现代新型机器工厂企业而言,传统手工工厂的工人收入则维持在一个较低的水平。据 1931 年济南市政府社会股对 29 户手工工厂的工作时间,平均月工资等情况进行了调查,如表 2-3 所示。

表 2-3　1931 年济南市 29 户手工工厂情况调查表

业别	调查户数	资本总额（元）	日产量	生产方式	工人数（人）	平均月工资（元）	每日工作时间（时）
织布厂	10	5800	75 匹	人力木机	256	2.74	13
毛毯厂	8	13150		人工	168	5.44	12.3
毛巾厂	4	530	95 打	人力木机	31	3.14	13
织带厂	2	3100	104 打	人力木机	50	12.6	14
花边厂	2	6300	180 打	电机织机	58	7.1	9
发网厂	1	7000		人工	70	10.5	10
针织厂	1	5000	13 打	人工	15	12	8

① 吕伟俊等著:《山东区域现代化研究(1840—1949)》,齐鲁书社 2002 年版,第 383 页。

续 表

业别	调查户数	资本总额（元）	日产量	生产方式	工人数（人）	平均月工资(元)	每日工作时间(时)
制绳厂	1	200	250斤	人工	5	4.5	16
合计	29	400800			653		

（资料来源：济南市社会科学研究所：《济南简史》，齐鲁书社1986年版，第554页）

从调查结果中发现，手工业工人工资普遍偏低，在涉及的8个行业中月工资最高者12.6元，最低者仅2.74元。在653名手工工人中，月工资在10元以上的只有135人，在7～10元之间的有58人，在7元以下的竟有460人。

1932年烟台电灯公司工人月工资22.5元；发网打包工月工资10～20元；榨油工月工资5～10元；砖瓦生产男工月工资4～20元；蜡烛、肥皂、火柴、石笔、制绳、制造大车、滑石雕刻、面碱、染坊、造钟、首饰、印刷等行业生产工人月工资仅1.5～4元。工商业主雇佣的职员、店员和工人，都需经3～5年的学徒期。学徒期间，大部分雇主只管饭（一日两餐）不给钱，或稍有报酬。烟台瑞蚨祥绸缎庄1924年学徒工年工资5元，到1931年增为10元。①

虽然由于社会经济的发展，工人的工资普遍有所增长，但相比于其他阶层来说，其工资还是比较低的。如表2-4所示，青岛港码头普通工人和高级职员的月工资比较。

表2-4 1935年前后青岛港码头普通工人和高级职员的月工资比较表

码头工人		高级职员	
职别	工资(元)	职别	工资(元)
毛子工	12	委任官	200
常工	20	荐任官	340

---

① 烟台市地方史志编纂委员会办公室编：《烟台市志》（上），科学普及出版社1994年版，第418页。

续 表

码头工人		高级职员	
职别	工资(元)	职别	工资(元)
坞工	40	局长	476
木工	60	聘员	500
木工副目	70	聘员	1100

(资料来源:胡汶本等著:《帝国主义与青岛港》,山东人民出版社1983年版,第122页)

从表中可以看出青岛港码头工人工资与高级职员相比少得可怜。比如,毛子工的月工资12元,仅是高级职员中局长月薪的约1/40,是月薪500元聘员的约1/42,更是月薪1100元聘员的约1/92。

抗日战争爆发后,山东主要城市和主要交通线均被日伪占据。日本侵略者为了在山东实行殖民统治和进行军事进攻,利用税收搜刮而建立起了为其侵略服务的财政体系。日伪政权为了达到"以战养战"的目的,不断扩大税收项目,肆意勒索,搜刮无度,敲骨吸髓,使社会经济发展遭受沉重打击。日本侵略者为了确保军需资源的开发,采取"军管理""委任经营"、强买等掠夺手段,迅速夺占了沦陷区各个工矿企业。所谓的"军管理",实际上就是直接侵吞,这类企业一般委任日本人经营,少数由日本军队自行经营。"委任经营"是将华资工矿企业移交日本企业经营。1937年12月29日,即济南沦陷的第三天,日军就宣布对济南的成通、成大、仁丰3家大纱厂和成记、成丰、惠丰、华庆、宝丰、丰年6家大面粉厂实行"军管理"。这一时期,济南、青岛的纺织厂、面粉厂、造纸厂共18家被日本以"军管理"的方式予以强行掠夺。① 在军管的同时,日伪还通过"收买""让渡"等形式,强迫各厂实行"中日合办"。② 当时幸免于难而得以存在的其它企业,由于日本侵略者对原料购置和产品销售实施各种形式的统制,加之日货竞争、运输困难等原因,也命运多舛,其生产数量、经

---

① 吕伟俊等著:《山东区域现代化研究(1840—1949)》,齐鲁书社2002年版,第529—530页。
② 吕伟俊主编:《民国山东史》,山东人民出版社1995年版,第825—826页。

营效益日趋下降。

处于日伪统治下的山东工商企业的发展举步维艰,惨淡经营。工人收入急剧降低,生活上难以自足。如在日本强制实行"军管理"下的煤矿工人,待遇急剧降低,采煤工日均工资只有0.4元钱,或仅给三斤霉烂杂粮。① 这一时期山东工商企业中其他工人的工资情形也同样如此,收入非常低下。如烟台港口,"据日本人调查,1939年到1941年间,船内帮工人的工资,每人每天最高为2元,最低为1.20元;枯潮帮每人每天最高为2元,最低仅为0.70元。每个工人的月工资数额,最高者在60元左右。1943年,码头工人的最高月收入在150元左右"。②

抗战胜利后,国民党以发展国家资本的名义,对沦陷区日伪企业进行抢收,仅济南一地就接收了近200家。③ 经过国民党的"劫收",山东的社会生产大为削弱,生产萎缩,商业停滞,物价飞涨,市场一片混乱,经济危机日益加深。在1945年秋至1948年秋三年中,除个别行业由于特殊原因兴旺一时外,大多数行业都日趋凋敝,生产下降。

在物价飞涨、通货贬值的影响下,工人的工资水平急剧下降。据1945年统计资料显示,工人工资较战前低75%。其中纺织业工人平均月薪仅2.65袋面,私营工厂工人平均月薪仅1.44袋面。而同时期的工教人员平均月薪也仅3.78袋面。④ 1946年青岛市染织业工人中,一名纺纱女工每日工资最高2500元,最低1450元。⑤

从1945年10月开始,各种物价即开始步步上升,1946年以后,更是扶摇直上,一日数跃。恶性通货膨胀引起市场物价的恶性上涨。在物价

---

① 民国山东通志编辑委员会编:《民国山东通志》(卷二十三·人团志),山东文献社2002年版,第1770页。
② 丁抒明主编:《烟台港史(古、近代部分)》,人民交通出版社1988年版,第208页。
③ 吕伟俊等著:《山东区域现代化研究(1840—1949)》,齐鲁书社2002年版,第617页。
④ 青岛市社会局:《青岛情况介绍》(民国三十四年),青岛市档案馆藏档案A004401。
⑤ 《青岛市染织业工人工资表》,1946年7月26日,青岛市档案馆藏档案A0021-001-0166,第600页。

飞涨的带动下,工人的工资也急剧上涨。但这时的工资已经不能用固定的计算方式了,工资时时变化,尤其是1947年工资变化速度更是飞快。

表2-5 1947年7月青岛市各厂发放5月份工人工资计算法

厂名	最高低薪	最低低薪	平均低薪	生活指数	备考
中纺公司各厂	2.1万元	0.8万元	1.45万元	依上海总公司核定指数	五月份暂按14倍
青岛橡胶厂	1.2万元	0.4万元	0.8万元	生活费指数7.9折	五月份按生活指数八五折后再打七九折津贴苞米粉120斤
青岛啤酒公司	1.2万元	0.4万元	0.8万元	同上	同上
维新化学厂	1.2万元	0.45万元	0.825万元	乘本月份生活指数	五月份按生活费指数打八折津贴小米60斤
染织厂二百四十六	0.75万元	0.4万元	0.575万元	同上	五月份按生活费指数打八折
中蚕公司	0.99万元	0.72万元	0.855万元	同上	五月份按生活费指数打八五折
制粉公司	0.8元	0.58元	0.69元	同上	同上
火柴厂十一处	工人每月最高可得工资31万元,最低16万元,平均23.5万元。大工每日津贴小米三斤,小工津贴二斤半,嗣后工人不再要求调整工资				
东亚烟草公司	最高工资每日为9600元,最低为4800元,平均为7200元,外加米代金120斤				
搬运银楼木材靴鞋汽车驾驶理发人力车电影司机汽车修理铁工缝纫等业工资	最高工资45万元,最低28万元,平均为37.5万元				以上各业内有供膳不供膳之分

(资料来源:《青岛市各厂发放五月份工人工资计算法》,1947年7月,青岛市档案馆馆藏档案A0021-001-0338,第66页)

面对飞涨的物价,1947年4月,青岛市染织业部门对工资作出调整办法:人力机工在厂食宿而不收费者每人每月工资平均不得低于10万元,在厂外食宿者外出膳费8万元;电力机工在厂食宿而不收费者每人每月工资不得低于15万元,在厂外食宿外加膳费8万元。①

其次,工人群体工资收入除了与整个社会发展的大背景有很大关系以外,还有诸多影响其收入多寡的因素。主要有:一、不同行业间存在着工资差异。据1933年的工资支付情况调查,劳动工人工资的数额因行业而异,如木材制造业工人平均每月8.5元,土建业工人平均每月8~12元,电器业工人平均每月30元,纺织业工人平均每月9~15元,化学业工人平均每月13.5元,印刷造纸业工人平均每月2~12元,服装用品业工人平均每月10~12元,油漆业工人平均每月13元,煤炭业工人平均每月40元。②但实际上即如煤炭业,各个企业也有差异。如莱芜煤矿工人实行日工资制,平均日工资5角,另给面食半斤、豆油半斤以及少量茶盐等日用物品。泰安华实煤矿公司工人实行两种工资制,一是按月计者,每月铜圆1000枚,供给膳食;按日计者,每日铜圆150~200枚。③

二、工厂企业资本多少,现代化程度高低也使工人工资存在着差异。资本丰厚的工厂企业工人的工资普遍比小工厂小企业工人工资高。如1930年代前后,酸泉啤酒公司资本15万元,工人月工资5~50元;通益精盐公司资本42万元,工人月工资12~35元;烟台的亚东造胰公司资本5000元,工人月工资2~3元;生明电灯股份有限公司资本60万元,工人平均月工资22.5元。④至于企业的现代化程度对工人工资的影响,我

---

① 《青岛市染织业部门工资调整办法》,1947年4月4日,青岛市档案馆馆藏档案 A0021-001-0166,第1025页。
② 山东省地方史志编纂委员会编:《山东省志·劳动志》,山东人民出版社1995年版,第224页。
③ 民国山东通志编辑委员会编:《民国山东通志》(卷二十三·人团志),山东文献社2002年版,第1796页。
④ 山东省政府实业厅:《山东工商报告》(二),1931年,第94—103页。

们可以通过表2-6发现,在某种程度上开始使用现代机器进行生产的电灯公司、酿酒、火柴、印刷等行业相对于仍使用传统工艺生产的发网、榨油、石笔、烛皂等行业的工人工资相对较高。

表2-6 1932—1933年烟台工人工资状况调查表

行业		工资 计时工资(月工资/元)	计件工资(单价/元)
电灯公司		22.5	
发网	打包工	10～20	
	结网		0.01/个
榨油业		5～20	
砖瓦业	男工	4～25	
	童工	1.5～4	
	土窑	6～10	
酿酒业		10	
烛皂业		3～5	
火柴业	男工	10	
	女工		0.2/糊盒1万个
石笔业		2	
制绳业		5	
大车制造业		3	
滑石雕刻业		10	
面碱业		4	
手工染坊		7.2	
造钟业		4.2	
首饰业	学徒	5	
	出徒	12	
印刷业		7～8	
装卸工			0.3～1/车

(资料来源:烟台市劳动局:《烟台市劳动志》(下册),内部资料,1988年,第239—240页)

三、工人间还会因技术熟练程度不同,职位不同而产生工资的差异。体力劳动者中,有技术者通常比无技术者收入高。如津浦铁路济南机器厂当时工人工资分等级按日薪计算:匠工(多指某些有技能者)0.3～0.8元,小工0.2～0.3元,杂工0.2～0.25元。① 制胶业中技术性工人一年只需冬春劳动六七个月,其月薪可达70～90元,即可赶上本市一般技工的全年工资。②

四、性别、年龄也影响工资的收入。民国时期,一般情况下男性工人工资高于女性工人,女工、学徒、童工工资较低。如1936年3月调查,济南振业火柴公司,月工资男工为7～26元,女工为7～15元。济南益华火柴厂,月工资男工为6～18元,女工为6～10元。济南东源火柴厂,月工资男工为6～12元,女工为5～8元。③ 在各个企业中的学徒工和童工,收入最低,如在山东烟草企业中,一般学徒工只管吃饭,每月另给1元津贴。地毯业的学徒工,亦仅供膳宿,不给工资。造纸业的学徒工无工资,只供膳宿,另给一点赏金。在烛造业中,学徒亦不发工资,只按月得0.5～2元不等的津贴,另年终可分红利。在鞋帽业中,学徒不给工资,三年期满,始有工资。在青岛铁路工厂中的学徒工还有官学徒、私学徒之别。官学徒(亦称艺徒),每日工资0.3元,私学徒每日工资0.2～0.3元,他们都须与成年工一样做同样时间的工作。另外,女工工资也比男工为低。如蛋糕业中,男工工资平均每月7元,女工仅为5元。在纺织针织业中,男工平均每月可得工资3～6元,女工只2～5元。④ 相比同期全国其他城市情形也同样如此,1930年南京城市普通工业工人的工资统计表

---

① 济南市政协文史资料研究委员会:《济南文史资料选辑》(第一辑),1983年版,第37页。
② 济南市志编纂委员会:《济南市志资料》(第二辑),1982年版,第116页。
③ 《济南市工厂一览表》,济南市政府秘书处:《济南市政月刊》第10卷第5期,1936年5月。
④ 民国山东通志编辑委员会编:《民国山东通志》(卷二十三·人团志),山东文献社2002年版,第1770页。

明:男工、女工和童工一般月工资的平均值分别为 16.4 元、12.7 元、7.5 元。①

此外,工人工资还会因地区不同而有差异。如同为印刷业工人,其工资收入以青岛最高,每人每月平均 14 元。济南次之,每人每月平均 10 元。潍县、邹平、高唐、蓬莱等地又次之,每人每月平均 7~8 元。济宁、德县、齐河、昌乐再次之,每人每月平均 5~6 元。临清、恩县、博平、东平等地最低,每人每月平均 3~4 元。当然还有个别地区每人每月只有 1~2 元的情形。再如电器业工人的工资收入也有地区差异。济南、青岛各电厂工人,月工资高者达 85 元,低者 14 元。济宁电灯公司工人月薪最高 50 元,低者 7 元。潍县等地电灯公司薪水较低,平均每人每月 10~35 元。②

总之,在民国时期山东的城市里,由于大量流民涌入城市,社会上存在着大量失业人口,劳动力市场经常处于供大于求的状态,因此,工人群体的工资大都被限制在很低的水平上,许多工人的工资甚至无法维持基本的生活。

二、人力车夫的收入状况

民国时期山东城市人力车出现比较早,很快就成为人们出行的重要交通工具。1901 年青岛就出现了两轮人力车。③ 1932 年,青岛营业人力车增加到 2524 辆。④ 1904 年前后济南开始出现人力车,到 1919 年,已有分属中发、长泰、泰和、德顺、翔和等车局管理的人力车 8000 辆。1924

---

① 张东刚著:《总需求的变动趋势与近代中国经济发展》,高等教育出版社 1997 年版,第 38—46 页。
② 民国山东通志编辑委员会编:《民国山东通志》(卷二十三·人团志),山东文献社 2002 年版,第 1770 页。
③ 王洪发:《青岛城市现代化进程中社会分层研究(1897—1937)》,青岛大学 2009 年硕士论文,第 49 页。
④ 何炳贤主编:《中国实业志·山东省》(丙),实业部国际贸易局 1934 年版,第 27 页。

年,齐鲁大学社会系师生调查发现,济南有人力车夫10000名。1929年和1933年,根据济南市政府的统计,人力车数量分别为10617辆和12700辆。① 烟台,1914年有黄姓商人从上海购进铁轮黄包车20辆,租赁给车夫运送乘客。后又有人购进一批胶皮圈黄包车和充气轮胎黄包车,至1925年有客运黄包车1000多辆。1935年黄包车发展到3000多辆。除济南、青岛、烟台三市外,威海、周村、潍县等地也存在着大量人力车。② 抗日战争爆发后,由于日军的侵略,山东社会经济遭受严重摧残,在此情况下城市人口大量外流,经济萧条,工商业多萎靡不振,人力车工人大都失业。抗战胜利后,人力车行业更是走到了尽头。烟台,1945年黄包车锐减至400辆,1948年仅剩300辆。③

人力车夫工作时间长、劳动强度大,但收入极为微薄,生活条件艰苦。人力车夫一般分为拉包月车和拉散车两种。所谓包月车,就是当时有钱人家,为了用车方便,常自购车辆,雇用人力车夫,以应全家之需。拉散车,即向车行交纳一定的车租,领车后在街道、车站、码头随意兜揽生意。有些人力车夫还拥有自己的车,但这种情况非常少。因为人力车夫收入微薄,糊口尚且困难,更遑论买车。即便有自备车辆,人力车夫的日子也并不好过,仅比租车者强一点而已。他们要上缴各种捐费。1920年代,济南的人力营业车车牌费3角,捐照费5分,每半年更换一次,并须按月缴纳捐费2角。④ 大多数人力车夫每天往往天不亮就到车行领车,赶到城区繁华场所、轮船码头,兜揽主顾,一些车夫日班若赚钱不多,便须再拉夜班。人力车夫拉车的时间,大部分人是每天7～10小时。有些人为养家糊口,没日没夜地拉,拉车的时间长得让人难以置信。据社

---

① 于景莲:《20世纪二三十年代的济南人力车夫研究》,《滨州学院学报》2009年第2期,第57页。
② 烟台市地方史志编纂委员会编:《烟台市志》(上),科学普及出版社,1994年,第491页。
③ 烟台市地方史志编纂委员会编:《烟台市志》(上),科学普及出版社,1994年,第491页。
④ 济南市政府秘书处:《济南市政月刊》第1卷第2期,1929年10月。

会调查所对北平36个人力车夫的调查,他们在181天中,有174天工作日,"甚至竟在半年内,不得一日休息者"。每日平均工作时间,日班为10小时,夜班为12小时。①山东济南、青岛等城市的人力车夫工作情形也与此类似。

当时人力车大多由车行出售,主要为昼、夜、昼夜三种租价,且租价根据人力车的新旧而异。起初,车夫拉车的收费,政府不作统一规定,一般都是由车夫与乘客临时商谈,有的按时间计算,也有按道路远近来计算。1924年帕克在《济南社会一瞥》中记载一名人力车夫每英里收5分钱。如果遇见特殊的节假日或用车高峰期,车价会有所提高;生意清淡时,又会有所降低。②

车价一般是人力车夫根据市场行情与乘客临时商定的,但在人力车夫与乘客的讨价还价中经常会出现一些纠纷。为此政府有意规定乘车价目表,以减少不必要纠纷的发生。如1934年8月,济南市公安局鉴于"本市人力车夫日渐增多,其中良莠不齐","因车夫随意勒索车资,发生纠纷等情事",为避免此情形的发生,"现正规定起止地点,及固定价目",以达到"乘车客人与车夫既无用先行讲价,而车夫等亦可免互相竞争,一举数得"之目的。③ 如表2-7所示。

表2-7 1939年济南市制订的以济南站为起点的各主要线路的价目表

大东门	2角2分
新东门	2角0分
院前	1角7分
大明湖	1角7分

---

① 李文海主编:《民国时期社会调查丛编》(城市劳工生活卷·上),福建教育出版社2005版,第44页。
② [美]A·G·帕克指导,齐鲁大学社会学系编著,郭大松译、庄惠娟校:《济南社会一瞥(1924)》(上),《民国档案》1993年第2期,第49页。
③《山东民国日报》1934年8月26日。

续　表

南门	1角8分
大西门	1角4分
东圩子门	2角5分
菜市小北门	2角5分
东坊圩子门	2角5分
趵突泉	1角6分
朝山街圩子门	2角2分
普利门	1角0分

(资料来源:济南市公署秘书处编:《市民须知》,1939年6月)

青岛人力车夫的营运价目由市公安局"按照青岛地图测量道路之远近以及地形平坦崎岖"①规定价目表,车夫不能额外索要。临时包车全日(约10小时)2元6角,半日(约5小时)1元4角,每小时4角,半小时2角5分,不足半小时者,按路程表计算,待客每小时1角,不足10分钟者不计,包来回车回时较去时八折,夜间市内10时以后,市外9时以后,照定价加十分之一,雨雪天不分昼夜,一律照定价加十分之三。② 表2-8为青岛市人力车夫聚集地部分到达地及价额。

表2-8　1933年青岛市人力车夫聚集地部分到达地及价额

起　　点	市政府	青岛火车站	第一公园	第三公园
太平路一区第四分所在地	8分	5分	2角2分	1角3分
青岛邮政总局	1角2分	1角2分	2角5分	7分
大港栈桥	2角5分	2角2分	4角	1角5分
辽宁路警察第四分局第二分所	2角	2角	2角5分	
青岛火车站	1角		2角5分	1角5分

---

① 《青岛市营业人力车乘租价目表》,1933年,青岛市档案馆馆藏档案B0023。
② 何炳贤主编:《中国实业志·山东省》(丙),实业部国际贸易局1934年版,第27页。

续　表

起　点	市政府	青岛火车站	第一公园	第三公园
大港火车站				
上海路二区第六分驻所	1角5分	2角	3角	
台东镇警察第四分局	2角5分	2角五分	2角	
警察总局	8分	5分	2角5分	1角5分

（资料来源：根据《青岛市营业人力车乘租价目表》，1933年，青岛市档案馆馆藏档案B0023整理而成）

车夫收入的高低全凭每日生意的好坏，逢年过节时，一个客人都拉不到的时候也并非没有，因此车夫的收入非常不固定。据1931年齐鲁大学强一经对济南100名人力车夫的调查发现：每天进款"4角至5角者17人，6角至7角者33人，8角至9角者25人，1元至1元余者6人，不详者10人"，平均"洋车夫每日的进款大约在6角或7角之间"。[1] 而与同时期北京、广州、上海等地的人力车收入相比，虽存在着一定的地域差异，但收入差幅不是太大。据统计，广州人力车夫每人每天平均收入为1元3角左右，而每天的车租约占收入的一半，其中胶轮车每日车租为6角，汽轮车每日车租为7角。[2] 北京人力车夫平均每月收入16.12元。[3] 开封市人力车夫"生意最好时，一日可得五六角，较差时三四角或一二角不等，最坏时一日不得一文"。[4]

人力车夫每天的收入，扣除需要交纳给车行的车租后，才基本属于自己。此外，还有一些人力车夫可能还要遭受车夫头目的盘剥。总体而言，人力车夫的收入水平在当时的下层社会群体中虽不及一些产业工

---

[1] 李文海主编：《民国时期社会调查丛编》（城市劳工生活卷·下），福建教育出版社2005年版，第1177页。
[2] 唐富满：《20世纪20、30年代广州的人力车夫及其政府救助》，《中山大学研究生学刊》（社会科学版），第26卷第3期，第31页。
[3] 张静如、刘志强、卞杏英主编：《中国现代社会史》（上），湖南人民出版社2004年版，第321页。
[4] 《河南统计月报》，第2卷第7期，1936年7月。

人、职员高,但相比于其他一些苦力群体还算是不错的。如 1939 年,青岛市马车、人力车、舢板、货物汽车、小车等一般劳动者工资调查情况:马车夫,每月 20~25 元;人力车夫,每月 18~20 元;舢板夫,每月 17~18 元;货物汽车夫,每月 30~40 元;小车夫,每月 8~9 角;苦力,每月 8~9 角;木匠,每月 1 元 2 角;石匠,每月 1 元 2 角;炼瓦工,每月 1 元 1 角;瓦工,每月 1 元 1 角;油工,每月 1 元 2 角;铁工,每月 1 元。①

三、娼妓的收入状况

近代山东的娼妓,大都集中在济南、青岛、烟台、周村、威海卫、潍县、济宁、德州等地,这些官商重地,经济发达,商旅往来频繁,这为妓女的生存提供了一定的社会环境。

民国时期山东妓院一般分为三个等级。各地称谓不一,一般一等妓院多称"书寓",二等妓院多称"班子",三等妓院多称"堂子"。妓女一般分为四个等级:一等、二等、三等、四等;或甲等、乙等、丙等、丁等。其中一、二等妓女多为年轻貌美,拥有才艺者。如德县红妓张芸芳,原在城隍庙东跨院说唱"天津大鼓""乐亭大鼓"和"京韵大鼓"。由于她身材苗条,容貌俏丽出众,多才多艺,嗓音圆润,口齿清楚,倩影秀媚,又逢二八妙龄,非常逗人喜爱,每次说唱,书场均座无虚席。1937 年日伪统治德县后,她开设"芸芳书寓",挂牌为妓,摇身一变成为县城妓女中的佼佼者。②三、四等妓女则多为容貌一般,年龄较大者等。

妓女的服务收费方式。民国时期山东城市妓女的收入主要来源于接客收费,其服务方式主要有以下四种:一、打茶围。嫖客到妓院去玩乐。入院挑选好满意的姑娘,摆桌上盘。一般是:黑白瓜子、什锦花糖、

---

① 青岛市商会:《据呈复遵令调查马车人力车等劳动者工资调查表》,1939 年 1 月,青岛市档案馆馆藏档案 B0023。
② 孙寿昌:《旧德县妓院概述》,见《文史精华》编辑部编:《近代中国娼妓史料》(下卷),河北人民出版社 1997 年版,第 20—21 页。

各种鲜果、纸烟香茶。由一至三名姑娘相伴,向嫖客点烟倒茶、剥糖纸、嗑瓜子、削果皮、嬉戏弹唱,或撤盘打片,或陪酒侍宴,兴败即散,不能留宿,俗称"打茶围",有的地方也称"上盘子"。二、叫条子。叫条子就是旧社会有钱有势者,自己不愿去妓院,便写一纸条让下人送往指定妓院鸨母。条子上写明:要哪个姑娘,什么时候到什么地方来。鸨母接到条子后,让姑娘梳洗打扮,乘坐"洋车",仆役尾随按时到达。叫条子又有"留宿"或"不留宿"之分。不留宿者,妓女陪狎客吃喝嬉戏,弹唱歌舞或打牌,兴败即散,妓女与仆役同回妓院。留宿者狎客留下妓女过夜交欢,这种应条子必须加倍收费。应条子是旧社会官府、豪门、富商等上层人物才能办到,否则妓院不应。① "叫条子"的费用与"打茶围"相同,另付车钱,由请客的主人付款。② 三、住局。即嫖客在妓院中过夜。住局的价格一般要高于其他的服务。妓女如果还是处女,那么嫖客的花费就会更加昂贵。女孩子落入妓院年龄在十五六岁时,即到接客年龄。这是鸨母敲竹杠,捞大钱的良机。在小姑娘还没有接客之前,鸨母就早已用心物色"肥头"嫖客(有钱色鬼),经过讨价还价,讲妥条件与日期后,一般是妓院粉刷房间,室内陈设,缝制新被褥,姑娘的新衣服、新鞋袜、首饰等,一切开销均由肥头嫖客出资,再交鸨母 200~300 元后,肥头嫖客才可与小姑娘同床(一般留宿 7~10 天)。③ 四、拉铺。指妓女与嫖客进行一次临时交易。拉铺的妓女大都是妓院中年龄较大、容貌一般,或被一、二等妓院淘汰的三、四等妓女,此外也是绝大多数暗娼的主要服务方式。

山东各城市因地域、社会经济发展水平不同,妓院在服务收费方面也多有差异。1944 年的济南,"住局"甲等妓院费用为 40 元,乙等妓院为

---

① 孙寿昌:《旧德县妓院概述》,见《文史精华》编辑部编:《近代中国娼妓史料》(下卷),河北人民出版社 1997 年版,第 19 页。
② 夏冬:《旧社会的济南妓院》,见《文史精华》编辑部编:《近代中国娼妓史料》(下卷),河北人民出版社 1997 年版,第 6 页。
③ 孙寿昌:《旧德县妓院概述》,见《文史精华》编辑部编:《近代中国娼妓史料》(下卷),河北人民出版社 1997 年版,第 19 页。

20元;"打茶围"甲等妓院为10元,乙等妓院为5元。① 至于北岗子和南圩子门的三、四等妓院更可谓"人间地狱",她们多住在临街破旧小屋内,卖身代价相当低,没有官府规定价目,只要一二元,甚至几角钱。这里的妓女,有十几岁的幼女,也有四五十岁的婆娘。② 20世纪三四十年代,济宁妓院的一般价格为:上等妓院"住局"10~20元,"拉铺"5元,中下等则一二元左右;在土山、莲花池的土娼中称"关门",约3~5角。上等妓院才有的"打茶围"和"叫条子"2元。③ 德县一等妓院"茶围"每客3~5元,二等妓院须2~3元,三等妓院不卖茶围。"一等妓院去一次、两次就想留宿是不行的。那时要留宿一等妓院须10元。这种地方是富者扔大钱,寻欢作乐的销金窟。"二等妓院留宿须6~7元,三等妓院只须3~4元即可。④

妓院在当时社会中是个收入非常丰厚的行业。如1941年济南头等妓院每家每月收入最高2400元,最低256元;二等妓院每家每月收入最高2533元,最低579元。⑤ 尽管妓女为妓院带来很大的利润,但她们自己能够得到的收入却少得可怜。当时妓院的妓女,一般有两种身份:一种是没有人身自由的,所谓"柜上的人",就是指买来的或骗来的。她们的一切行动,都由妓院老板支配,如不服从,就要遭到打骂。这类妓女都较年幼,处境最为可怜,穿衣吃饭,全由院里安排,卖笑和卖身的收入,全部交给妓院,即使嫖客私下给的金银首饰,老板都要搜出,如不交或私藏

---

① 夏冬:《旧社会的济南妓院》,见《文史精华》编辑部编:《近代中国娼妓史料》(下卷),河北人民出版社1997年版,第5页。
② 夏冬:《旧社会的济南妓院》,见《文史精华》编辑部编:《近代中国娼妓史料》(下卷),河北人民出版社1997年版,第7页。
③ 远敬:《旧时济宁的妓院和妓女》,见《文史精华》编辑部编:《近代中国娼妓史料》(下卷),河北人民出版社1997年版,第12—13页。
④ 孙寿昌:《旧德县妓院概述》,见《文史精华》编辑部编:《近代中国娼妓史料》(下卷),河北人民出版社1997年版,第19页。
⑤ 夏冬:《旧社会的济南妓院》,见《文史精华》编辑部编:《近代中国娼妓史料》(下卷),河北人民出版社1997年版,第7页。

则要遭到毒打。另一种是有人身自由的。这类妓女,混的时间比较长些,当自己积存私蓄后,就把身体赎出来,以后再操这种生涯,就与柜上劈账,有的与老板四六分成,也有三七分成的。① 虽然这部分"自由身""半自由身"的妓女收入相对来说还算可以,但除去饭费、房租、胭脂水粉、服装、捐费等外,其所剩也已不多。

除公开的妓院外,山东各城市中还有许多秘密卖淫的暗娼。她们多数为生计所迫,又不愿公开为娼,就操起这种生涯来。她们平时都在僻街陋巷里,表面上看,与一般居民没有两样。济南这类暗娼多集中在市内南城根、东西更道、王府池子、二郎庙等偏僻小巷内。② 去逛暗娼的,多由熟人介绍。有的由"跑合"的给拉客,"跑合"一般是专门以此为生的流氓、卖银元、擦皮鞋、卖黑票及其他无正当职业的人,三轮车夫也是主要的"跑合"人。他们与暗娼一般按三七分账,也有的按四六分账。③ 当然,还有许多拉客的方式。暗娼收费并无什么标准价格,多是因人而异,悬殊很大。她们的收入一般非常低,而且还要分给介绍人一定的费用。

四、乞丐的收入状况

乞丐又称为"叫化子",指的是无固定职业,以乞讨为生的社会游民。乞丐群体成分复杂,男女老幼,健壮残废皆有之。城市中的乞丐每天游荡在社会的各个角落,四处讨要,以图生存。

民国时期城市中的乞丐数量非常庞大。据统计,济南流丐滋多,1927 年以行乞为生者 537 人,1931 到 1946 年,虽然各社会慈善团体每年收容赈济,但行乞者却有增无减,市内行乞人数常年在 1000 人左右。④

---

① 夏冬:《旧社会的济南妓院》,见《文史精华》编辑部编:《近代中国娼妓史料》(下卷),河北人民出版社 1997 年版,第 6 页。
② 夏冬:《旧社会的济南妓院》,见《文史精华》编辑部编:《近代中国娼妓史料》(下卷),河北人民出版社 1997 年版,第 8 页。
③ 江沛:《20 世纪上半叶天津娼业结构述论》,《近代史研究》2003 年第 2 期,第 181 页。
④ 济南市史志编纂委员会编:《济南市志》(第五卷),中华书局 1997 年版,第 208 页。

相比于济南,全国其它城市也存在着这一问题,情况还更甚。据1934年社会局调查报告称,广州的乞丐人数有5万余人。① 上海据各方面的调查,"包括男女幼丐在内,在二万五千人左右"。②

民国时期大量乞丐队伍膨胀的主要原因是在天灾人祸、苛捐杂税的肆虐下,农村经济崩溃,许多农民被迫离开世代生存的乡村涌入城市谋生,而城市中没有这么多工作岗位,无法吸纳如此众多的劳动力,造成许多农民流落街头,沦为乞丐。③ 以此论之,城市中的乞丐可以分为两种类型:一部分是城市的长久居民,他们有的贫困失业,靠家人的社会救济为生,有的成为职业化乞讨者,靠乞讨在城市中过活;另一部分是因洪水、饥荒或战争而流落城市的难民,他们靠乞讨、临时佣工甚至偷盗来维持低等的生活。

城市中的乞丐以讨要为生,其讨要方式主要有"路讨""艺讨""苦讨""骗讨"等几种。

(1) 路讨。这是最常见的一种乞讨方式。大抵是沿街乞讨,挨户求索。乞丐们站在街衢两侧或街头巷尾,对过往行人连称"老爷""太太""行善积德做好事"之类话语。例如,当他们走到店门前讨要时唱道:"这几天,我没来,大掌柜的发了财。你发财,我沾光,你吃肉来我喝汤。"④其状多为一手挽破篮,篮内盛一只大土碗,拄杖而往,另一手向前摊伸,哀号前行,对路人也不强索,有施舍者招呼则受而谢之。

(2) 艺讨。某些具有表演才能的乞丐,平日通过某些艺术表演如莲花落、大鼓、快板、唱小曲、拉二胡、舞刀弄枪、耍猴玩蛇等方式来乞讨。莲花落,又称"快板"或"快板书",这是一些语言表达能力强的乞丐经常

---

① 王楚夫:《广州乞丐集团—关帝厅人马》,见《文史精华》编辑部编:《近代江湖秘闻》(下卷),河北人民出版社1997年版,第359页。
② 陈冷僧:《上海乞丐问题的探讨》,《社会半月刊》,第1卷第6期,1934年,第15页。
③ 赵英兰编著:《民国生活掠影》,沈阳出版社2001年版,第235页。
④ 《文史精华》编辑部编:《近代江湖秘闻》(下卷),河北人民出版社1997年版,第318页。

使用的方法,通过这种方式来博得老板、店主,或者围观群众的喜爱和同情,求得施舍。有的耍碗,如以额顶碗,用手指或鼻尖使碗旋转,属小杂耍;有的表演吞刀,吞铁球;有的则耍蛇,如把蛇从鼻孔塞进去,再从口里爬出来。凡此多种,以表演招来行人凑趣,每表演一段或在精彩紧要处即向观众讨钱。① 在旧时济南,乞丐"有拉着胡琴或二胡要饭的,有的还可连拉带唱。也有打着竹板说快板要饭的,还有敲牛骨头要饭的,上面挂着几个小铃铛,随敲随说'数来宝',多数是在大街上向商店要钱"。②

(3)苦讨。乞丐通过种种"惨不忍睹"的方式摧残自身的肉体,引起人们的同情,以达到乞讨的目的。其常见方式有"头上插香,手臂插针,穿鼻挂灯,筷子插喉,口吞利器,脑门钉钉"等等。③

(4)骗讨。系指健康正常的乞丐,装扮成各种伤、病、残人模样,以唤起人们的恻隐之心,骗取钱物。其形式有装哑、瞎、瘸、假伤、假残、假恶疮、恶病等等。如,"告地状",此类乞丐多请人或自己在地上写出自己的身世和苦难,然后非常痛苦地在旁边地上等路人施舍。"串府的",此类乞丐打扮成庄稼人,借口家中孩子或母亲生病无钱医治,请人帮助。④ 还有谎称投亲不遇流落他乡的落难者,或诡言父母生病而为行孝乞讨,或伪称家有死尸无钱入殓的,等等。⑤

以上这几种乞讨方式是比较常见的,另外还有许多乞讨方式。如,有靠卖苦力的乞丐,通过充当一些笨重体力劳动者的助手,如帮车夫拉车上坡、过桥,有的为人运送行李等物而得到赏钱、食物,谋得生存;有专向举办红白喜事的商店、铺面或人家索乞赏封的,甚至强索硬要,耍无赖的,要钱不给即现出无赖相,用刀子自己割破自身头、臂或脸颊,用流血

---

① 曲彦斌:《中国乞丐史》,上海文艺出版社1990年版,第14页。
② 孟庆筑:《那个年代——回忆旧济南》,黄河出版社1996年版,第73页。
③ 《文史精华》编辑部编:《近代江湖秘闻》(下卷),河北人民出版社1997年版,第339页。
④ 赵英兰编著:《民国生活掠影》,沈阳出版社2001年版,第237页。
⑤ 曲彦斌著:《中国乞丐史》,上海文艺出版社1990年版,第14页。

吓人,直到给钱为止;有的以身体残疾,或以畸形身体为资本求乞讨要①,如一些双腿残疾的人要饭时,"他们是在臀下或不全的腿下固定一块胶皮垫子,两手各拿一块专用的凹形木块,在地上用手臂支撑向前挪动,每到一家店铺门前,就用沙哑的声音喊着'发财——'"。②而"那行动困难的盲人要饭。一手提一个铁皮小筒,一手拄一根竹竿探路。多数是在晚上沿着大街的路边喊着要饭,尤其在那寒冬腊月大雪纷飞的夜晚,在大街上边走边喊唱着:'还有剩汤凉饭的么!'"③还有行医卖药、卜卦行乞的,有带小孩行乞的,有带老人或病人行乞的,等等。

  乞丐乞讨的目的一是讨物(尤以食物为主),二是讨钱。至于具体收入能讨到多少钱,则只能从零星的记载里略窥一二。在1920年代的济南,"乞丐们常常是有一条定期在一些住宅和店铺乞讨的固定路线,他们通常是每处要几个铜钱,或至多是1~2分钱"。④像上面记载的情况还算是比较好的,多多少少能获得一些收入。也有很多乞丐特别是残疾乞丐,情况要差很多。有人记述在1940年代的济南,"当时经常见到的,还有一位40多岁的妇女,也是双腿去半不能行动。坐在一个长方形的木盘子里,下边安着4个小铁轮,前边拴着两根套绳,由她两个大一点的孩子拉车。后边还有孩子拥着,前后的孩子大约要有四五个。最大的不过十二三岁,另外在怀里还抱着一个周岁左右的婴儿,当时特别引人注目。她们是沿大街向商店求助,多数是在经二路、普利街一带"。⑤

  对于大多数乞丐来说,即使有收入也不多,但乞丐中的少数人——丐帮的头目丐头却有不错的收入。"丐帮,即乞丐的行帮,是一种以民间

---

① 曲彦斌著:《中国乞丐史》,上海文艺出版社1990年版,第14页。
② 孟庆筑著:《那个年代——回忆旧济南》,黄河出版社1996年版,第73页。
③ 孟庆筑著:《那个年代——回忆旧济南》,黄河出版社1996年版,第74页。
④ [美]A·G·帕克指导、齐鲁大学社会学系调查编著,郭大松译、庄惠娟校:《济南社会一瞥(1924年)》(下),《民国档案》1993年第3期,第57页。
⑤ 孟庆筑著:《那个年代——回忆旧济南》,黄河出版社1996年版,第73—74页。

职事集团面目出现的民间秘密社会组织形式。"①限于资料,我们对民国时期山东城市的丐帮情况了解不多,但可以从研究相对较多的上海丐帮的情况略知一二,因为"各类丐帮组织大体相同,仅有地域差异、称谓差异"。② 丐帮中实行"大鱼吃小鱼"的弱肉强食的分配方式,丐头可以坐收渔利,丐帮组织的经济来源也就是丐头的经济来源,因而丐头能有不错的收入。其收入来源主要有:店铺的丐费、徒弟的敬奉、富人家婚丧喜庆的赏钱等。③ 大多数乞丐收入卑微甚至没有收入,过着悲惨的日子。

第二节　民国时期山东城市下层社会的消费状况

民国时期人们的消费水平悬殊。中国社会上层的消费水平不亚于欧美发达国家,他们拥有先进的小汽车,住设备齐全、高雅的公馆,穿西装革履,食山珍海味,为追求时髦而挥霍无度。其消费方式光怪陆离,花样繁多。④ 但这是仅占人口极少数的人们所能享受的,另外还有占城市人口绝大部分的工人、苦力、妓女、失业者、乞丐等下层社会人群,他们生活在贫困线以下,经常衣衫褴褛,食不果腹。

一、工人群体的消费状况

工人群体的工资一般都非常低,如果再经过大小工头的克扣和各种中间人的扣剥,最后落到工人手中的工资更是所剩无几。这种低收入状况造成工人阶层的消费水平低下,结构畸形。工人群体的消费结构可以分为:饮食费、衣着费、住房费、燃料费,以及教育、医疗、礼节等杂项费

---

① 罗国辉:《民国时期上海丐帮的内幕》,《文史月刊》2008年第3期,第43页。
② 罗国辉:《民国时期上海丐帮的内幕》,《文史月刊》2008年第3期,第44页。
③ 罗国辉:《民国时期上海丐帮的内幕》,《文史月刊》2008年第3期,第46页。
④ 张静如、刘志强、卞杏英主编:《中国现代社会史》(下),湖南人民出版社2004年版,第845页。

用,但在这几项生活费的分配中,饮食费占到总收入的绝大部分。1930年陶孟和在对北京48户工人家庭的支出研究中发现饮食费占71.2%,加上衣服、房租、燃料费,总的生活必需开支竟占总支出的97%,杂费仅占3%。其中,饮食费的80%用来购买米面,蔬菜开支占食品费的9.2%,调料占6.7%,肉类仅占3.3%。米面中又以小米面和玉米面占绝大多数。蔬菜中白菜、萝卜、菠菜、咸菜4类的开支又占相当大部分,此外便是葱、蒜、辣椒了。① "我国工人就是在这种的状况下生活的。畸形的食品结构,贫困的生活,造成我国工人家庭成员多营养不良,体弱、多病和短寿。"②与北京相比,据南京国民政府商务部调查统计,1930年,青岛产业工人人均月工资是:男工最高的24元,最低8元,普通15元;女工一般是15元;童工10元。从每月收支情况看,在所调查的8户工人家庭中,平均月收入为33.75元,平均月支出则是35.69元,其中,饮食支出占总支出的41.86%,衣着占14%,房租占6.85%,燃料占8.06%,杂项占19.26%。③

工人阶层杂项开支中,主要有医药卫生、嗜好娱乐、人情交际、装饰用具、宗教迷信、文化教育等费用,其中嗜好娱乐所占的比重一般最高,而文化教育费所占比重最低。但通常工人家庭除了最低生活必需品外已没有余钱来作他项开支,就连生病吃药的钱也经常无处着落,以上诸项开支往往无处落实。从以下史料中我们可以对贫民的杂项支出情况有个大概的认识。民国时期医疗卫生条件也很差,各种疾病流行,每年都会因疾病死亡很多人。1941年济南疾病流行死亡3070人,其中,死于天花62人、白喉104人、赤痢178人、疡毒33人、猩红热22人、心脏病

---

① 陶孟和:《北平生活费之分析》,商务印书馆1930年版,第48、49、54页。
② 张静如、刘志强、卞杏英主编:《中国现代社会史》(上),湖南人民出版社2004年版,第324页。
③ 张国刚著:《中国家庭史》(第五卷·民国时期),广东人民出版社2007年版,第304页。

247人、肺病202人、肠胃病405人、呼吸器官病269人、产褥热78人。①由于当时医疗费用昂贵,平民百姓无力进医院就医,在死亡者中多为无钱医治的贫苦大众。现代文化娱乐活动是一般普通贫民无力问津的,1936年烟台金城电影院电影票最便宜的也要3角,相当于大部分工人一天的劳动所得。②1930年代,济南影剧院票价5角至1元,民众影剧院5分至1角,报纸订阅价目在3角至1元。③ 这些对于有时连温饱都难以解决的普通工人来说偶尔一两次还能承受得起,经常性的则就不现实了。1926年北洋政府教育总长张一麐向各省通报了山东的教育状况"每百人中仅得入学识字者22人"④,适龄儿童入学率只有22%,而且入学儿童的43%是在私塾中就读。私塾在严格意义上讲不应该列入普通小学教育行列,因为私塾的教育内容多为四书五经等内容,属家庭教育范畴。以此算之,山东省学龄儿童入学率仅为13%。工人群体中很大一部分是靠负债和典当来维持其贫困生活的,他们终年辛苦劳动,把收入的大部分都用来糊口,对于子女的教育基本无力顾及。⑤ 1929年青岛大康纱厂关于中国工人的调查显示,在3385名工人中,识字者占30%,不识字者占70%。⑥ 另据1931年对青岛工厂工人子女的入学状况调查发现:青岛市小学生中有15.95%出身于工人家庭,而青岛中学生出身于工人家庭者所占比例仅为4.8%。⑦ 由此可见,不少工人对子女抱有很大希望,节衣缩食供子女上学,但随着年龄增长、学费提高,能继续供应子女入学的

---

① 济南市史志编纂委员会编:《济南市志》(第七册),中华书局1997年版,第52页。
② 腾松梅:《抗战前烟台市民构成分析》,山东大学2008年硕士学位论文,第51页。
③ 罗腾霄著:《济南大观》,济南大观出版社1934年版,第413页。
④ 张静如、刘志强、卞杏英主编:《中国现代社会史》(上),湖南人民出版社2004年版,第325页。
⑤ 张静如、刘志强、卞杏英主编:《中国现代社会史》(上),湖南人民出版社2004年版,第325页。
⑥ 中共青岛市党史资料征集委员会办公室,青岛市总工会工运史办公室:《青岛党史资料》(第3辑),内部资料,1986年版,第342—343页。
⑦ 青岛市政府秘书处:《青岛市行政统计汇编》,第10—16页,青岛市档案馆馆藏档案A000544。

工人家庭已寥寥无几。1930年青岛市社会局对华新、富士、内外、钟渊、宝来、隆兴等六纱厂及峰村油坊工人家庭子女教育状况进行了调查,其结果如表2-9所示。

表2-9 1930年青岛华新、富士等六纱厂及油坊工人子女年龄及读书或工作状况表

岁数	人数	读书者	作工者	不读书亦不作工者
8以下者	1458	39	0	1419
8~13	393	122	10	261
14~16	140	35	30	75
16以上者	254	3	166	85
总计	2245	199	206	1840

(资料来源:《青岛市华新、富士、内外、钟渊、宝来、隆兴等六纱厂及峰村油坊工人家庭状况统计总表》,1930年12月,青岛市档案馆馆藏档案A000529,第129页)

从表中我们可以看出:工人家庭中的子女能读书的很少。8岁以下儿童中,读书的约占3%;8至13岁,读书的占31%;14至16岁,读书的占25%;16岁以上还能读书的约占1%。大多数工人家庭无力供养子女读书,让他们早早地就参加工作挣钱了。

工人群体这种畸形的消费结构主要是消费水平低下造成的,而消费水平低下又是收入微薄造成的。1915年齐鲁大学社会系调查:"工人每月工资少至二元多至二十元……济南最近生活费用,每人每月需七元伍角。因此,大多数工人尚不足维持个人生话。"[①]另据1919年山东各业工人日工资:织布业工人日工资最高0.38元,普通0.34元,最低0.25元;造纸业工人最高日工资0.30元,普通0.25元,最低0.21元。而同时期的物价,面粉每袋2元,糖类每斤0.10元,酒类每斤0.12元,大米每斤0.10元,布匹每匹5元。[②] 在这种生活水平下,工人的收入过低,实在难以养家糊口,大多数工人艰难度日。1928年初,济南面粉每袋由张宗昌督鲁

[①] 济南市总工会编:《济南工人运动史》,中国工人出版社1992年版,第54页。
[②] 济南市总工会编:《济南工人运动史》,中国工人出版社1992年版,第54页。

前的2.4元涨至3.5元,一碗粥由2枚铜钱涨至5枚,理发一次由1角涨至2角,鞋1元钱1双。①"物价于几年间成倍增长,而工人的工资却连续数年不增,其实际工资大幅度下降,有的竟降低了一半。济南地毯业工人每人每日4角2分;织布业工人月工资最低者2.5元;胶济铁路工人工资最低者10.5元;津浦铁路及律涌大厂工人的工资还不及此数,每人每月仅五六元,还是半薪加拖欠,实际不足1袋面粉钱。工资最低者是面粉业中的徒工,每月仅两元钱。至于数以千计的失业工人的生活,就可想而知了。"②

1924年青岛工人中赚钱较多的是加工制造行业中的机器工,他们的日工资能达到1元2角,因此他们的生活相比来说是比较好的。"不过在百物昂贵的青岛,一个人还不打紧,若是有父母妻子那他们的生活也就不见得好了,能维持一家人不饥不饿就难于其难。这种每月赚一元二角的工人,在工人中不过占百分之一……锅饼是下苦力人中最普遍的食品,他们每人每日至少要吃三斤,而每斤卖十八个铜子,三斤就合一吊一百文,再吃点菜,每天非一吊三百文不够。但他们每天至多不过赚三毛五分,仅仅够满足一切最低的必要费用,如:住房子、剃头等还得从每日极力节省下来;至于想添些衣服,那简直是不可能。"③"所以他们的住处是极黑暗污秽的窝棚,光线不足与空气之臭腐,都足以使他们健康上受影响,常常生病。但是他们生病是没有人管的,他们病中费用当然没有,必须向工友中分借,借债的结果更使他们日日处于不足自给的恐慌,悲惨的命运就跟随他们了。这种悲惨生活的工人最多,恐怕要占百分之九十以上。"④

---

① 济南市总工会编:《济南工人运动史》,中国工人出版社1992年版,第136页。
② 济南市总工会编:《济南工人运动史》,中国工人出版社1992年版,第136页。
③ 山东省总工会、山东省档案馆合编:《山东工人运动历史文献选编(1921—1937)》,内部资料,1984年,第36—37页。
④ 山东省总工会、山东省档案馆合编:《山东工人运动历史文献选编(1921—1937)》,内部资料,1984年,第37页。

1931年至1932年青岛市社会局对全市手工业工人的生活情况进行了一次调查(如表2-10所示),发现工人生活情况较好的有弹花业、成衣业、印刷刻字业、地毯业,自给率超过80%;相反,生活情况不好的有竹器业、铁器业、洋服业、钟表业、织袜业、家具业,自给率不足50%。

表2-10 1931至1932年青岛市手工业工人收支情况统计表

业别	户数	工人	每月工资			生活自给者	自给率
			最高	最低	普通		
砖瓦	15	218	30.00	10.00	18.00	168	77.1%
竹器	11	47	18.00	10.00	14.00	20	42.6%
铁器	21	60	20.00	8.00	15.00	18	30%
成衣	168	388	32.00	14.00	18.00	357	92%
洋服	41	141	60.00	18.00	28.00	37	26.2%
钟表	30	35	25.00	10.00	13.00	8	22.9%
油漆	29	65	19.00	11.00	14.00	48	73.8%
弹花	4	12	14.00	11.00	12.00	12	100%
制革	10	27	20.00	14.00	16.00	21	77.8%
皮件	48	157	28.00	12.00	17.00	89	56.7%
地毯	4	38	22.00	16.00	18.00	33	86.8%
织袜	18	45	18.00	12.00	14.00	12	26.7%
家具	170	457	35.00	12.00	18.00	169	37%
豆腐作	20	96	15.00	8.00	12.00	48	50%
印刷刻字	53	257	15.00	8.00	10.00	240	93.4%
酱作	44	155	27.00	10.00	15.00	78	50.3%

(资料来源:《青岛市行政统计汇编》,1932年7月,青岛市档案馆馆藏档案A000474,第7—15页,其中"自给率"一列为笔者根据表中数据计算所得)

1937年青岛市部分染织工厂的工人工资收入,男工每天3角,女工每天1角至4角。[①] 按1936年的物价水平,青岛市一个人每月维持生存

---

① 《青岛市染织业工人工资表》,1946年7月26日,青岛市档案馆馆藏档案A0021-001-0166,第1001页。

所需要的生活费须 6 元,如果工人已结婚成家,按每家 4 口人计算,一家人的伙食至少需要 16 元,再加上杂项开支,一个家庭的月生活费至少要 20 元。① 可见,即使按 1936 年的物价水平来计算,青岛染织工人连基本的温饱也难以维持。

1930 年代的烟台,一个市民每月维持生活的基本费用约 4 至 5 元,四口人的家庭每月的生活费至少要 15 元。但当时烟台工人工资收入中,只有一小部分工人的月工资能达到 15 元以上,也就是说只有这一小部分工人可以维持家庭的基本生计。当时烟台海坝工程会港务工人工资待遇比较好,但工人总数很少,仅有 50 至 80 人。烟台大部分工人的月工资都低于 10 元,对于单身者来说如果厂方提供食宿,尚可以有一些剩余,至于那些拖家带口的工人,生活就十分艰难了,家中必须再有一个劳动力赚钱才能过活。②

民国时期战争频繁,加上时常的通货膨胀,生活费用高涨,使下层社会群体的生活更加艰难,许多人要常常挨冻受饿,挣扎在死亡线上。1937 至 1948 年 9 月,由于日本帝国主义的入侵和国民党的残酷统治,造成经济崩溃、物价飞涨、工商业凋敝、工人失业、生活费用猛增,居民生活处于水深火热之中。济南物价指数以 1937 年为 100,到 1948 年 9 月高达 220285900,居民收入远远落后于物价的增长。据调查,1947 年一个纱厂工人的工资除去本人吃饭外,月收入仅折合小米 20~35 斤;火柴厂工人除本人吃饭外,日工资仅能买 0.5 公斤多小米;一个小学教师月工资 120 万(法币),仅能买 2 袋二等面。③ 城市中许多无业、失业者,更是衣食无着,处于饥寒交迫的悲惨境地。许多劳苦大众为维持最基本的生活

---

① 青岛市物价局《物价志》编委会编:《青岛市志·物价志》,中国大百科全书出版社 1996 年版,第 284 页。
② 腾松梅:《抗战前烟台市民构成分析》,山东大学 2008 年硕士学位论文,第 51 页。
③ 济南市史志编纂委员会编:《济南市志》(第七册),中华书局 1997 年版,第 50 页。

需要,只有靠借债和典当过日子。"城市工人靠工资维持生活的仅占10%",①这种举债弥补、饮鸩止渴的办法,只能使其生活越来越贫困。

二、人力车夫的消费状况

相比于工人阶层而言,人力车夫收入更显低薄,生活更加清苦,其消费结构方面呈现更加不平衡的特点。李景汉在对北平人力车夫的消费结构中发现,除去车租费用外其余费用"百分之七十五是饭食,百分之九是煤柴,百分之八是房租,百分之五是衣服,百分之三是煤油及杂费"。②人力车夫的收入几乎全用于家人和自己的基本生活开支,其它方面则很少。1930年青岛市社会局对200个人力车夫的消费状况进行了调查,如表2-11所示。

表2-11　1929、1930年青岛市200个人力车夫每日生活费调查概况表

年别	项目分别	食品	服用品	燃料费	房租	杂项	合计
1929年	个人数	4.84	1.42	0.35	0.43	1.60	8.66
	二百人数	968.00	284.00	70.00	86.00	324.00	1732.00
1930年	个人数	5.10	1.00	0.35	0.46	1.25	8.16
	二百人数	1020.00	200.00	70.00	92.00	250.00	1632.00

(资料来源:《青岛市人力车夫每日生活费概况表》,1930年11月,青岛市档案馆馆藏档案A000529,第126页)

表中显示:200个人力车夫食品、服用品、燃料费、房租、杂项等五项支出中,食品和杂项开支为最大。1929年在200个人力车夫的开支中食品费用占到了55.9%,杂项占到18.5%,两项合计为74.4%;1930年在200个人力车夫的开支中食品费用占到了62.5%,杂项占到15.3%,两项

---

① 张静如、刘志强、卞杏英主编:《中国现代社会史》(下),湖南人民出版社2004年版,第844页。
② 李景汉:《北京拉车的苦工》,《现代评论》第3卷第62期,现代评论社1926年版,第6页。

合计为77.8%。社会学理论认为,可以采用恩格尔系数即饮食费用占家计费的比重,来衡量一个国家或地区的经济、生活水平。如果这项比重在59%以上,则为绝对贫困;在50%～59%,为勉强度日。在40%～50%为小康水平。① 从以上对青岛200个人力车夫的消费支出分析,可以看出他们的生活水平处于勉强度日与绝对贫困的状态。

1931年齐鲁大学强一经在对济南的100名人力车夫的调查发现,拉散车"洋车夫每日的进款大约在6角或7角之间"②,"洋车夫拉包月的工资大概总不出15元,至于以外的所得,如饭钱、赏钱等,不在此内"③。而同时期部分日常生活用品物价:上海大米,每元十七斤半;香港大米,每元十七斤;无锡大米,每元十八斤半;天津大米,每元十六斤;白菜,每斤二分;茄子,每斤一分;葱,每斤一分;猪肉,每斤二角;豆油,每斤三角;生菜,每把一分;酱油,每斤二角。④ 从人力车夫的平均收入与物价水平来看,"济南洋车夫的生活不算是十分苦窘"⑤,大部分车夫支出费用能够满足日常必须之需。调查结果也显示在这100人中:所入不足所用者3人,所入尚足维持者42人,除用外尚能有余者20人,不详者35人。⑥ 但在其消费支出中依然是吃穿占大部分。如"龚兆和,车系自购,每天可拉八九角,算是收入较高的,另外妻女在家缝洋袜子,每天可得五六角,但除去每月捐钱两角,号衣七角五,号牌五角,房租一月一元外,其所入也

---

① 鹿树奇、范明林主编:《普通社会学理论》,上海大学出版社2000年版,第401页。
② 李文海主编:《民国时期社会调查丛编》(城市劳工生活卷)(下),福建教育出版社2005年版,第1177页。
③ 李文海主编:《民国时期社会调查丛编》(城市劳工生活卷)(下),福建教育出版社2005年版,第1178页。
④ 罗腾霄著:《济南大观》,济南大观出版社1934年版,第101页。
⑤ 李文海主编:《民国时期社会调查丛编》(城市劳工生活卷)(下),福建教育出版社2005年版,第1178页。
⑥ 李文海主编:《民国时期社会调查丛编》(城市劳工生活卷)(下),福建教育出版社2005年版,第1178页。

就是尚够食穿及还买车借款之用,有时会喝酒吸烟,但很少"。①

人力车夫所挣收入如果仅仅供自己生活费的开支还基本没有问题,有时还会有少量的剩余。问题是其收入往往还是整个家庭生活开支的基本来源。因为当时人力车夫单身生活者并不多,大多都拥有家眷,或将家眷由农村带至城市。据实业部调查,人力车夫中携带家眷者,天津有95000人,占全数的80%,北平虽不知具体人数,但其携带家眷者也占到了全数的70%。② 另据统计,南京1350名人力车夫中,只身在京者为251人,占总数的18.59%,其余均带有家眷,其中在京共同生活人数又以2～6人者居多,共计占全数的70.65%。即使是那些未带家眷者,绝大多数也有最近亲属留居乡间,等待他们挣钱养家。③ 这造成人力车夫的生活困难,生活水平低下。对此我们可以从1930年青岛市社会局对200名人力车夫的收支情况做的调查中得到验证,如表2-12所示。

表2-12 1929、1930年青岛市200个人力车夫收支调查统计　　单位:元

收支	1929年		1930年	
	二百人合计	每人平均	二百人合计	每人平均
收入合计	5676	28.38	5473	27.36
车力工资	5532	27.66	5106	25.53
家属及其它收入	144	0.72	367	1.83
支出合计	6744	33.73	5944	29.71
生活费	1732	8.66	1634	8.16
家属负担	2816	14.09	2264	11.32
车租	2196	10.98	2046	10.23
收支比较	-1068	-5.35	-471	-2.35

(资料来源:《青岛市人力车夫每月收支暨负担家属生活费概况表》,1930年11月,青岛市档案馆馆藏档案 A000529,第126页)

---

① 李文海主编:《民国时期社会调查丛编》(城市劳工生活卷)(下),福建教育出版社2005年版,第1164页。
② 王印焕:《民国时期的人力车夫分析》,《近代史研究》2000年第3期,第207页。
③ 王印焕:《民国时期的人力车夫分析》,《近代史研究》2000年第3期,第207页。

从表中可以看出,拉车所得收入是绝大多数车夫家庭收入的主要来源,一般占到家庭总收入的百分之八九十,相对而言,家属及其它收入则非常少。一个车夫家庭的正常维持多依赖于拉车收入。在车夫家庭支出费用中,除去车租和车夫自己的生活费用外,剩余的就是补贴家用,但从表中发现拉车收入难以完全满足家庭所需。对此,一些车夫家庭为了维持日常生活的运转,常常不得不依赖亲友馈赠与社会救济,如果还是不够,则必须借债或典当。全国其他城市中的人力车夫家庭也存在这一问题。上海车夫,如家中人口不多,妻子能出外雇工或做女工,尚可敷衍度日。但有不少家庭上有父母,下有子女,专指车夫所得,维持家计,其生活即大困苦。日班若赚钱不多,便须再拉夜班。① 北京人力车夫的收入平均仅能供养家庭人口的58%,其余42%则无力供养。于是借债和典当就成为相当多的人力车夫家庭收入的重要组成部分。② 据统计,1925年人力车夫"平均每家典当物件值八元,平均每家借债六元"。③ 低廉的劳动收入和沉重的债务负担,使得人力车夫的生活非常贫困,"其妻室子女因债务压逼不得不逃入施粥厂或流入乞丐队伍"。④

三、娼妓的消费状况

娼妓的消费方面,可以分为日常生活费、捐费和医疗费,以及其它杂费开支。在日常生活费方面,主要为娼妓的衣服、鞋、袜、脂粉、化妆、伙食、房租等费用,而其中又以服饰的开支为大,这一点与工人、人力车夫等群体有所不同,是由其职业特性所决定的。娼妓为了吸引嫖客,不得不在装饰打扮方面多下功夫,油头粉面,花枝招展,娇柔妩媚,以艳丽动

---

① 王清彬等编:《第一次中国劳动年鉴》(第一编),北平社会调查部1928年版,第618页。
② 张静如、刘志强、卞杏英主编:《中国现代社会史》(上),湖南人民出版社2004年版,第321页。
③ 李景汉:《北京拉车的苦工》,《现代评论》第3卷第62期,现代评论社1926年版,第6页。
④ 杜丽红:《20世纪30年代的北平城市管理》,中国社会科学院研究生院2002年博士学位论文,第27页。

人之态招来嫖客。一、二等妓女还会有价值昂贵的首饰开支、现代家具的花销、电费、采暖费、更夫钱、交通费等开销,以及琴棋书画、歌唱等技艺学习、个人爱好等费用。如天津日伪时期,妓女一般都过着比较优裕的物质生活。南市等地一等妓女"每个姑娘都有一个老妈侍候,讲究的有两个,一个管粗活,一个管细活,饭食一般的是大米白面,四菜一汤,但大部分都懒得吃,而另外叫饭或陪客人吃酒席,出门都有包月车或陪客人坐汽车,穿衣服每个妓女春夏秋冬都有几套,红妓女有很多熟客给作,差不多每天一套,屋子里经常洒香水,客人多的妓女经常占着两三间屋子。至于二、三、四、五等妓女,也都是吃大米白面,但没有老妈单另侍候,而是全院伙用几个老妈或伙友,出门没有包车"。①

捐费和医疗费,是娼妓的一项必须开支。捐费的多少,不同时期存在着差异。1926年青岛市《胶澳商埠征收乐户娼妓照费月捐暂行规则》规定:一等娼妓执照费1元,月捐3元;二等娼妓执照费1元,月捐2元;三等娼妓执照费1元,月捐1元。日伪时期,济南全市共有娼妓1150人,分为甲、乙、丙、丁四等。纳税数目:甲等"乐户"每月6元,妓女2元;乙等"乐户"4元,妓女1元;丙等"乐户"2元,妓女5角;丁等"乐户"1元,妓女2角。抗战胜利后,济南共有娼妓336人,暗娼400人。纳税数目:甲等"乐户"每月4万元,妓女1.1万元;乙等"乐户"每月3万元,妓女1万元;丙等"乐户"2万元,妓女5000元。② 伴随娼妓业的发展,性病传播也非常严重。为了加强娼妓的卫生管理,政府设有检验机构,妓女必须定期前去检验身体是否患有性病,并交纳检验费。1936年《青岛市娼妓检验简则》规定:娼妓检验费每月签收一次,于初验时缴纳,复验时免费。一等娼妓每次应缴检验手术药料费洋2元,三等娼妓每次应缴检验手术药费洋5角。德县"妓女卫生检验所"规定妓女每半月必须到检验所检

---

① 江沛:《20世纪上半叶天津娼业结构述论》,《近代史研究》2003年第2期,第175—176页。
② 夏冬:《旧社会的济南妓院》,见《文史精华》编辑部编:《近代中国娼妓史料》(下卷),河北人民出版社1997年版,第3页。

查一次,每人每次检验费2元。发现患梅毒病者,即令就医禁止接客。①1938年济南警察局规定妓女每月检验费用:甲等妓女,每人每月1元。乙等妓女,每人每月8角。丙等妓女,每人每月3角。丁等妓女,免费。凡妓女均应按照规定时间到所检验,尚有意延迟或托故不到者则接受处罚:甲等妓女,每次处罚3元;乙等妓女,每次处罚2元;丙等妓女,每次处罚1元;丁等妓女,每次处罚5角。如发现患有花柳病和其他传染病的,就勒令停业,直到病愈后,经检查批准,才能恢复营业。对患有性病已令停业而私自营业者的处罚,甲等妓女罚洋10元以上30元以下,乙等妓女罚洋5元以上20元以下,丙等妓女罚洋3元以上15元以下,丁等妓女,每资罚洋1元以上5元以下。② 妓女一旦停业,就不能给妓院带来收入,就会引起妓院老板的不高兴,打骂,甚至还可能不给其吃用。所以许多妓女为了能营业生存下去,就向医官行贿送礼,私改检验结果,以继续营业。这笔费用的开支也不菲。民国时期妓女患性病的情况比较严重。1931年,济南市有营业执照的妓女1000多人,性病患病率为2%以上。书寓查验所(即妓女检查所)在济南检查妓女13955人,患性病226人,患病率为1.6%。③ 1934年,威海卫公立医院检查326名妓女,其中梅毒患者178人,淋病患者125人。④ 1946年,青岛妓女性病患病率:梅毒70%,淋病35.4%,软下疳4.8%,共有妓女728人。⑤ 这么高的性病患病率,使得很少能有妓女在从业期间幸免于难。为了不影响正常的接客生意,得病的妓女不得不经常花费金钱去治疗,而这项开支是一笔不小的数目。

此外,娼妓群体平时还有其它方面的开支。如娼妓与妓院、娼妓与

---

① 孙寿昌:《旧德县妓院概述》,见《文史精华》编辑部编:《近代中国娼妓史料》(下卷),河北人民出版社1997年版,第17页。
② 《山东省会警察局管理妓女检验细则(备案)》,1938年,第189—192页。
③ 山东省卫生志编纂委员会编:《山东省卫生志》,山东人民出版社1992年版,第439页。
④ 《威海卫管理公署年报》,1934年,第34页。
⑤ 山东省卫生志编纂委员会编:《山东省卫生志》,山东人民出版社1992年版,第439页。

娼妓间的"讲情钱""赔偿钱""孝敬钱""贺喜钱"等;有些娼妓可能会吸食毒品,染上赌瘾,花费很大;有的娼妓钱挣的不够花,就向老鸨借钱,越借越多,债台高筑;对于一些私娼、游妓,虽然能逃脱捐费的交纳,但是会面临军警宪特的剥削,黑社会、地痞流氓的勒索。

第三节 民国时期山东城市下层社会的衣着、饮食、居住

一、衣着

民国时期衣着变化很大。表现在男子服装上的变化,西服、中山装、长袍马裤等在社会中上层中流行。长衫几乎成为老师、小职员的专用服装,西装、中山装则成为富裕人士、官员的一般服装。女子方面表现为衣着打扮的迅速变化,烫发、束胸、穿高跟鞋、旗袍的摩登女子随处可见,女子服装向着线条美的方向发展。衣料上棉布、洋布、线呢、洋缎,种类繁多,衣服颜色也多种多样。① 与社会中上阶层相比,下层社会的衣着则变化不大。一般贫民依然衣衫褴褛,甚至衣不蔽体。

普通劳动工人"衣服当然是棉布料的,通常是蓝色,有时是黑色或灰色。他们冬天穿有棉花的棉衣,这种棉衣甚至厚到不便活动的程度,因为他们拿不起为居室取暖的费用"。②

山东中兴煤矿工人的衣服大都破烂污秽,所用材料均由外埠运来,以蓝布及花标布为最多。较穷的工人,每人往往仅有一套衣服,冬季之棉衣,至春季褪去棉花又作夹衣。"从前每至夏日则多数工人只以破布围身以代衣服,目前总算进步许多,虽然衣服破旧不堪,赤身者究不

---

① 许庆朴、张福记主编:《近现代中国社会》(下册),齐鲁书社2002年版,第356页。
② [美]A·G·帕克指导,齐鲁大学社会学系编著,郭大松译,庄惠娟校:《济南社会一瞥(1924)》(下),《民国档案》1993年第3期,第55页。

复见。"①

贫民家庭中,衣着一般只能占全部开支的最少一部分。"衣服的式样大都为短衣,便于做工,很少有穿长衣者。"②"对于衣着不甚讲求,因为衣着只在暖身蔽体,不注重表面之华丽。"③而且,"贫民之衣服,一度置备之后,由新而旧,由旧而破,破而后补,补而复破,必亘数年,始一更新,非年年有新置之衣服也"。④此外,"贫民家庭之主妇,多能应用改制或补缀之方法,使衣服费减至最低限度。例如破旧之棉衣,可以拆洗后,重缝为新衣,大人旧衣服可改做为小孩之衣。街市上所售之旧衣旧鞋,亦可购来穿着,比较新制可省一半费用"。⑤

人力车夫拉车时一般会穿统一的号衣,但"回家后仍服敝衣"。⑥ 他们的衣服很少自制,多系买他人用过的旧衣,并且破烂不能蔽体,加以件数无多,换洗很少,于是尘灰与汗液相混合而散出令人发呕的臭气,自然洁净的是有,但不卫生的却占多数。⑦

娼妓衣着由于职业的缘故,穿戴上比较讲究,从外观看,"人人穿绫裹缎,珠环翠绕,个个粉面油头,笑逐颜开"。⑧ 尤其是一、二等的娼妓,非

---

① 李文海主编:《民国时期社会调查丛编》(城市劳工生活卷)(下),福建教育出版社2005年版,第929页。
② 李文海主编:《民国时期社会调查丛编》(城市劳工生活卷)(上),福建教育出版社2005年版,第132页。
③ 李文海主编:《民国时期社会调查丛编》(城市劳工生活卷)(上),福建教育出版社2005年版,第141页。
④ 李文海主编:《民国时期社会调查丛编》(城市劳工生活卷)(上),福建教育出版社2005年版,第477页。
⑤ 李文海主编:《民国时期社会调查丛编》(城市劳工生活卷)(上),福建教育出版社2005年版,第42页。
⑥ 李文海主编:《民国时期社会调查丛编》(城市劳工生活卷)(下),福建教育出版社2005年版,第1221页。
⑦ 李文海主编:《民国时期社会调查丛编》(城市劳工生活卷)(下),福建教育出版社2005年版,第1196页。
⑧ 远敬:《旧时济宁的妓院和妓女》,见《文史精华》编辑部编:《近代中国娼妓史料》(下卷),河北人民出版社1997年版,第13页。

常注意装扮自己,穿着新颖和时髦的服装,佩带价值连城或者是夸张离奇的首饰。① 由于职业的关系,娼妓较少有思想顾虑和道德上的考虑,可以穿着奇装异服自由而公开地出入于酒楼、宴会等公共场所和社交场合,无所顾忌。正因为如此,在某种程度上,娼妓的着装竟然成为许多女性纷纷效仿的榜样。② 甚至1931年3月22日的《大公报》写道:"全国妇女装饰多半是由上海创始,而上海妇女的服装又差不多是几个爱出风头的妓女们来开风气之先。"韩复榘任山东省政府主席时推行新生活运动,认为奇装异服有伤风化,应加以取缔。1934年9月18日,公布了《济南市取缔奇异装服暂行办法》,规定衣裤袖口长短须以肘、膝为标准,袖口在肘、膝以上者即为"奇""异",并规定了各种女装的式样,令所有女子一律照此裁制。③ 为了实现取缔奇装异服的愿望,他还别出心裁,通令所有妓女一律烫发、着奇装、穿高跟鞋,以与良人相区别,并布告全省周知。④ 三、四等娼妓以及暗娼的衣着则就普通了。王统照有一次在青岛闲游,在东镇的贫民住宅区,看到"三个两个穿红裤子蓝布褂的女人","满脸厚涂着铅粉、阳脂",以为是乡间的农妇,经随行朋友的指正才知道是青岛"最低等的卖淫者"。⑤

乞丐的生存状况十分窘迫。生活条件非常恶劣,一直在死亡线上挣扎、徘徊。乞丐在衣着方面则更加悲惨,根本谈不上讲究,能有一遮羞布已属不错了。许多乞丐常常"隆冬迈寒,身无寸缕,行乞于市,仅以瓦片及菜叶遮其下体而已,见者无不粲然"。⑥

---

① 侯杰、秦方著:《旧中国的下九流》,天津人民出版社2004年版,第196页。
② 康民强:《民国女子日常生活与女性意识研究——以都市女性为主体》,广西师范大学2008年硕士学位论文,第42页。
③ 《山东民国日报》1934年9月18日。
④ 《山东民国日报》1936年5月31日。
⑤ 王统照著:《王统照文集》(第五卷),山东人民出版社1982年版,第323页。
⑥ 袁熹:《清末民初北京的贫困人口研究》,《北京档案史料》2000年第3期,新华出版社,第223页。

二、饮食

民以食为天,饮食需求是社会下层贫苦群体的基本生存需要。民国时期山东各城市因自然地理、社会经济等因素的影响,下层社会群体在饮食水平、食品结构等方面存在着细微的差别,但不是太大。

在济南,除少数较富裕者外,大部分居民家庭主食为玉米面、小米面,副食主要为青菜、豆芽、豆腐之类,肉食多无力问津。贫穷之家的主要副食为咸菜,若遇失业,则衣食无着。[①] 1920年代帕克在济南调查时发现:"较贫穷阶层的食物是:直径约18英寸、厚1.5英寸的无甜味的烙饼。这种饼是用小麦或较廉价的粮食制作的;少量咸菜、葱类;以及通常用小米做的粮食粥。他们吃饭把粥或开水作为饮食。处在较舒适境地的家庭吃小麦面馒头和面条,有些新鲜蔬菜和少量应时水果。"[②] 倪锡英1936年在《济南》一书中记载:"至于穷苦的人家,能够日常吃'烙饼'或'馒头'已是很难,他们只是把面粉和着水调成一种水浆样的液汁,称为'面糊稀饭',在稀饭里再放着山芋、玉薯黍等,合在一起煮,便藉此果腹。"[③]

泰安居民主食为煎饼,以玉米为主原料。贫苦之家则食用地瓜干、高粱制作的玉米煎饼。人们通常多用煎饼卷生菜叶、大葱、甜酱、韭菜、蒜苔、芝麻盐,以及白菜帮、野菜、地瓜秧等掺豆面做成的渣豆腐而食之。[④]

青岛人们的饮食以小麦、玉米、地瓜为主,杂以谷子、高粱、豆类(绿豆、黄豆、红豆、豇豆)、黍子等五谷杂粮。副食以蔬菜为主,蛋类、肉类则

---

① 济南市史志编纂委员会编:《济南市志》(第七册),中华书局1997年版,第52页。
② [美]A·G·帕克指导,齐鲁大学社会学系编著,郭大松译,庄惠娟校:《济南社会一瞥》(1924)(下),《民国档案》1993年第3期,第55页。
③ 倪锡英著:《济南》,中华书局1936年版,第125页。
④ 民国山东通志编辑委员会编:《民国山东通志》(卷十九·生活志),山东文献社2002年版,第1804页。

是寻常人家办喜事和待客的珍品。①"市内贫民,大都每日两餐,以上午八九时为早餐,以下午四五时为晚餐,其食物以甘薯为主。甘薯之外,杂以粟、豆、高粱、小麦之属,而以白菜、菠菜、韭菜、茄子、豆腐等为最普通佐食之需。极贫之家,则以甘薯之嫩,晒干磨粉,制成团子,以供常食,多视为美味,其食品之粗劣,概可想见也。"②

1930年代枣庄中兴煤矿的工人生活调查中发现:工人食物以高粱及麦子煎饼为主,每日两餐,约在上午10时及下午5时。食法简单,普通仅以盐菜及大葱卷入煎饼而以糊涂汤佐之,糊涂汤系用麦粉或高粱粉加水加盐煮成,亦有以蔬菜加入者。工人在经济特别充裕时,或逢佳期,则喜吃黑面馒头。平时所食蔬菜大半不外豆芽、豆腐、青菜、白菜、萝卜之类,逢年过节,始食荤菜,家庭负担较轻之工人平时亦偶食肉,但为数极少。许多工人与其家人所食之物不同,或者工人食麦子煎饼而家人食高粱煎饼,或者工人食黑面馒头而家人食麦子煎饼。其理由甚为明显,工人工作劳苦,不如此则不足以维持其工作能力,家人工作轻松,但求生命保存而已。③

人力车夫由于工作原因的需要,经常会在沿途小摊贩就食,或进粥饭,或购炒面、烧饼、粽子等充饥。青岛城区繁忙的中山路、南海路、南村路、四方路、乐陵路等街道两旁有卖锅饼、汤面、点心等的摊贩,人力车夫经常会在此买点以充饥。

娼妓在饮食方面常常食无定时、冷热不计、食物杂乱。妓院一般都会给娼妓提供饭菜,但是娼妓等级的不同在食物的供应上也有所体现。等级高的娼妓饭菜质量相对也会好一点。但是等级低的娼妓则往往会食不果腹,只能以稀饭、面食和窝头为餐。"三四等的妓女……多是吃

---

① 张伟:《青岛市民社会生活研究(1922—1937)》,青岛大学2010年硕士学位论文,第18页。
② 李森堡等编:《青岛指南》,民言报印刷服务部1947年印,第348页。
③ 李文海主编:《民国时期社会调查丛编》(城市劳工生活卷)(下),福建教育出版社2005年版,第929页。

面、烧饼,或窝窝头等。"①而乞丐则"每日饮食无定,多要多吃,少要少吃,要不着不吃"。②

三、居住

房屋是人类抵御风寒和休息繁衍的场所,是人们赖以生存的重要条件之一。民国时期城市下层社会群体受其经济水平所限,在居住空间上大多数家庭居住在城市内、外角落等处。在当时全国各大城市中一般都会形成一些破烂肮脏的贫民窟与棚户区,如上海的蕃瓜弄、药水弄、肇嘉浜、潭子湾,北京的龙须沟,南京的下关、汉西门,长春的二道河子,哈尔滨的道外,汉口的三新街,以及青岛的四方、沧口等处,都是著名的贫民窟和棚户区。③ 棚户区大都处在乱坟场、臭河浜和废墟之间,周围环境十分恶劣。在这种地方一般都没有厕所、垃圾箱,也没有排水沟道,每逢下雨,污水到处泛滥,疾病、瘟疫四处传播。这样的生活环境和贫困状态,使生活在这里的贫民及子女远离文化教育,无业游民充斥其间,烟、赌、娼、盗泛滥,居民的道德水准严重下降。④

济南贫民阶层"一般住在东、南、西面的城郊地带,旧城墙与城郊围子墙之间的距离,1/5 至 1/4 英里不一。这些城郊地带,主要是居民住宅和小店铺,有少量空地,为或疏或密的坟墓所占据"。⑤ 城区四周多为棚户区,住房低矮、潮湿、不避风寒。⑥ "济南最粗劣的住宅有 1000 多所,这

---

① 李文海主编:《民国时期社会调查丛编》(底边社会卷)(下),福建教育出版社 2005 年版,第 502 页。
② 李景汉:《北京的穷相》,《现代评论》第二周年纪念增刊,现代评论社 1927 年版,第 74 页。
③ 李明伟著:《清末民初中国城市社会阶层研究(1897—1927)》,社会科学文献出版社 2005 年版,第 452 页。
④ 李明伟著:《清末民初中国城市社会阶层研究(1897—1927)》,社会科学文献出版社 2005 年版,第 453 页。
⑤ [美]A·G·帕克指导,齐鲁大学社会学系编著,郭大松译,庄惠娟校:《济南社会一瞥》(1924)(上),《民国档案》1993 年第 2 期,第 49 页。
⑥ 济南市史志编纂委员会编:《济南市志》(第七册),中华书局 1997 年版,第 52 页。

些住宅最好是叫土草席屋。这种屋子很零散,这儿靠一面墙建几所,那儿在墙角、空地或路边搭几间。土草席屋几乎既不防寒,也不防雨,屋子通身是缝隙,一场大雨或许就会把它们毁掉。这些屋子大部分是用土砖坯、旧梁杆、几百片瓦和一些旧席子建起来的,费用为几元钱。济南有数千人住在这样的住宅里。"①"在一座较贫穷的人居住的院落里,你会发现一间屋子一个小家庭。这些屋子大约 12 平米,由于通常只有一面透光,因而尽管有些房间后墙有高高的窗户,但都很昏暗,维修也极差。这种住宅如果靠近有泉水的城区,它们的地面是砖地或更常见的泥土地,终年都是潮湿的。在雨季,墙壁潮湿至离地面数米高的地方,院落常常变成一个小水池。"②

青岛的台东、台西镇,这一带荒凉偏僻,污浊混乱,为贫穷劳动者的居住区。③ 1933 年出版的《青岛指南》中曾这样记载:"按本市平民,在台东者皆集仲家洼,在台西者皆集挪庄、马蜂窝,大抵皆搭盖板房草舍,聊避风雨,与上海闸北交通路一带情形相仿佛。此类板房草舍,类皆狭陋异常,其高度有低头而不能直立者,炕灶每相连接,杂物凌乱无序,秽浊之气,往往刺鼻。"④台西镇海滩上的大量棚户,多用炉渣、碎砖搭垒,铁皮覆顶,高仅二米,间距米余,卫生条件极坏。⑤ 在这里其中有一人力车夫集中居住区,脏乱不堪,所谓的房屋只是一些用破砖碎瓦、破油纸、草席、破铁皮搭建的建筑,冬天不能遮风,夏天无法挡雨。辛劳了一天的人力车夫就是在这样的住所里休息,生活之艰辛实与乞丐无异。后来这一地

---

① [美]A·G·帕克指导,齐鲁大学社会学系编著,郭大松译,庄惠娟校:《济南社会一瞥》(1924)(下),《民国档案》1993 年第 3 期,第 56 页。
② [美]A·G·帕克指导,齐鲁大学社会学系编著,郭大松译,庄惠娟校:《济南社会一瞥》(1924)(下),《民国档案》1993 年第 3 期,第 56 页。
③ 民国山东通志编辑委员会编:《民国山东通志》(卷十九·生活志),台湾山东文献杂志社 2002 年版,第 1845 页。
④ 魏镜编:《青岛指南》,平原书局 1933 年版,第 46 页。
⑤ 杨秉德主编:《中国近代城市与建筑(1840—1949)》,中国建筑工业出版社 1993 年版,第 290 页。

区经过改造,建立起了八个以低矮、密集的平房为主的院落,被人戏称为"八大公馆"。①

枣庄中兴煤矿工人之住处,除去少数之有技工人能够租佃或自己建造比较整洁之房屋外,一般工人之住处大都破烂、拥挤、污秽与黑暗。屋顶及墙壁多用蒿类,或大蒿上涂泥。每室占地面积约一平方丈,高则举手可达屋檐。夏日梅雨,泥泞满地,室内亦阴湿异常。有家属之工人,大都在公司围墙外租用或自建草房一两间,每间租价大约每月3角以至1元,通常每间住二人以至五六人不等。用木床作卧具者绝少,大半系以蒿草铺地而卧其上。②

对于下层群体来说,如果再遇上战争等情形,有时连找个住的地方都不容易。抗战胜利后,那些进入城市的难民,大多无处栖身,境况极为凄惨。1947年10月蒋介石视察青岛时,曾登观象山,当他看到山下矮房数间并询问随行之青岛市长李先良系何人居住时,被告知是难民所居。蒋介石十分关心,但青岛当局无力解决。③此后许多难民更无法搭建简易房而住入此山之地堡中,造成难民非正常死亡。"本市观象山顶地堡中迁住的难民,近来多身染伤寒而死亡。彼等死后因无钱掩埋,唯有将尸体抛掷山沟。昨日记者闻悉该处伤寒流行、弃尸甚多,特往观察,在山顶、在山沟即发现大小尸体五具,各地堡中的难民亦浮现着病态,生命面临垂危之阶段。住所中的腐臭及地堡的四周的排泄物经日光的蒸发,那股气味实在难闻。"④类似情况在山东许多城市都存在。

工人、人力车夫、学徒等下层社会群体为了工作、拉车、上班等需要,在居住位置的选择上一般会在其工作地点的四周。但在多数情况下,他

---

① 张伟:《青岛市民社会生活研究(1922—1937)》,青岛大学2010年硕士学位论文,第27页。
② 李文海主编:《民国时期社会调查丛编》(城市劳工生活卷)(下),福建教育出版社2005年版,第928—929页。
③ 《青岛民报》1947年10月23日。
④ 《青岛民报》1948年7月19日。

们会在工厂、店铺、车行的集体宿舍中居住,虽然居住条件大多都较简陋、拥挤。在淄博由日商开办的"华北轻金属股份有限公司"南定氧化铝工厂工作的工人,住在圆形窝棚内,每个窝棚大的住百人,小的住几十人,拥挤不堪,没有床铺,只在地上铺些草。每个窝棚只留一个出口。严冬朔风刺骨,盛夏蚊虫叮咬,还要常常遭受监工头的鞭棍抽打。① 青岛火柴厂的工人居住在三十多个人一间的工人宿舍中,"空气异常恶浊,到他们住的屋子里坐不上一小时,就会觉得头痛"。并且工人在"放假的日子也不准外出,只准在家里睡觉,工头每日要到他们的住屋里检查三次","稍不顺从,就被开除"。②

民国时期妓院都有其固定的位置与营业场所,如当时比较有名的,北京的"八大胡同"、天津的"侯家后"、上海的"四马路"和南京的"秦淮妓院"等烟花柳巷甚是风光一时。③ 山东各城市娼妓业在其发展过程中也逐渐形成了固定区域。

济南1904年商埠开辟后,以纬八路第一楼为中心的书寓业随着商业的发展而兴盛起来。至抗战前发展为,一等妓院位于济源里、大生里、共和里、恒善里;二等妓院位于第一楼;三等妓院位于永和街、德顺街等处。在当时,大生里的"红楼书寓",济源里的"凰楼""月楼""安乐""红珠"书寓,恒善里的"爱玲""双福""三茶"书寓,共和里的"宝玉""紫云"书寓等,都是有名的头等书寓,每户资本200元至300元。抗战胜利后,甲等妓院区在经三路、纬八路至经四路、纬八路一带;乙等妓院区在经三路、纬七路、八卦楼一带;丙等妓院区在"北岗子",即四和里、前后永和街、前后棋盘街、东西仁和街、德顺街。④ 潍城,北洋军阀时期妓院多分布

---

① 李障天、阎象吉主编:《淄博经济史料》,中国文史出版社1990年版,第107页。
② 共青团山东省委、山东省档案馆合编:《山东青年运动档案史料选编》(第一辑),内部资料,1984年,第40页。
③ 侯杰、秦方著:《旧中国的下九流》,天津人民出版社2004年版,第167页。
④ 夏冬:《旧社会的济南妓院》,见《文史精华》编辑部编:《近代中国娼妓史料》(下卷),河北人民出版社1997年版,第3页。

在北关凰嘴街、东关前所街、红土湾街、后窑湾、针巷子等处。南京国民政府建立后，在东魏家巷路南建成平康一里、二里、三里，路北建有平康北里，共计 30 个院落。此后潍城所有散居妓院统一迁居于此营业。① 德县，清末妓院多设在长乐门（即东门）里。民初，津浦铁路建成后，妓院纷纷从长乐门里迁到城外杨家坟南上崖一带（马家溜口街与南营街之间）。日伪时期，妓院又从杨家坟迁至火车站附近之车站后街，俗称"大有栈街"。那时妓院达 48 家之多，妓女人数多达 300 人。② 1940 年烟台市妓女分为一、二、三、四等，一、二等住烟台山下太平街一带，三、四等在四道弯最多，毓璜顶下曲家庙后亦有散居。一等 50 家，135 人；二等 7 家，20 人；三等 203 家，467 人；四等 105 家，219 人。③ 据 1947 年版《青岛指南》记载：1947 年正式领照的乐户有 199 家，妓女计 728 人，其中一等妓女 270 人、二等 133 人、三等 325 人。当时妓院划地集中，分布在四方路的平康东里，朝阳路的平康二里，冠县路的平康三里，黄岛路的平原五里、乐康里、宝兴里，德盛路的平康六里，河北路的升平里，山西路的双鹤里，青海路的宝兴里，柳村路的沧口平康里，等等。④

从居住条件看，娼妓的住房存在着明显的等级差别，下等娼妓的居住条件极其简陋。一、二等娼妓所住房屋宽敞，家具讲究，一般有新式或洋式的床、桌、椅、凳等，"阔绰的甚至有铜床、电话、电扇、洋炉等物"。⑤ 在济南，一、二等妓院多数是旧式两层楼房或四合院平房，一般有六七个到十几个房间，门口有圆形电灯，上书等级、某寓、某班，院内墙上挂着妓

---

① 潍坊市潍城区委员会文史资料委员会编：《潍城文史资料》（第八辑），内部资料，1993 年，第 175、178 页。
② 孙寿昌：《旧德县妓院概述》，见《文史精华》编辑部编：《近代中国娼妓史料》（下卷），河北人民出版社 1997 年版，第 15 页。
③ 烟台市地方史志编纂委员会办公室编：《烟台市志》（上），科学普及出版社，1994 年，第 311 页。
④ 李森堡等编：《青岛指南》，民言报印刷服务部 1947 年印，第 198—200 页。
⑤ 李文海主编：《民国时期社会调查丛编》（底边社会卷）（下），福建教育出版社 2005 年版，第 502 页。

女花名牌,屋内陈设都比较讲究,有的还有沙发、立橱和钢丝床等家具。①相比之下,三、四等娼妓居住环境则要差得多了。有人曾这样描述下等娼妓居住的环境状况:"三等四等五等的房间的黑暗,院落的窄小,几乎就窄狭到没有厕所的程度,院里散摆着尿粪桶子,再加上那些汗泥的臭水沟,每当春夏两季,天气炎热,臭气蒸发,差不多隔离数里的地方,就可以闻到这种臭腥气。"②在济宁,三等娼妓居于青龙街,大、小罗家胡同一带。虽有门户院落,但房屋狭小,设备简陋,室内一床一桌别无他物。待客的娼妓或粗俗丑陋,或人老珠黄。其服饰打扮较前者亦相差甚远。最下层为旧时的莲花池、小土山一带的四等土娼,"临街亮相,广招'顾客'。矮屋土炕,龌龊不堪"。③

流落街头的乞丐,则居无定所,常常是躺身于街头巷尾,或是荒郊野外。有人曾这样记述当时乞丐的悲惨处境。"常住济南要饭的,白天要饭夜晚露宿街头。冬天的夜晚,就依偎在饭馆门外已经熄火但还热乎的铁皮桶做的炉子旁暖和。过去西门桥向北顺河街的南头路东,有个公共男厕所,是间有屋顶的厕所,里边搭着相对的两个'吊铺',上边就住着一些乞丐。夜晚去上厕所,就能听到他们在上边说话。"④

第四节　民国时期山东城市下层社会的娱乐休闲

社会生活是社会生产力发展水平的反映,是社会进步程度的体现。民国时期的山东,随着外来资本主义政治、经济、文化等各种势力的渗

---

① 夏冬:《旧社会的济南妓院》,见《文史精华》编辑部编:《近代中国娼妓史料》(下卷),河北人民出版社1997年版,第4页。
② 李文海主编:《民国时期社会调查丛编》(底边社会卷)(下),福建教育出版社2005年版,第557页。
③ 远敬:《旧时济宁的妓院和妓女》,见《文史精华》编辑部编:《近代中国娼妓史料》(下卷),河北人民出版社1997年版,第11页。
④ 孟庆筑著:《那个年代——回忆旧济南》,黄河出版社1996年版,第73页。

透,社会物质、文化生活和社会习俗等方面都发生了显著的变化,西方的生活方式被带到了山东各城市。在娱乐休闲方面,传统娱乐方式和现代娱乐交相呼应,表现为中西合璧、土洋结合的特点。当时除传统的喝茶、听评书、逛戏院等娱乐项目外,还出现了许多现代的娱乐场所与设施。诸如商场、公园、游戏场、影剧院、歌舞厅,甚至海水浴场、俱乐部等。此外,看报纸、听广播、听音乐等休闲方式也很快走进市民的日常活动中。

二十世纪二三十年代济南就有了银光、真光等8家电影院。①"济南的电影院也不少,尤其以商埠一带为多,著名的有'济南''银光''真光''景星''光明''大华''民众'等数家,专映中外名片,营业尚称发达。"②一些游艺园中也设有剧场。娱乐场大者可容纳1000人以上。③ 新市场以容纳戏剧场所多而著名,曾有剧院、茶园、书棚等演出场所20多处。1931年时,济南共有曲艺演出场所38个、曲种10多种、艺员240人(女艺员88人),每日观众3170余人。④ 到1935年前后,济南共有剧场30多家。⑤"在济南城区一带民间最普遍的娱乐便是听大鼓书,因此在热闹的大街上到处都有大鼓书场。市民在工作之暇,便去听书。那些唱书的全是年轻女子,听书的一边喝着香茗,听那鼓词高亢的音调在耳边转,是很够味的一件乐事。济南最出名的鼓书场,有大观园、明湖居和趵突泉书场等数处,其余较小的也有十几家。"⑥1937年建成的济南大观园商场除卖日用百货、服装鞋帽、糕点糖茶、副食土产、南北风味菜肴外,还演出南腔北调的曲艺戏剧、电影、杂耍等,成为五花八门的综合性商业游乐

---

① 民国山东通志编辑委员会编:《民国山东通志》(卷十九·生活志),台湾山东文献杂志社2002年版,第1889页。
② 倪锡英著:《济南》,中华书局1936年版,第119页。
③ 吕伟俊主编:《民国山东史》,山东人民出版社1995年版,第310页。
④ 济南市文化局:《济南文化艺术史料集》(第一辑),内部资料,1989年,第164—211页。
⑤ 谷学峰:《近代济南市民文化研究(1904—1937)》,山东大学2005年硕士学位论文,第25页。
⑥ 赵晓林编著:《故纸中的老济南》,济南出版社2009年版,第131页。

场所。①

1930年代初,青岛的娱乐场所发展迅速,不但数量增加,而且种类也丰富起来,既有戏剧院、茶院、书场等传统娱乐场所,也有影剧院、歌舞厅、弹子房、跑马场、俱乐部、海水浴场等现代时尚娱乐场所。青岛的书场在当时很发达,到1935年前后,全市有书场十五六处之多。在这些书场里面演出的种类主要有杂耍、评词、渔鼓、大鼓、山东快书、话剧等,可以满足不同阶层、不同群体的娱乐需求。② 1939年俱乐部有3家:国际俱乐部、兴亚俱乐部、胶海关俱乐部;游戏场有大观堂、惠美须俱乐部、鹤屋、固田撞球场、赤玉俱乐部、银杏撞球场等8家。③

抗战胜利后,国民政府统治区的城市民众主要娱乐方式仍然是电影、戏曲、跳舞、体育运动等。当时济南有明光、大华、大观园、省立教育等电影院,戏剧院则有北洋大戏院、齐鲁大戏院、胜利戏院、大观园第一剧场、青光戏院等。青岛比较有名的影院有:中国、青光、青岛、胜利、神州、新新、国泰等影院。当时有名的剧社有青岛剧社、交流剧团、国风剧团、中光剧团、莞青剧团、奥凯剧团、一鸣剧团、群星剧团等。烟台主要影剧院有华安电影院、中华电影院、金刚电影院、福禄寿戏院、光陆大戏院等。④ 省内的一些县城也有电影、戏院等娱乐场所。此时节日是民众娱乐的主要契机,中秋节、双十节、总统选举及寿辰等均有各种娱乐活动,如:"昨日中秋节,岛上顿现活跃情形,每个角落都充实了节气,尤其是少女和少奶奶们,都不约而同的跑出来了。"⑤这是因为节庆日政府机关、工厂企业等都放假休息了,职员、工人等终于得到了出来走动的机会。

虽然当时娱乐休闲活动多式多样,但主要还是存在于社会中上阶层

---

① 杨秉德主编:《中国近代城市与建筑(1840—1949)》,中国建筑工业出版社1993年版,第325页。
② 马树华:《民国时期青岛的娱乐空间与文化生活》,《东方论坛》2009年第4期,第124页。
③ 青岛特别市公署:《青岛指南》,青岛新民报印务局1939年印,第274、276页。
④ 吕伟俊主编:《民国山东史》,山东人民出版社1995年版,第1053—1054页。
⑤ 《青岛民报》1947年9月30日。

中，普通下层市民极少参与，主要受限于微薄的经济收入、辛苦的劳动、超长的工作时间等。在温饱都经常成为问题的情况下，何谈娱乐嗜好，这就造成他们的娱乐活动贫乏、简单。

一、工人的娱乐休闲

当时工人工作时间一般都很长，大都日出而作，日落尚不能休息，工作十几个小时以上，加之工作繁重，其体力通常也很难支撑其它的娱乐活动。在上海，码头苦力群体每日从事繁重的体力劳动之后，剩余时间就急于休息以恢复体力。他们的文化娱乐极为简单，基本游离于现代文化之外，"互相吹吹牛"，即为休闲，最高的享受是"江北戏院听听江北戏"，但这种机会也极为难得。[①]

虽有节假日可以让工人们放松下来，但全年加起来也就是短短十几天的时间，这中间还包括春节假期，难有时间去消遣娱乐。在济南，每年农历九月九日"是该城生活中的一件大事"。在这一天，成千上万的人会登上千佛山"祈求消除罪孽"，这是市民日常生活中的一项重要娱乐活动。但每年"上山的人群是由中等和较上等阶层组成的，因为工人没有假日，有数名职员的商店，有些店员可能有机会去"。[②] 同样，"据调查结果，人力车夫全无休假者占50%以上，因彼等每日为生活所驱迫，故不得不日日从事劳动也。彼等除非有病，很少有休假者，若逢年过节，生意较旺，彼等劳动反较多于平时"。[③]

即使城市下层社会群体有时间和体力从事一些娱乐活动，其可选择

---

① 李明伟著：《清末民初中国城市社会阶层研究(1897—1927)》，社会科学文献出版社2005年版，第118页。
② [美]A·G·帕克指导，齐鲁大学社会学系编著，郭大松译、庄惠娟校：《济南社会一瞥》(1924)(上)，《民国档案》1993年第2期，第54页。
③ 李文海主编：《民国时期社会调查丛编》(城市劳工生活卷)(下)，福建教育出版社2005年版，第1277页。

范围也极其有限。"工人因无正当娱乐可寻,故多染有嫖赌烟酒等恶习。"①"工人工毕出厂,毫无正当娱乐可寻,好静者大半蛰居家中,好动者大半习于赌博,或狎私娼。"②嗜好方面,最普遍者为烟与酒。通常所吸之烟为香烟及旱烟。根据1920年代末对枣庄中兴煤矿工人的调查,"香烟一项,在枣庄销售亦达20余万元,即以全枣庄之人口(约6万人)平均之,每人每年费于香烟者亦超过3元。据工人等言,彼等每人每年所费于香烟及旱烟者当在10元左右。彼等在矿中作连班(即连作两班)者几乎全赖香烟与旱烟提神。高粱酒本为山东之特产,价廉而物美,故工人多嗜之以解愁之工具。"③同样,"独身码头工、车夫、杠夫等往往聚居于私人开设的客栈,以赌博、饮酒、吸鸦片为乐趣"。④ 当然也有一些工人寻找一些健康的娱乐活动。如当时津浦铁路济南机厂的工人工作非常辛苦,且工资比较低廉,生活时常难以得到保障,使一些青年工人感到没有出路而意志消沉。有位张师傅住独院,便把这些青年工人叫到自己家里予以规劝。张师傅会武术、通古籍,间或教几套拳脚,说一段《水浒传》或是《三国演义》。久而久之,来张家大院的工人越来越多,形成了一个自娱自乐的场所。后来,工人们把张家大院叫作"公所",并订立了"不信教,不拜佛,不吸烟,不喝酒,不嫖娼,不赌钱"之类的规矩。⑤

此外,在当时许多工厂、店铺为了改善员工的生活待遇,一般都建有工人休息室、职工俱乐部等娱乐场所,有的还举办一些娱乐活动,如劳工讲演会、工人辩论会等,以达到工人休息之余放松的目的。但由于工人

---

① 李文海主编:《民国时期社会调查丛编》(城市劳工生活卷)(下),福建教育出版社2005年版,第929页。
② 李文海主编:《民国时期社会调查丛编》(城市劳工生活卷)(下),福建教育出版社2005年版,第929页。
③ 李文海主编:《民国时期社会调查丛编》(城市劳工生活卷)(下),福建教育出版社2005年版,第929页。
④ 忻平著:《从上海发现历史:现代进程中的上海人及其社会生活(1927—1937)》,上海人民出版社1996年版,第164页。
⑤ 苗尔澜、管萍著:《老济南商埠琐记》,济南出版社2009年版,第102页。

工作过于疲劳,或者不感兴趣等原因,往往效果不甚理想。枣庄中兴煤矿建有职工俱乐部,作为职工的娱乐场所,每月由公司补贴经费200元,不征收任何会费。但设备极简陋,运动方面,多为职员预备,而运动者绝少。其为工人共享者有各种棋类及书报室等,但因工人文化程度太低,大半均不识字,故皆裹足不前。"此外更有京剧教师教授唱做及排演各种京戏,并且添办行头,时或公演,此为一般工人之最感兴趣者。然所演次数既少,公演地点又不甚宽敞,工人中之能实际享乐者不过一小部分而已。"①"公司所设之职工俱乐部彼等不能感觉兴趣,绝少前去问津。""夏日夜间,偶有说书者聚集工人数十人,手敲口唱,消磨工人等之无聊闲暇不少,应算工人平时惟一之正当娱乐。"②

二、人力车夫的娱乐休闲

强一经通过对济南100名人力车夫嗜好的调查发现:有嗜好者36人,其中庄云庆、李长林嗜好是空闲时多到游艺园听戏,剩余34人则嗜好吸烟、喝酒、赌博等。无任何嗜好者44人,嗜好不详者20人。③车夫嗜好的多寡还与年龄、家庭经济情况等有很大关系。年龄较大者一般都有家室,需要承担沉重的家庭负担,其经济收入很难支撑过多的嗜好。年纪较轻者,嗜好可能会多一些。"若是不知治家的一般少年人,一则他们好赌博,聚拉车的四五人在车行里,便可实行,巡警受贿,假装不知,亦有三五成群去嫖的,有时一群到小饭馆里大喝一气。"④

对此,曾做过人力车夫的冯毅之对当时车友们的娱乐嗜好做过这样

---

① 李文海主编:《民国时期社会调查丛编》(城市劳工生活卷)(下),福建教育出版社2005年版,第926页。
② 李文海主编:《民国时期社会调查丛编》(城市劳工生活卷)(下),福建教育出版社2005年版,第929页。
③ 李文海主编:《民国时期社会调查丛编》(城市劳工生活卷)(下),福建教育出版社2005年版,第1167—1178页。
④ 李文海主编:《民国时期社会调查丛编》(城市劳工生活卷)(下),福建教育出版社2005年版,第1170页。

的描述:"他们没有奢望、没有幻想,只求温饱。他们对于豪华的游乐场、影院、戏院是不敢想的。喜爱的是有五花八门杂艺的天桥和街头巷尾的小饭摊。到天桥去花不了几个钱就可以看到云里飞的滑稽表演、大金牙的洋片和粗俗逗趣的相声,以及杂耍、武术、高跷等各种各样使人心情舒畅精神愉快的民间艺术项目。"[①]从中我们可以看出,相比剧院、歌舞厅等高档娱乐场所,茶社、书社等休闲消遣之处则常常会集聚大量贫穷阶层,满足其娱乐消遣的需要。在当时济南的大观园、新市场等处,不用买门票即可进入,里面有戏场、茶园、书社等,每天都能看到听到戏曲、大鼓、评书、相声等,并且针对不同群体,把剧种、内容、门票都会分为不同的档次。这些场所特别适合经济能力较弱的下层社会群体。

三、娼妓的娱乐休闲

至于娼妓的娱乐休闲活动,麦倩曾曾对北平娼妓的日常生活的处境做过细致描述,"至于妓女一天的生活,可以说是极单调也是最困苦。每个妓女普通都是十一二点钟起来,至下午5点起首装扮应客,夜愈近,生意愈忙。……这不过是普通说法,但在各级妓女中当然有很大的差别。头等的妓女白天很少有客人,所以她们白天的消遣是打麻雀牌、看电影,或独自玩天九牌等。……至晚则陪酒唱曲应条子过班,东西奔走无片刻休息,非至夜阑不止。二等的妓女没有许多应酬,也不用唱曲等等,但白天常有客来游逛,故从早至晚非奔走应酬客人不可。在三四等的妓女生活与头二等的有极大差别,来逛妓院的客人,不像在头二等的普通只是嬉笑取乐,都是极简单的为满足性欲。所以这些妓女,无论所谓白天或黑夜,所谓接客多少人即被客人蹂躏多少次之谓,简直无所谓玩耍,可以代表客人与妓女关系的本来面目。"[②]从以上的描述中,我们可以对妓女

---

① 陈明远著:《文化人与钱》,百花文艺出版社2001年版,第110页。
② 麦倩曾:《北平娼妓调查》,《社会学界》第5卷,1931年版,第125页。

的日常娱乐活动有一个大概的认识：一、二等的妓女平时还能保持一定的娱乐空间和自由，三、四等妓女则谈不上什么娱乐休闲了。

此外，妓女中，尤其是头等妓女还可能有条件，或喜好听音乐、唱歌、看戏、琴棋书画等。另外还有为数不少的妓女染有烟瘾和赌瘾，借此来达到放松身心的目的。近代社会，妓院往往兼作赌场。妓女们也都热衷于赌博，有的还很懂得和掌握了一些赌博的技巧。妓女为了多抽嫖客的赌资，同时也是为了自己的消遣而设赌、参赌。① 妓女和鸦片的关系也非常密切，妓女中有许多借助于烟毒来麻醉自己，使自己能遗忘掉每天所要遭受的身心折磨。也有一些妓女开始只是抱着试一试、玩一玩的念头，没想到天长日久，上瘾了，以至不能自拔。

第五节 民国时期山东城市下层社会的婚姻与家庭

一、城市人口及其性别比

在山东城市化推进过程中，一方面因为城市经济的发展，使得城市人口急剧增加；另一方面也因大量人口涌向城市，导致城市中出现了男女比例失衡的情况。青岛市自开埠以来，随着城市工商业日趋发达，市场日趋繁荣，农村大批青壮年劳动力（主要是男性）以及外来人口大量涌入，造成人口性别比一直居高不下。1923年，青岛人口中男性164279人，女性97838人，男女性别比为1.679∶1。1929年，青岛人口中男性224200人，女性137951人，男女性别比1.625∶1。1937年，青岛人口中男性215392，女性165972人，男女性别比1.298∶1。1945年，青岛人口中男性341372人，女性261385人，男女性别比为1.306∶1。1948年，青岛人口中男性563391人，女性473732人，男女性别比1.189∶1。② 同

---

① 侯杰、秦方著：《旧中国的下九流》，天津人民出版社2004年版，第191页。
② 青岛市史志办公室编：《青岛市志》（人口志），五洲传播出版社2001年版，第44、45页。

样,烟台作为一座近现代发展起来的移民城市,和青岛情形基本类似。1924年烟台人口中男性62260余人,女性27060余人,男女性别比232∶100。①1933年烟台人口中男性92533人,女性46979人,男女性别比197∶100。② 1937年烟台人口(华人)中男性88974人,女性55628人,男女性别比为161∶100。③ 济南,1914年城区和城郊人口中男性146206人,女性99772人,男女性别比146.5∶100;1927年城区和近郊总人口中男性181090人,女性116218,男女性别比155.8∶100;1937年市区人口中男性179340人,女性131903人,男女性别比136∶100;1945年市区人口中男性313275,女性244539,男女性别比128.1∶100。④

人口性别构成,亦即人口性别比例,指一定时间、一定范围内,人口总体中的性别分布及其比例关系。人口性别构成是实现人口再生产的重要条件,一个国家或地区的人口性别构成正常与否,会直接影响到人们的婚姻和生育,影响到人口再生产的规模和速度。⑤ 一般来说,男女两性人口的比例是基本平衡的,男女比例105∶100是一个比较正常的情况。但从上面对青岛、烟台、济南三城市人口性别比的观察,显然性别比明显偏高。对于这一现象的出现,主要原因是城市化启动后,随着城市商业的繁荣和大规模的机器生产活动,使得城市在城乡人口流动中的拉力大大增强,造成了农村人口大量向城市集中。而在这些大量增加的城市人口中绝大多数是青壮年男性劳动力。大量外来青壮年男性人口进入城市谋生,导致城市出现男女比例失衡的情况,城市性别比变得偏高。正如帕克在对1920年代济南城市人口性别比偏高分析时指出:"像中国其他城市一样,济南男性多于女性。在济南,大约60名男性对40名女

---

① 郭寿生:《烟台调查》,《向导》,1924年7月5日。
② 何炳贤主编:《中国实业志·山东省》(丁),实业部国际贸易局1934年版,第57页。
③ 交通部烟台港务管理局编:《近代山东沿海通商口岸贸易统计资料(1859—1949)》,第252页。
④ 济南市史志编纂委员会:《济南市志》(第一册),中华书局1997年版,第483页。
⑤ 温勇、尹勤主编:《人口统计学》,东南大学出版社2006年版,第19页。

性。""中国城市的这种情况,是由于男性汇聚工厂和店铺工作,在某些场合下,汇集于官方职务和学校工作。有些来做这些工作的男人已经结婚,他们把家庭抛在农村,但大部分来城市工作的男人是未婚的,该城未婚男性大大多于未婚女性。在已婚人口中,男性为85850人,女性为82300人;在未婚人口中,男孩和成年男人为79300人。女孩和成年妇女为28350名。多出的这50000名男性,几乎全部在15至25岁之间。这表明流入城市的人口很可能主要是这一年龄段的男性。"①

二、下层社会的婚姻与家庭

由于受到物质生活匮乏的影响,城市下层社会的婚姻与家庭状况也比较简单,男女双方多出身贫苦,凑合的婚姻十分普遍。概括起来,城市下层社会群体的婚姻和家庭主要呈现以下特点:

1. 民国时期山东城市中由于存在着严重失衡的男女性别比,导致很多人无法完婚,未婚率始终处于较高的水平。而这未婚群体中的绝大部分又是处于社会下层的贫民,由于他们收入低下,多没有文化、技术,谋生手段单一,时常连自己的衣食都无着落,组建家庭困难。据统计,青岛市1931年11岁以上男女合计32万人,有配偶的18.6万人,其中男性10万多人,女性为8.5万人,这意味着至少有1.5万男性公民配偶不在青岛;无配偶的13.5万人中,男性占10万,女性只有3.5万。② 这也就是说平均3个男人中只有1个能在青岛找到配偶,但在一般情况下,社会中上阶层群体由于其经济状况比较好,结婚情况要大大好于城市下层社会群体,这又使城市下层结婚困难的实际概率增加。1933年青岛全市人口444690人,其中适龄未婚者127955人,有配偶者231009人,鳏寡和离婚

---

① [美]A·G·帕克指导,齐鲁大学社会学系编著,郭大松译,庄惠娟校:《济南社会一瞥》(1924)(上),《民国档案》1993年第2期,第50页。
② 鲁海著:《青岛旧事》,青岛出版社2003年版,第82页。

者25440人,分别占总人口的28.8%、51.9%、5.7%。1935年青岛全市人口527150人,其中适龄未婚者140205人,有配偶者281058人,鳏寡和离婚者33919人,分别占总人口的26.6%、53.3%、6.4%。1938年青岛全市人口451198人,其中适龄未婚者128813人,有配偶者224720人,鳏寡和离婚者5570人,分别占总人口的28.5%、49.8%、1.2%。1946年,青岛全市人口共计753369人,有配偶者347993人,未婚者362745人,其中,15岁以上适婚者123841人,占总人口的16%。① 相比于青岛,济南成年人的婚嫁率水平也非常低。1929年,济南男婚为180,女嫁153,婚嫁率为0.88‰。1930年,男婚1085,女嫁983,婚嫁率5.34‰。1931年男婚为1453,女嫁为1295,婚嫁率为6.82‰。1932年男婚1397,女嫁1156,婚嫁率6.22‰。1933年男婚1291人,女嫁2051人,婚嫁率为5.54‰。② 如此低的婚嫁率虽与社会政治、习俗、经济等原因有关系,但男女比例失调无疑是一个重要的因素。受高性别比的影响,烟台1930年代中期,码头工人约80%以上的已到了结婚年龄,但因贫困潦倒,绝大多数仍是孑然一身。③

1930年代有人曾对枣庄中兴煤矿工人的婚娶情况做过调查,以该矿的采矿处外工的婚娶情形为例,全处外工共有1023人,其中"已娶妻在"599人,"已娶妻死"40人,"未娶"384人,分别占总人数的58.6%、3.9%、37.5%。④ 而这未娶妻的384名工人,其年龄之分配情形如表2-13所示。

---

① 青岛市史志办公室编:《青岛市志》(人口志),五洲传播出版社2001年版,第46、47、102、103页。
② 内政部年鉴编纂委员会编:《内政年鉴》(二)警政篇,第六章户籍行政,商务印书馆1936年版,第473页。
③ 《烟台港工人运动志》编审委员会:《烟台港工人运动志》,大连海事大学出版社1996年,第79页。
④ 李文海主编:《民国时期社会调查丛编》(城市劳工生活卷)(下),福建教育出版社2005年版,第901页。

表2-13 384名未娶工人的年龄(1931年)

年龄组别	人数	百分数	累积百分数
16~20	38	9.9	9.9
21~25	132	34.4	44.3
26~30	125	32.6	76.9
31~35	53	13.8	90.7
36以上	36	9.3	100.0
总计	384	100.0	

(资料来源:李文海主编:《民国时期社会调查丛编》(城市劳工生活卷)(下),福建教育出版社2005年版,第902页)

由此表我们可以知道:未婚者年龄大多处于21~35岁之间,占到未婚者总数的80.8%。在当时下层社会中比较盛行早婚,结婚年龄一般都比较早。年龄超过20岁还未婚者占到90.1%,足见其未婚率是很高的。

另外,人力车夫收入微薄不足养家,地位低下遭人歧视,许多人力车夫的结婚情况也不容乐观,错过婚期或始终未能娶妻者大有人在。广州市社会局1933年11月调查了市内人力车夫的婚姻状况,在5253名人力车夫中,未婚者有2576人,约占总数的52%。[①] 与广州人力车夫相比,强一经对济南100名人力车夫的调查结果显示:未婚者29人,其中16~20岁的7人,21~25岁的8人,26~30岁的10人,31~35岁的2人,36岁以上的2人;已婚者58人,其中16~20岁的1人,21~25岁的1人,26~30岁的14人,31~35岁的27人,36岁以上的15人;不详者13人,其中20~25岁的1人,26~30岁的4人,31~35岁的5人,36岁以上的3人[②]。从中我们可以看出:和广州人力车夫婚姻情况类似,济南人力车

---

① 王印焕:《民国时期的人力车夫分析》,《近代史研究》2000年第3期,第212页。
② 李文海主编:《民国时期社会调查丛编》(城市劳工生活卷)(下),福建教育出版社2005年版,第1176页。

夫未婚者所占比例也比较大,占到了29%(13名婚姻情况不详者中也一定存在未婚的情况,因无法得知其情,暂不计入)以上,其中年龄大多集中在16~30岁间的结婚适龄阶段。

2.婚姻缔结方式上,这一时期受社会运动和民主革命的影响,一些知识青年接受新文化、新思想、新婚姻观,反对包办婚姻,要求婚姻自由,实行一夫一妻制,改变旧婚姻制度和风俗习惯。但是,早婚、包办婚姻等陋习仍然根深蒂固,改观不是很大,表现在城市下层社会群体身上更是明显。城市的工人大都是由农村破产、半破产的农民以及手工业者转化而来,他们大多数人的婚姻还是通过"父母之命,媒妁之言"实现的,真正通过"自由恋爱"而结婚者很少。许多青年工人婚姻多听命于父母或媒人,许多配偶是到结婚那天才见面相识的。在结婚对象上还是普遍注重门当户对,正如民谚所说"龙配龙、凤配凤""官寻官,吏寻吏,做伙的寻了做饭的;鱼配鱼,虾配虾,花里虎(蛙之一种)寻了疥河(蛤)蟆""劈篱笆门子,找不上瓦大门"等之类的俗语都形象地说明了普通百姓不同的择偶圈。① 工人、手工业者、苦力等下层社会群体相对于社会中上层而言,受其经济能力、社会地位、活动范围等因素的影响造成其择偶圈非常狭小,择偶对象一般还是局限于城市社会下层。

此外,买卖婚姻在下层社会中也非常普遍。这主要是由于当时城市中过高的男女性别比,以及工作生活空间的狭小等因素,使得许多贫苦大众想通过正当通途娶到老婆相当的困难,不得已要为此付出很大一笔金钱,甚至有时劳苦大半生也难以积攒够,以至终身不娶。有人这样描述1930年代上海纺织业的男工:"除了自己的开销,平均起码还要养活半个人。哪里还会有积蓄来购买女人呢?……所以,很多的男工为了娶一个女人而致终身负债,生活更陷于悲惨。还有很多的男工,他们自己

---

① 司娟:《民国山东婚俗研究(1912—1937)》,山东师范大学2011年硕士学位论文,第70页。

既然没有力量买女人,同时又是'借贷无门'的,那就只好终身不娶。"①

3. 下层社会群体不但结婚率低,受其经济收入、社会地位等条件的限制,在家庭人口数量上也比较少。1930年代枣庄中兴煤矿对下属各处工人家属人数调查发现,"以3、4及5人三组人数为最多"。三处工人家属之平均数,机务处每家5.2人,电务处为5.4人,采矿处为4.6人。其中,前两处主要为有技术、收入水平较高的"里工",后一处则多为无技术、靠苦力挣钱,收入较低的"外工"。结果表明,家庭人口多少与收入有直接关系,"机务和电务两处有技工人多,工资较高,自然家庭人数也较高"。② 济南100个人力车夫的调查,其年龄在15～20岁的5人,20～25岁的10人,25～30岁的25人,30～35岁的35人,35～40岁的12人,40～45岁的6人,45～50岁的3人,不详者4人。③ 而车夫家中人口数目(包括父母、兄弟姐妹、妻子儿女等)则为:2口者2人,3口者20人,4口者31人,5口者16人,6口者8人,7口者8人,8口者4人,不详者10人。从中"可知洋车夫家中人口,以三四口者为最普通"。④ 按说,在当时受多子多福传统思想的影响,每个家庭的子女人数是不会少的。可是一家人口数量为3、4、5人的占到了67%,如果这其中还包括父母在内,那就更少了。这说明一方面经济收入的多少对家庭人口数量的多寡有重要关系,人力车夫收入低下影响其养育子女的经济能力;另一方面也说明人力车夫中的单身者比较多,无力组建新家庭。而这一时期城市平均家庭人口数量,1911年全国的家庭平均规模为5.17人,1928年为5.27人,到二十世纪三四十年代,户均规模维持在5.3人左右。在烟台,1924

---

① 胡林阁、朱邦兴、徐声编:《上海产业与上海职工》,上海人民出版社1984年版,第95页。
② 李文海主编:《民国时期社会调查丛编》(城市劳工生活卷)(下),福建教育出版社2005年版,第899页。
③ 李文海主编:《民国时期社会调查丛编》(城市劳工生活卷)(下),福建教育出版社2005年版,第1176页。
④ 李文海主编:《民国时期社会调查丛编》(城市劳工生活卷)(下),福建教育出版社2005年版,第1177页。

年有常住家庭 14663 户,家庭平均规模 6.27 人左右;1933 年有常住家庭 26562 户,家庭平均规模 5.25 人左右;1937 年有常住家庭 26422 户,家庭平均规模 5.47 人左右。① 相比之下,枣庄中兴煤矿,济南人力车夫群体的家庭人口数量总体上略低于城市平均家庭人口数量。

通过以上的论述,我们对于民国时期山东城市下层社会的基本经济社会生活情况有了具体的了解。民国时期的城市下层社会群体是伴随着城市近代化的不断推进而逐渐发展壮大起来的。近代烟台、青岛、济南等城市开埠通商后,城市区域不断扩展,规模不断扩大,使得越来越多的人们被吸纳到城市社会中来。"城市化进程不仅改变了阶层结构,也促进了社会流动。在城市化社会,甚或是正在朝这个方向发展的社会,通常都会有不断膨胀的经济、不断增加的就业机会和不断增长的收入。正在发展的城市,尤其是大城市,有复杂的劳动分工,包括新职业或更多工作的创立和一种需要人员填补这些位置的需求。"② 虽然民国时期城市下层社会群体越来越庞大,但其比较低下的经济社会生活状况却没有得到明显的改善,生活质量没有得到提高。相比于城市中上阶层他们收入偏低,工作时间长,劳动环境恶劣,加之民国时期频繁的战乱,经济波动,使得他们常常要面对巨大的失业压力,或者激烈的就业竞争。城市下层社会群体的消费水平非常低,消费结构呈现畸形化,饮食费和燃料费的开支占据着其总支出的绝大部分,用恩格尔系数来衡量,绝大部分下层社会群体都处于贫困状态,乞丐、游民等群体则时时挣扎于死亡的边缘。在衣着、饮食、居住方面,下层社会群体更是无力追求华丽的衣饰、可口的饭菜、宽敞明亮的房屋,在这方面明显能体现出与社会中上阶层的差距与区别。城市的娱乐休闲业在民国时期得到了快速的发展,但这方面对于下层社会群体来说,更多的充当一个看客或过客,绝大多数下层社

---

① 腾松梅:《抗战前烟台市民构成分析》,山东大学 2008 年硕士学位论文,第 12 页。
② [美]史蒂文·瓦戈著,王晓黎译:《社会变迁》,北京大学出版社 2007 年版,第 117 页。

会群体既无能力,也无精力从事现代文化娱乐活动。在婚姻家庭方面,城市下层社会最明显的表现就是结婚率低,结婚年龄大。这主要是由于民国时期城市人口性别比的过度失衡,男性远远多于女性,而下层社会经济收入偏低,使其组建家庭的状况不甚理想。

第三章 民国时期山东城市下层社会管理的变迁

社会管理能否顺利实现,主要是通过政府行政机构制定相关的法律法规,经由权力机关强制推行,同时辅以其他手段进行宣传、推广。随着社会的变迁及国家机器的逐渐完善,民国政府行政机构的设置、法律法规的制定也努力向完善的方向发展。对于城市下层社会的管理多限于大城市内,但由于动荡的社会环境,政府下达的各项政令有的难以有效贯彻落实。本章将就民国政府对城市下层社会的管理问题,以山东省内各主要城市为对象,从管理机构、法律法规等方面进行论述,并对其管理效果进行初步考察。

第一节 民国时期山东城市下层社会管理机构的变迁

一、行政管理的更迭

民国时期,山东省政府更替频繁,且长期是军阀争夺的重点地区,战乱不断,各地行政管理机构也一直处于变化中。辛亥革命后,山东处于新旧政权对峙局面,直到1912年3月这种局面才告结束。北洋军阀政府统治时期,山东地方行政管理体系为省、道、县三级制。山东省都督府设在济南,下设 6 个司,第一司为民政司。省长公署是山东省最高行政机关,1913 年 1 月前,称都督府。1913 年 1 月,袁世凯颁布《划一现行各省地方行政官厅组织令》,令各省实行军民分治。并规定民政长为一省行政长官,设置行政公署;未设民政长的省份,由都督兼任民政长。民政长总理全省政务,由中央任命。省行政公署设置一处四司,即:总务处、内务司、财政司、教育司、实业司。① 1914 年 5 月,袁世凯颁布《省官制》。规定省置巡按使为一省民政长官,管辖全省民政及巡防、警备各队,并受中央政府委托,监督财政、司法行政暨其他特别官署的行政事务。1916 年黎元洪继任大总统后将各省巡按使改为省长,巡按使公署改称省长公署,省长公署内设置政务、财政、教育和实业 4 个厅。1917 年 9 月,黎元洪颁布《教育厅暂行条例》和《实业厅暂行条例》,规定各省增设教育厅和实业厅,分别直隶于中央政府教育部和工商部,并受省行政长官监督。1918 年 1 月,增设全省警务处。山东省省级行政机关设政务厅、财政厅、教育厅、实业厅和全省警务处,政务厅为全省行政枢纽机关,财政厅、教育厅、实业厅作为中央政府派驻山东的直辖机关,并受山东省长监督,这种格局一直延续到 1928 年 4 月山东北洋军阀统治结束。然而,北洋政府时期的省长仅是名义上的。1914 年 5 月,在省一级实行军民分治,都督改称将军,另设主管民政的巡按使,是为省长的直接前身。1916 年 7 月改将军为督军,巡按使改为省长,专管民政。1923 年 10 月督军改为督办。无论名称如何变化,直到 1928 年 5 月山东最后一任督办张宗昌被赶出山东之前,山东军政大权始终都操纵在手握重兵的督军、督理、督办们手里。

省级行政混乱如斯,各地方行政规划也好不到哪儿去。道、县的统一规划及行政设置是始于前文所述的《划一现行各省地方行政官厅组织令》及《省官制》两命令的执行。山东省内各城市的设置各有不同,其中

---

① 吕伟俊主编:《民国山东史》,山东人民出版社 1995 年版,第 30—33 页。

以济南、青岛、烟台、威海卫等地最为典型。

济南除省级行政管理机构外,还存有道尹公署、商埠总局、省会市政厅等行政管理机构,其基层组织形式主要是里甲制。其中济南道尹公署主管本道行政事务,公署内设内务、财政、教育、实业4科。济南商埠总局主管济南商埠事务,内设会计、捐务等科。1917年3月,设市政公所,主要"管理商埠租建等事宜,兼办城关道路工程建筑事宜。至于教育财政事项,仍分归省县行政机关办理"。① 直到1920年1月商埠总局与市政公所合并为山东省会市政厅。市政厅初设总办1人,主持厅务;会办2人,由省会警察厅长、历城县知事兼任。市政厅内设总务、收支、工程3科,办理济南城埠的市政工程的兴修等多项事务。直到1929年南京国民政府军队接管济南,市政厅改组为济南市政府。

1922年12月,北洋军阀政府从日本手中收回青岛主权,辟为商埠,在青岛设胶澳商埠督办公署,直隶中央政府。其辖属机构有:秘书处、总务处、政务处、保安处、警察厅、港务局、电话局、参事室等机构。北洋军阀政府制定的《胶澳商埠章程》规定市定名为青岛市,以青岛市街、台东镇及台西镇之界址为区域,其他各地均称为乡。同时,颁有《市乡自治制令》,其中规定:青岛市定为特别市,依自治制组织法设青岛市自治会。但市乡自治制并未认真施行,其基层政权组织主要由警察厅兼管。1924年4月,胶澳商埠督办公署对内部机构进行改组。保留秘书处,设立总务科、民政科、财政科、交涉科(后改称外交科)。其他机构设置为:警察厅、港政局、电话局、教养局、禁烟局、观象台等。1925年7月,张宗昌督鲁,改胶澳商埠督办公署为胶澳商埠局,直隶于山东省政府,其内部行政机构设置基本维持公署时期的状况,部分机构职能作了调整。9月设立教育局,受山东省教育厅及商埠局监督。11月撤销军警督察处,后又于1927年5月复设。烟台、威海卫情况虽与青岛有别,但大都存在与上级

---

① 济南市公署秘书处编印:《济南市政概要》1940年,第1页。

行政机关关系混乱,独立为政、军政不分的情况。

南京国民政府时期,在北洋政府建立的各项机构的基础上,山东省内各级行政机构建立日益完善,同时这个时期也是省内行政力度较强的时期。南京国民政府初期,山东省处于蒋介石与冯玉祥、阎锡山的争夺之中,省政府及行政机关经历多次改组,直到1930年9月国民政府国务会议任命韩复榘出任山东省政府主席,改组山东省政府,省政府行政机构才得以正式确立并开展工作。省政府设秘书处、民政厅、财政厅、建设厅、教育厅、农矿厅、工商厅(虚设)。此后省政府对直属机构进行了部分调整,至1938年12月省政府机构设置有秘书处、民政厅、财政厅、建设厅、教育厅、汽车路局。山东省内由省政府到各市县的行政机构建设进入到一个新阶段,各项政策开始有序制定并开展,直至抗战爆发,是省内各项事业发展、社会管理较好的时期。

关于各市建设,1928年6月南京国民政府颁布《特别市组织法》及《市组织法》,以加强对城市的管理。1930年5月,国民政府又颁布新的《市组织法》,将全国城市划分为院辖市和省辖市,市划分为区、坊、闾、邻。区设区公所,坊设坊公所,区长、坊长分别由区民、坊民大会选举产生,办理本区(坊)自治事务。闾、邻均通过居民会议选举产生闾长或邻长。1933年和1947年民国政府两度修改《市组织法》,简化了设市标准,市基层实行保甲制,市以下设区,区之内编为保。《市组织法》还规定了13项市的职责,如市财政事项、市公共管理及处分事项、市土地事项、市街道沟渠和堤岸桥梁建筑及其他土木工程事项等。根据《市组织法》,济南、青岛、烟台等市均对市内各项事业进行调整,加强对民众的管理。

1929年5月,山东省政府自泰安迁济,6月,山东省政府依南京国民政府颁布的《市组织法》,制定了《山东省济南市组织条例》。7月,将历城城邑和城外商埠及四郊合并,建立济南市。并与历城县、长清县划清管界。至此,济南作为一个直隶于省政府的城市型行政区从乡村区域中分离出来,实现了城乡分治。济南市政府的行政组织实行分署办公制。本部有秘书处及公安、教育、财政、工务四局。附属机关有救济院、栖流所、工程事务局等。济南市政建设自此进入一个新阶段。济南市政府历届市长对市政建设都十分关心,首任市长阮肇昌上任伊始,便发表《怎样建设新济南》一文,声称"市政关系自治基础,为训政时期之主要建设工作,肇昌自惭学识简陋,但既许党国,为责任心所驱使,急愿在党的指导下,招致一般对市政有研究的人,努力做下去"。① 并将济南市政建设的基本宗旨定为:"改良旧的;改善新的;集中力量于创造新的方面。"具体就是:"对于本市旧城,决定施以整理改良;因阻碍太多不易变更,往往举办一事较之于新市事倍功半。至于商埠一带,较旧城整齐,当依据现有的加以改善。本市南北展界完全是新开市场,恰合实现新理想的区域。我们一面努力谋旧城与商埠的改良,稳定人民生活,同时集中力量于创新方面。"②在他的主持下,市政府各职能部门共同制定了《济南市政府市政计划大纲》,规划出济南市政建设的近期和长远目标,济南市政府在成立两个月后,创办发行《市政周刊》和《市政月刊》,并计划"将来拟随时举行市政讲演会,市政展览会,务使市民从各种事实上判决市政得失,自动起来与政府协作"。③ 1930 年 3 月 7 日,第二任市长赵经世发布训令,正式公布实施由济南市公安局起草的《整理本市街道办法草案》。该《草案》共十条,在城市环境卫生、市容市貌、公共交通、城市绿化等诸多方面提出了整肃办法和新规则。④ 同时,济南市内其他各项市政建设项目也陆续展开,对下层民众的控制和管理也有所加强。

1929 年 4 月,南京国民政府接管青岛,开始设青岛接收专员公署,直隶行政院,负责接收青岛的一切行政事务,旋即确定青岛为特别市,特别市与省平行。7 月 2 日,青岛特别市政府正式宣告成立,直隶行政院管

---

① 阮肇昌:《怎样建设新济南》,《市政月刊》第 1 期(创刊号),1929 年 9 月。
② 阮肇昌:《怎样建设新济南》,《市政月刊》第 1 期(创刊号),1929 年 9 月。
③ 《卷头语》,《市政月刊》第 1 期(创刊号),1929 年 9 月。
④ 《市政月刊》第 2 卷第 3 期,1930 年 3 月。

辖，负责该市的社会、财政、公安、教育、卫生等项事务的管理。① 自此青岛开始了以市长为首的市政管理体制，其行政机构则随国民政府的规定及市内管理的需要发生多次变动。此后直至抗日战争爆发期间，青岛市区的基层组织一直为区坊闾邻制。至1933年3月，青岛市建立12个自治区，自治区以所辖户数多少分为甲、乙、丙三等。1934年9月，取消区的编制，将原有编制人员合并于各乡区建设办事处及市区联合办事处。1936年初，青岛市区开始筹办编制闾邻，按居住区实行编组。这种类似保甲制的基层组织方式，对民众的控制较强。

抗日战争爆发后，先后以沈鸿烈、何思源为主体的山东省政府因日军"扫荡"而辗转迁移，逐渐失去了对山东的控制，民众处于日伪的统治之下。直至抗日战争胜利后，国民党山东省政府各机关于1945年9月进入济南接收伪山东省政府各机关，并开始办公。其后，国民党山东省政府主席何思源、王耀武主要是恢复和新建一些行政机构，对民众的管理还较少顾及。1948年9月，中国人民解放军解放济南。同年12月，国民政府任命秦德纯为山东省政府主席，1949年2月兼任青岛市市长，并在上海明园路设立山东省政府临时办公处。3月中旬，秦德纯在青岛就职。4月中国人民解放军占领南京，国民党统治宣告垮台。8月，秦德纯经广州逃往台湾，国民党山东省政府至此结束。②

日军侵略山东期间扶持建立了汉奸傀儡政权，分为省、道、县三级，分别设有伪省公署、伪道公署、伪县公署。1938年3月，成立伪山东省公署，马良任伪山东省省长。伪省公署下设总务、民政、财政、建设、教育5厅。伪省公署受制于侵占山东日军特务机关长，并在行政上对北平伪"中华民国临时政府"负责。1938年5月，伪山东省公署撤销总务厅，改

---

① 吕伟俊等著：《山东区域现代化研究（1840—1949）》，齐鲁书社2002年版，第287页。
② 山东省地方史志编纂委员会编：《山东省志·政权志》（上册），山东人民出版社1995年版，第289—296页。

设秘书处,并增设警务厅、参事室。1943年7月,增设宣传处,直属伪省公署。8月,伪山东省公署改称伪山东省政府,机构设置未作变动。截至1945年2月,伪山东省政府共设参事室、秘书处、民政厅、财政厅、建设厅、教育厅、警务厅、宣传处等8个直属机构。1945年8月日本宣布无条件投降后,伪山东省政府解体。9月国民党山东省政府接收了伪山东省政府各机关,结束了日伪政权在山东的统治。需要指出的是,整个日军侵占时期,伪山东省政府纯系日本侵略军的傀儡,省及各级伪行政组织不过是日本侵略军手中的工具而已。

二、警察管理的变迁

政府对城市下层社会的控制,除上述各级政权统治机关外,还有警察、军队和特务等武力机关的管理,其中与下层民众关系较为密切的主要是警察。

山东警察制度始于光绪二十八年(1902)周馥任山东巡抚之时,11月,省城济南巡警总局成立。光绪三十四年(1908),设置省巡警道署取代巡警总局,并组建警务公所。不久,各州、县巡警机构亦相继成立。辛亥革命前夕,山东省内"各地一律设立巡警完备,有三十四个州、县设立乡镇巡警,九十九个州、县开办了巡警教练所"。[①] 辛亥革命之后,山东警察制度仍沿袭清制。1915年7月,北洋政府内务处发布《各省整顿警政办法大纲》,要求各省建立警务处,"统筹全省警政"。山东遵令将原巡警道改设为警务处,济南巡警公所改设为省会警察厅,直隶于省长公署,管理省城警察、卫生、消防事宜。警察厅之下,设置警察公署,其下为警察分署。新辟了济南商埠警区,下设商埠分局四处。"此时济南警区为:商埠第一、第二、第三、第四分局,城内第一、第二、第三分局,城外第一、第二、

---

① 山东省地方志编委会编:《山东省志·公安志》,山东人民出版社1995年版,第17页。

第三分局,东北、西南两乡之二分局。共计十二分局。"①1916年7月改巡按使为省长,设置省长公署,下设政务厅,厅辖内务科,职掌全省警政事务,全省其它各级警察机构并未发生变化。1920年2月,山东省长公署设置警务处,原政务厅内务科警察职能划归警务处管理,此后,山东省内警务系统也一直处于完善状态中。山东省的警务除省会警察机构比较健全外,各州、县的警察机构则较薄弱。

1927年山东省政府制定颁布了《山东警务处组织章程》,对全省警务进行了整顿扩充。《章程》规定:警务处设处长一人,依照整顿警政办法大纲之规定,承省长之指挥监督管理全省警察事宜。警务处设四科,每科设科长一人、科员三人,但因事务之繁简均得兼任他科职务,其分科职掌规程及办事规则另定之。其中,第一科掌管机要、交涉、文牍、收发、会计、庶务、典守、印信及不属各科事项;第二科筹备改良警务,扩充警额并警察之训练、调遣,以及一切行政警察事项;第三科考核各属警务成绩及警察官吏进退功过并掌管公共卫生事项;第四科厘定章程及审查各属现行警察章程,并解释法令,稽核各属裁判违警事项。此外,警务处还设有顾问咨议,专备咨询整顿警察各事宜;技正一人、技士一人,办理一切技术事项;视察长一人、视察员八人,每半年分派所属各个局所巡视官警办事勤惰并应行兴革事宜,报由警务处长核办;一等雇员五人、二等雇员六人、三等雇员六人,专供缮写文牍及保管卷宗各事;巡官一人、巡长二名、巡警二十名,专备守望、护卫、递送文书等事。②至1927年8月,全省除省会警察厅及各县设有警察所外,还设有烟台警察厅、胶澳警察厅和水上警察厅,以及龙口商埠警察局。

南京国民政府时期,其警察中枢机关是内政部警政司,其职责权限

---

① 宋耀林:《济南警政研究》,著者自刊,1937年,第7页。
② 《山东警务处组织章程》,山东省情网,http://lib.sdsqw.cn/bin/mse.exe?K=a&A=15&rec=52&run=13。

较之晚清民政部警政司和北洋军阀政府内务部警政司,都有明显的扩大。地方上的最高警察机关为省警务处和省民政厅。省会警察局是省会警察事务的专管机关,它直隶于省警务处或民政厅,由局长综理局务,并指挥监督所属机关和职员。局内设总务、行政、司法等科和督察处。局下就所辖区域划分若干区,设置警察分局,分局下设警察分驻所和派出所。局下还编有保安队、侦缉队,以及消防、交通、水警等警察队和为训练警察用的警察训练所。市警察机关分别为行政院直辖市警察局和省政府直辖市警察局。它们分隶各该市政府,二者的组织机构略似省会警察局,内部设科分事,外部划区设立分局,同时也设有保安、侦缉、消防、交通、水上等警察队。各省在省会和市县以外的商埠或其他工商业繁盛地区设立特种公安局。这些特种公安局直隶省民政厅或警务处,负责该管地区的治安、消防、卫生等事宜。①

山东省政府成立后,设有民政厅掌理全省警察与保安事项。1929年5月,日军撤离济南,不久,省政府由泰安迁回济南,全省警务仍属民政厅掌理,各级警察机构开始建立,在省会济南市设市公安局,在龙口、烟台设立特种公安局,在周村设公安分局,各县亦纷纷改设公安局,计各种警察机构7种103处。1933年,周村因商业繁盛,增设公安局。另外,全省设有烟台、龙口两个特种公安局,烟台特种公安局内部设有总务、行政、司法、卫生四科以及一督察处,外部划全埠为5区,设5个分局,并设有保安队、侦察队、消防队及警士教练所。龙口特种公安局,局内设2科,局外设有2个分局。各级公安局受民政厅长统辖指挥,同时受各该地方最高行政长官指挥监督。局设局长、科长、科员和一、二、三等巡官、雇员等职。

韩复榘主鲁时期,各县警察机关日益紧缩而以民团代之,但与之相反,省会公安局无论是人员编制还是武装实力都较前有了很大扩充。山

---

① 朱汉国主编:《中国社会通史》(民国卷),山西教育出版社1996年版,第400—402页。

东省会公安局,其前身为济南市公安局,1931年1月改组为省会公安局,局内分设秘书处、督察处及总务、行政、司法、卫生四科,外部就管辖区域内划分警区。

1929年4月,南京国民政府将胶澳商埠警察厅改组为特别市公安局。局内组织改为第一、二、三科及特务、勤务两警察处,原有各警察署改为公安分局。1930年5月,青岛特别市公安局改称为青岛市公安局,6月增设派出所,形成市局、分局、分驻所、派出所四级建制。据统计,到1936年6月,青岛市警察局下设6个分局、29个分驻所、79个派出所和4个检查站,共有官佐长警2700余人。①

抗日战争爆发后,山东省内主要城市均为日伪控制,伪山东省公署于1938年4月设立警务厅,主管全省日占区警务。伪山东省公署警务厅设立初期,内设总务、保安特务、司法、训练四科,以及秘书、督察两室和情报处。其直属机关有省警察总队、山东省会警察局、鲁东民团、鲁西民团、山东甲种警察教练所。警务厅直辖烟台、龙口、威海卫三个专门警察局。1939年,伪政权控制区的省会警政情况大体如下:省会警察署:设有秘书、督察两室,总务、行政、司法、卫生、特务五课,外部设城内、城外、商埠、乡区等十三分局,及消防、清道二队,妓女检验所一所,共计官警三千零八人。省警察总队:设有一总队、三大队、六中队、十二分队,官警共五八四人。② 1940年10月,伪省警察总队与道警备队合并,组成省警备队。

到1944年底,伪山东警察机关计有2个警察署(省会警察署、烟台警察署)、105个警察所、15个警察分署、405个警察分所、327个警察分驻所、402个派出所,官警人数总计35797人。③ 伪山东省会警察局机构又发生多次变更,但均以更好的控制民众为其目的。伪山东省会警察

---

① 青岛市史志办公室编:《青岛市志·公安司法志》,新华出版社1998年版,第16页。
② 《唐仰杜一九三九年工作报告》,山东省档案馆藏档案J164-02-5。
③ 《华北各省市区警察机关概况表》,中国第二历史档案馆藏档案2005-887。

署在日军的直接控制下,镇压抗日爱国运动,迫害广大城市下层人民群众。

抗日战争结束后,1945年9月迁回济南的山东省政府成立警务科。其后,省会警察局、省警察练训所等机构相继成立。新成立的省会警察局,其下设秘书室、督察处、总务科、行政科、司法科、卫生科、消防队、侦察队、拘留所、警察医务所、妓女检验所和清道队,另直辖保安警察大队及城内城外分局、派出所。1946年8月,山东省政府成立警务处,掌理全省水陆警察事务。警务处下设行政、司法、外事、总务四科和秘书、视察、人事、会计四室,下辖省会、市县各级警察机构。

1948年5月,山东省政府警务处与保安处合并成立警保处,掌理全省警察与保安事宜,处下辖六科,分办各项警政、省会警察局和烟台、威海卫两市警察局及各县警察局。由于此后山东大部分地区逐渐被人民解放军攻占,全省警政几乎陷入停顿状态。1948年9月,济南解放,国民党山东省政府瘫痪。1949年8月,国民党军队退出山东,全省各级警察机关被中共各级公安机关取代。综观南京国民政府时期,特别是抗日战争爆发前,国民党建立了庞大的警察机器;日伪统治时期,为维护统治不仅利用伪政府的警察系统还有宪兵队进一步加强对民众的控制。

第二节　民国时期山东城市下层社会法制管理的变迁

法律法规的健全,是国家管理民众的基本保障。晚清西方近代法律观念传入中国,清末新政时期是我国法制向近代转变的开端,1903年《大清律例》的修订,拉开了我国法制改革的序幕。民国时期,我国近代立法机制逐渐建构,各项近代法律法规渐次颁布,司法机关不断完善,对社会各阶层的管理也通过法律逐渐加强。

在中国,立法作为国家政治的一项专门活动,作为特定国家机构的专门职掌,始自辛亥革命后建立的民国政府。① 而且,中国第一个现代意义上的法律体系"六法体系",也是在民国时期得以形成,中国法律近代化也在民国时期得以完成。立法机关的逐渐增多与完善,为国内各项法律的制定提供了机构上的保障。但民国时期的立法成就下限大抵止于1937年,此后虽也有法令的颁布,但其成就明显不及以前。

一、民国时期法制管理概述

尽管南京临时政府存在时间很短,但其颁布的法律法规却不在少数,其立法机关为成立于1912年1月的临时参议院,此外,在参议院的同意下,成立了法制局,是法律的直接制定机关。此时颁布的法律法规除具有宪法性质的《中华民国临时约法》外,多制定以对国家各机关的组织与活动规则为主要内容的行政法,如对参议院自身进行法规完善的就有《参议院议事细则》《参议院办事细则》《参议院旁听规则案》等。后袁世凯继任临时大总统后,临时参议院从南京迁至北京,继续行使立法权。北京政府时期,立法机关除临时参议院外,还有第一届国会(参议院和众议院)和参政院等,1914年颁布《中华民国约法》(即所谓的《新约法》),规定国家的立法机关为立法院,但从《新约法》公布直至废止,立法院始终没有建立起来,立法院的所谓职权,一直由参政院代行。参政院根据《参政院组织法》设置,成立于1914年6月,《新约法》规定它只是一个咨询机关,但由于它一直代行立法院的权力,所以参政院也是一个具有立法权的立法机关。参政院的参政由袁世凯任命,始终都为保障袁世凯的权力服务。1916年6月,参政院被新任大总统黎元洪裁撤。

北洋政府制定的各项法律中,与城市下层社会关系较为密切的即为民事、刑事类法律法规。1918年7月,北洋政府设立了修订法律馆;1925

---

① 谢振民编著、张知本校订:《中华民国立法史》(上册),中国政法大学出版社2000年版,第1页。

年,以清末《大清现行刑律》中的民事部分为主体,把1915年的民律亲属编草案编成了由总则、债、物权、亲属和继承五编组成的《民法法典草案》(民律第二次草案)。① 此草案虽然没有成为正式的民法典,但为以后民法的继续发展与完善奠定了基础。民事诉讼法方面,北洋政府修正清末《民事诉讼律草案》第一编关于审判衙门之管辖,计五章,以便暂行援用。1921年,北京政府修订法律馆完成《民事诉讼法草案》的起草,后政府下令将其改为《民事诉讼条例》,于1922年7月1日起在全国一律施行。② 在刑法方面,北洋政府无重大建树,分别于1914年和1918年两次完成刑法修正案,但均未公布实施。真正得以实施的刑事类法律为《中华民国暂行新刑律》,此外还有一些刑事特别法,如1914年的《暂行新刑律补充条例》、1915年的《修正刑法草案》、1918年的《刑法第二次修正案》、1914年公布实施且1923年明令恢复的《惩治盗匪法》等。关于刑事诉讼法的立法方面,民国成立,首先援用的是清末《刑事诉讼律》第一编第一章第一节至第三节,共27条;1914年4月颁布《地方厅刑事简易庭暂行规则》《审检厅处理简易案件暂行细则》,同年9月颁发《私诉暂行规则》;1920年10月公布《处刑命令暂行条例》;1921年11月公布《刑事诉讼条例》,并拟具《刑事诉讼条例施行条例》。上述各项法律的颁布,多是在清末新政及南京临时政府颁布的法律的基础上制定的,同时也广泛地吸收和借鉴了西方法律的内容。

北洋政府对下层社会的反抗活动严厉镇压,袁世凯时期即已颁布多项法令对民众的社会活动进行限制。前文所述《暂行新刑律》中即已有相关的规定,其中"内乱罪""骚扰罪""妨害秩序罪""妨害公务罪"就把镇压的矛头直接指向反对军阀独裁统治的下层民众。根据《暂行新刑律》

---

① 谢振民编著、张知本校订:《中华民国立法史》(下册),中国政法大学出版社2000年版,第747页。
② 曹全来:《国际化与本土化:中国近代法律体系的形成》,北京大学出版社2005年版,第122页。

规定,凡"颠覆政府,僭窃土地及其他紊乱国宪而起暴动者",均视为"内乱罪"。《暂行新刑律》还把工人罢工等反对北洋军阀统治者定为"妨害秩序罪",为首者和从犯均处以严厉的惩罚,剥夺了下层社会人民的一切集会、言论和罢工的自由。

除《暂行新刑律》外,袁世凯统治时期还颁布有严厉的《治安警察条例》《戒严法》《预戒条例》等法律法规,对民众的行为进行控制。《治安警察条例》颁布于民国三年(1914)3月,后经参政院追认改编为法律第六号,是为《治安警察法》。《治安警察法》对城市下层劳动工人的聚集也严加限制,认为有涉及同盟解雇、同盟罢业、强索报酬、扰乱安宁秩序、妨害善良风俗等诱惑及煽动情形的,警察官吏得禁止之。不遵守命令者,处以5个月以下之徒刑,或5元以上50元以下之罚金。无论集会、游行,凡故意喧哗骚扰、举动狂暴者,警察官吏得制止之,若不服从时,得令其立即退出。再不服从者,得处以10日以下之拘留,或处以10元以下之罚金。并规定:采用警察力量,制止一切工人之结合与行动。① 据此,山东各官办企业普遍实行军事管制办法,"每十人以什长一人束之,每五什长以队长一人束之"。②

《预戒条例》较《治安警察条例》更为严厉,是政府对公民的某些言论和行为施以惩罚性的法律。《条例》共计14条,主要涉及颁行的目的、发布预戒命令的行政官署、预戒命令适用的对象、内容和违反预戒命令的罚则等内容。据《条例》规定,内地各省警察厅和县知事、蒙藏地区和其他未设警察厅和县知事地方的地方行政官署,可对《预戒条例》适用的不同对象分别向其发出不同的预戒命令,并对违犯者采取相应的处罚措施。如《条例》规定:对无一定职业,常有狂暴之言论行为者,得命其在一

---

① 《治安警察条例》,商务印书馆编译所编:《中华民国法令大全·第五类(内务)》,商务印书馆1915年版,第18—23页。
② 山东省地方史志编纂委员会编:《山东省志·工人团体志》,山东人民出版社2003年版,第59页。

定期限内从事合法职业,否则处以 10 日以下的拘留或 10 元以下的罚金;对不知检束,常有破坏社会道德或阻挠地方公益之言论行为者,得命其不得蔑弃道德或阻挠公益。该法规还规定,受预戒命令之人自接到预戒命令书之日起,3 年内直接处于警察官署的严密控制之下;警察官署随时监视受预戒命令人的言行;对受预戒人的表现,警察官署得按年月填入《视察受预戒命令者月记表》,如受预戒人在 1 年后确有"后悔情况",警察官署得撤销其预戒命令,除通知本人外,并于该管地方公布。①

北洋军阀政府统治时期,山东境内军阀混战,民无宁日,法律调控无从谈起。大小军阀为了争夺地盘、扩充势力,以各种名目搜刮百姓,形同勒索,百姓稍有不从,则武力迫之,这种举止和土匪实无差别。再加上山东军阀大都集军政于一身,个人独断专行,根本无视或不屑于法律和规章制定,甚至出现了执政者与作为立法和审议机构的省议会之间的强烈矛盾冲突。这一时期的法制活动,主要体现在山东省议会审议的一些议案上。有关城市下层社会控制的议案主要有:《议复变通孤贫口粮办法案》《议决剔除虚里积弊案》《议决设人力机制纱厂案》《议决裁撤东西粥厂栖流所设立贫民工厂案》《议决取消感化院筹备处并清查用款案》《议决烟台广仁善局售地入款办贫民工厂案》《议决设立山东蚕丝劝业场案》等等。② 即便是这些议案决议也大多是为统治者施政走过场、走形式,或者议决案也是一纸空文,无人执行实施。

南京国民政府的立法者们总结清末法制改革以来历届政府在立法方面的经验和教训,吸收西方各国先进的法律理论和制度,同时保留中国传统重要的基本法律,包括民法、刑法、民事诉讼法、刑事诉讼法等,中

---

① 《治安警察条例》,商务印书馆编译所编:《中华民国法令大全·第五类(内务)》,商务印书馆 1915 年版,第 18—23 页。
② 山东省地方史志编纂委员会编:《山东省志·政权志》(上),山东人民出版社 1995 年版,第 184—187 页。

国近代法律的典型形态——六法体系基本形成。① 1928年3月,南京国民政府公布《立法程序法》,对立法权才有了明文规定:中央政治会议得议决一切法律,由中央执行委员会交国民政府公布,称之曰"法"。② 但未设立专门管理法律起草与审议的机关,直到1928年10月,五院制南京国民政府组织形式确立,12月立法院成立,南京国民政府始有最高立法机关。立法院有议决法律案、预算案、大赦案、宣战案、媾和案及其他重要国际事项之职权。③ 一切法律案(包括条例及组织法案在内)及有关人民负担之财政案,与有关国权之条约案,或其他国际协定案等,凡属于立法范围者,非经立法院议决不得成立,如未经立法院议决而公布施行者,立法院有提出质询之责。立法院虽然是最高立法机关,但不是立法原则的最高决策机关。直到抗日战争爆发前,国民党中央政治会议是一切立法原则的最高决策机关,抗日战争期间,国防最高委员会则是一切立法原则的最高决策机关,而立法院只是根据它们的意志起草法律条文的具体机关。

关于民事法律的立法方面,有北洋政府时期的民法五编作为基础,南京国民政府时期采取分编起草、民商合一的立法方式。国民政府于1928年12月成立了立法院,1929年1月组织了民法起草委员会。

就山东省内司法机关而言,其设立与更替均与中央政府命令紧密相关。民国成立初期,山东省沿用清末司法行政体制。1913年1月,司法部下令各省改提法使司为司法筹备处,直属司法部。山东司法筹备处负责山东省内司法行政事务。1913年10月,山东省司法筹备处又奉司法部令裁撤,此后直至1949年,山东省内未再设司法行政机关,此期内山东省内司法行政事务由山东各级司法机关兼理并具体承办。

北洋政府统治时期,山东省内建立司法行政事务的机关为山东省高

---

① 朱勇著:《中国法律的艰辛历程》,黑龙江人民出版社2002年版,第293页。
② 《立法程序法》,《中华民国现行法规大全》,商务印书馆1933年版,第1099页。
③ 《中华民国国民政府组织法》(1932年3月15日修正公布),《中华民国现行法规大全》,商务印书馆1933年版,第195页。

等审判厅、山东省高等监察厅,上述两厅均直属于司法部。其中,山东省高等审判厅成立于清末,在司法筹备处被裁撤后,高等审判厅除依法审判案件外,还掌理省内有关的司法行政事务。山东省高等检察厅成立于1910年12月,依法独立行使职权。然而,由于山东省内军阀混战,山东省处于各军阀交替控制的状态中,各军阀对省内司法的干预现象较为突出,这使得司法独立原则形同空文。

南京国民政府成立后,下令各地筹建各级法院,山东于1928年设立山东省高等法院,统筹兼理省内司法行政事务,同时在济南设地方法院,各县设有县法院,也在权限内行使司法行政权。韩复榘主鲁期间,处处以"青天"相标榜。为了突出他一省之尊、为民做主、"公正"威严的形象,他干预司法、包揽词讼,甚至别出心裁地亲自审案。这使得高等法院这一本由南京派遣的司法机关,事实上成了山东省政府的一个下属机构,于司法独立不利。同时,司法运作过程中也存在严重的腐败现象,司法人员视法律如儿戏,有法不依,钻法律漏洞。在财力不足的情况下,司法官员薪水普遍较低,这更加加剧了司法腐败,使得本已失去独立原则的司法运作起来更为黑暗,甚至成了专门欺压下层社会的工具。其后,抗日战争、解放战争相继爆发,山东都是战争的主战场之一,山东省政府虽于1949年再设专门的司法行政机关,但其实效仍未得到发挥。山东省内司法混乱的情况,直到中华人民共和国成立之后才得到解决。

二、山东省、济南市、青岛市关于城市下层社会的法制管理

南京国民政府建立到抗日战争爆发这段时间,是法律法规逐渐完善的时期,同时也是山东省内法制发展相对较好的十年。韩复榘统治下的山东终于获得较为稳定的发展环境,省政府也制定了多项法规以促进省内社会、经济等事业的发展。仅1931—1934年这段时间内,山东省政府政务会议通过公布或核准的山东省单行法规的规模就很庞大。《山东省现行法规类编》将这些法规大体分为官规、民政、财政、建设、教育、市政

等六类,上述六类中与城市下层社会关系较为密切的主要是民政及市政两类。其中民政类法规主要有:《山东省赈务会附设省立救济院章程》《山东省赈务会附设省立救济院办事细则》《山东省全国水灾急赈会暂行简章》《山东省全国水灾急赈会办事细则》《山东省会公安局训练旅店乐户主管人办法》《修正山东各市县立戒烟所办事细则》《修正山东省各县解送人犯办法》等。这些民政法规均能全省通行,为省内行政、救济、风气风化改良等事业的开展提供了法规政策的指引。①

山东省政府还颁布有专门针对省会济南的各项市政法规,其中《山东省现行法规类编》中的第六类市政即是与济南相关的法规、政策。1931—1934年颁布的与下层社会有关的济南市政法规主要有:《济南市民众体育场规则》《济南市公安局户口调查规则》《济南市留学省外贫苦学生贷费暂行规程》《济南市茶园饭馆雇用女招待取缔暂行规则》《修正济南市公益慈善团体注册暂行规则》《济南市政府颁发农工及公益慈善团体图记暂行规则》《济南市公共娱乐场所注册暂行规则》《济南市政改定娱乐场所立案办法》《济南市取缔佣工介绍业暂行规则》《修正济南市市立平民工厂简章》《济南市市立平民工厂办事细则》《济南市市立平民工厂监察规则》《修正济南市管理马车暂行规则》《修正济南市管理地排车暂行规则》《修正济南市管理人力车暂行规则》《济南市平民诊疗所组织暂行规则》《济南市平民诊疗所诊疗暂行规则》等。②

此外,除济南市内有单行的市政法规外,作为特别市的青岛也有单行的法规,1936年青岛市政府编纂的《青岛市市政法规汇编》收录了截至1935年12月青岛市颁布的各类法规,共分有总务、社会、公安、财政、工

---

① 山东省政府单行法规编审委员会:《山东省现行法规类编》(民国二十年七月起至二十三年十一月底),张研、孙燕京主编:《民国史料丛刊·政治·法律法规》第47、48册,大象出版社2009年版。

② 山东省政府单行法规编审委员会:《山东省现行法规类编》(民国二十年七月起至二十三年十一月底),张研、孙燕京主编:《民国史料丛刊·政治·法律法规》第47、48册,大象出版社2009年版。

务、教育、港务、观象、农林等9编,其中与城市下层社会相关的主要有社会、公安等类法规,其中涉及对下层社会救济、改良习俗的法规主要有:《青岛市职工补习学校教学共同研究会办法》《青岛市劳工生活改进委员会组织简则》《青岛市劳工生活改进委员会办事细则》《青岛市工厂工人卫生委员会组织简章准则》《青岛市工人储蓄指导委员会暂行简则》《青岛市工厂工人储蓄会章程准则》《青岛市工厂存储工人储金担保暂行办法》《青岛市工人储蓄汇支付储金证明简则》《青岛市工厂工人待遇暂行规则》《青岛市社会局劳工代笔处办法》《青岛市救济院组织细则》《青岛市救济院办事细则》《青岛市救济院院务会议细则》《青岛市救济院基金保管委员会规则》《青岛市救济院习艺所组织细则》《青岛市救济院习艺所办事细则》《青岛市救济院习艺所工艺营业规程》《青岛市救济院习艺所管理习艺生章程》《青岛市救济院育婴所组织细则》《青岛市救济院育婴所办事细则》《青岛市救济院育婴所育婴章程》《青岛市救济院育婴所参观简则》《青岛市救济院济良所组织细则》《青岛市救济院济良所办事细则》《青岛市救济院济良所收遣所女简则》《青岛市救济院济良所参观简则》《青岛市救济院贷款所实施办法大纲》《青岛市救济院贷款所组织细则》《青岛市感化所组织细则》《青岛市取缔巫卜星象暂行规则》《青岛市管理公共娱乐场所规则》《青岛市禁止妇女缠足规则》《青岛市管理跳舞场简则》《青岛市平民住所管理及租赁规则》等。[①]

上述山东省内推行的法规多由相关机构在实施某项政策时,根据当时的实际情况及中央对地方的指令而制定的,这些法规的实施在一定程度上保障了各项事业的有序开展,使社会、经济建设做到有法可依。然而,由于当时恶劣的社会环境,各级政府对开展社会事业的重视程度不高,以及受法规执行者实际情况的影响,法规的贯彻执行情况并不乐观。

---

① 青岛市政府编:《青岛市市政法规汇编(民国二十五年)》,青岛市档案馆馆藏档案 A000480/481/482。

第四章 民国时期山东城市下层社会改良的变迁

民国时期,由于受到战乱的影响,以及政府对城市下层民众的忽视,针对下层民众的社会改良的推行,主要开展于南京国民政府统治时期,蒋介石开展"新生活运动"后,社会改良全面开展。山东省内由于处于军阀争夺的状态中,直至韩复榘主鲁时,省内的改良运动才有所发展,不仅自己力行推广"新生活运动",还发动其家人积极参与。1935年8月25日,韩复榘的大太太高艺珍在韩的支持下,发起并组织了以"涵养撼性、增进知能""移风易俗、改良生活"为宗旨的"山东妇女道德促进会",①高艺珍任会长。1936年3月1日,又成立"新生活运动妇女劳改服务团",高艺珍任团长。山东省内开展的有关城市下层社会的社会改良事业中,较为显著的有教育、救济、风化、习俗等方面。青岛市作为行政院特别市,其各项社会改良事业也得到较好的发展。

第一节 民国时期山东城市下层社会的社会教育与职业教育

民国时期,山东省开办教育基本是按照政府所下达的各项命令以及

---

① 《山东民国日报》,1935年8月26日。

相关的法律法规开展的。1915年北京政府教育部颁布了《劝学所规程》和《学务委员会规程》。1917年9月,北京政府颁布《各省教育厅暂时条例》。1922年11月,北京政府正式公布《学校系统改革令》,也称"壬戌学制"。1923年北京政府教育部颁布《特别市教育局规程》《县教育局规程》。遵照这些规程、条例,山东省政府对省内的教育进行了一系列的改革。南京国民政府时期,山东省内教育又有了新的发展。1928年,山东省教育厅制订了《山东省政府教育行政纲要》。1929年,山东省教育厅举行了全省教育会议,确定了学校教育与社会教育相互兼顾的原则,规定学校教育占全省教育经费的60%～70%,社会教育和行政开支则分别占15%和20%左右。①同年于济南开设"山东民众教育馆"。1930年9月韩复榘主鲁之后,将"普及教育"列为其施政纲领的内容,发展学校教育和民众教育,1936年,颁布了《山东省各县强迫学龄儿童入学办法》和《山东省各县市改良私塾办法》,规定学龄儿童均须上小学,实行义务教育及强迫教育亦是山东发展初等教育的有力举措。然而,尽管在教育上,经费有所增加,学校亦有增设,但从山东省内情况来看,教育的"普及"情况不容乐观。以民国二十三年(1934)为例,山东省该年度教育经费为3021641元,社会教育经费为173723元,②其所占比例竟不足6%,可以想见,山东省内社会教育情况与最初预想有较大差距。同时,尽管民国时期山东省内推行义务教育,强迫学龄儿童入学,但是贫苦人家的子女根本无条件上学,因此义务教育的实施对城市社会下层的教育影响不大。而在省教育厅力行推广的各项教育措施中,对城市社会下民众影响较大的即为社会教育与职业教育。

抗日战争爆发后,山东省内被日军占领,由国民政府主导的社会教

---

① 吕伟俊主编:《民国山东史》,山东人民出版社1995年版,第343页。
② 国民政府教育部:《民国二十三年全国社会教育事业统计表》(1934年12月),中国第二历史档案馆编:《中华民国史档案资料汇编》第五辑第一编教育(二),江苏古籍出版社1994年版,第732页。

育及职业教育多陷入停滞,而抗日根据地所推行的教育政策多在农村地区实施,较少涉及城市社会下层民众的教育。日伪统治时期,伪山东省教育厅在省内制定社会教育实施方案,划定社会教育专用款,推广义务教育,筹办新民学校,兴办新民教育馆,设立通俗讲习所,筹设各种职工补习学校,等等。这些教育措施的实施,名为"救济文盲,辅助失学平民",实则在于实施奴化教育,目的是为了训练顺民,维护地方治安。对城市社会下层民众的教育也主要是防止动乱的发生,而不在提高下层民众的知识水平或职业技术能力。抗战胜利后,尽管山东省内教育政策有短暂的恢复,但所做的大多为恢复原有教育政策,且山东省内的恢复进程很快即因解放战争的爆发中断,故本书对抗日战争及其后的解放战争时期山东省内城市社会下层教育不作叙述。

一、民国时期山东社会教育情况

社会教育即民众教育,是与学校教育相对应的另一种教育方式。1931年3月3日的《教育部关于全国社会教育设施概况报告》中,明确指出:"社会教育的对象是社会的本身及社会上的全体民众。"[①]北洋政府时期,教育部专门设有社会教育司,负责社会教育工作,地方各教育机构则相应地设有专门机构负责;南京国民政府时期,山东省教育厅根据国民政府对社会教育经费在全部教育经费中所占比例为10%~20%,以及《举办民众学校办法大纲》等条约的要求,积极扩充及创办各种社教机关。至民国十八年(1929),山东省政府教育厅规定学校教育开支占全省教育经费的15%。[②] 当时的社教机构有:教育馆、图书馆、博物馆、美术馆、民众教育试验区、古物保存所、公共体育场、通俗讲演所、民众阅报

---

① 国民党中央执行委员会秘书处:《教育部关于全国社会教育设施概况报告》(1931年3月3日),中国第二历史档案馆编:《中华民国史档案资料汇编》第五辑第一编教育(二),江苏古籍出版社1994年版,第716页。
② 吕伟俊主编:《民国山东史》,山东人民出版社1995年版,第343页。

处、民众问字及代笔处、民众茶园、公园、音乐会、体育会、剧场、民众学校、注音符号传习所、体育传习所、戏词鼓书训练所、民众识字处、农工商补习学校、妇女职业补习学校、盲哑学校、农乡学校等。① 不过由于省内对社会教育经费投入不足,致使这些机构资金紧张,大多有名无实。在山东省的社会教育中,发展情况较好、效果较为明显的是:通俗教育讲演所、民众教育馆以及民众学校等。

1. 通俗教育讲演所

通俗教育讲演所在山东省内开办较早。民国成立之初,山东省内已有通俗教育讲演所多处,并安排有每周讲演。民国四年(1915),北京政府教育部设立通俗教育讲演会,以"研究通俗教育事项,改良社会,普及教育"为宗旨,分为讲演、小说、戏曲三股,主要工作是编审小说、剧本、戏曲、教育画片及讲演稿,发刊时事材料等,并附设图书馆、讲演所。同年10月,教育部公布了《通俗教育讲演所规程》十六条,规定各省省会之地方须设讲演所四所以上,县治及繁华市镇须设两所以上,乡村各地方由长官酌量推行。同时,还公布了《通俗教育讲演所规则》九条,规定讲演分普通讲演、特别讲演两种。普通讲演主要内容是鼓励爱国、劝勉守法、增进美德、灌输常识、启发美感、提倡实业、注重体育、劝导卫生等;特别讲演以时事为主要内容。② 讲演员多为年轻男性,亦有少数女性参与。民国四年(1915)时,山东省通俗教育讲演所共有20所,其中私立12所,公立8所,会员共1571人。③ 到民国五年(1916),省内共有通俗讲演所65处,每处每星期讲演3次,每次平均听众人数达30人;另有巡回讲演团45处,每处每星期亦讲演3次,每次平均听众80余人。其后几年内,

---

① 《民国山东通志》编辑委员会编:《民国山东通志·教育志》,山东文献社2002年版,第2622页。
② 《民国山东通志》编辑委员会编:《民国山东通志·教育志》,山东文献社2002年版,第2607—2608页。
③ 民国政府教育部中国教育年鉴编纂委员会编:《第二次中国教育年鉴》,商务印书馆1948年版,第1096页。

通俗教育讲演所及巡回讲演团数亦有增加。① 同时为了配合通俗教育演讲所及巡回讲演团所的教育、宣传，各地还筹建有图书馆，馆内藏书丰富，可满足不同文化水平人们的需求，为民众增长知识提供帮助。

除上述讲演团外，山东省政府特意于 1915 年主持设立了模范通俗讲演会和巡行四道讲演团。其讲演内容主要有 5 类：(1) 通常讲演，主要选自省公署印行的讲演稿；(2) 变格讲演，主要是省公署印行的各种辞曲；(3) 特别讲演，主要是大灾流行及猝发事变等；(4) 临时讲演，主要是解释重要命令及法定机关的布告；(5) 特殊讲演，听讲者限于妇女、儿童，由女士讲演，主要内容为女子应有的知识与技能。模范通俗讲演会及巡行四道讲演团作为省内特殊的讲演团，其讲演内容虽较其他普通讲演团更偏重于政府政策等的宣传，讲演团的目的更偏重于加强对民众思想的控制，但其讲演中涉及的天灾、猝发事变、知识技能等内容，对民众的教导还是有一定帮助的。

青岛市于 1924 年由商埠督办公署创办"公立通俗教育讲演所"，聘请专家，实行定期和临时巡回讲演，内容为通俗学术和时事问题，同时成立"公立通俗图书馆"，购置各类图书，供城市下层民众借阅。烟台市设立的通俗教育讲演所是由教会学校毕业后经商致富者联合报界人士发起成立的，该所选拔"演员"数名，"轮流宣讲，每周开讲一次或两次，颇得社会欢迎"。②通俗教育讲演所及巡回演讲团的教育、宣传，对提高城市下层社会民众的文化水平，普及知识，通达对外时事商情，宣传有关法令法规和一般社会公德，起到了较好作用。后通俗教育讲演所并入民众教育馆内，在教育馆的统一规划下仍向民众传播知识，发挥其作用。

2. 民众教育馆

民众教育馆的前身为民众通俗教育馆，山东省立民众教育馆成立于

---

① 《民国山东通志》编辑委员会编：《民国山东通志·教育志》，山东文献社 2002 年版，第 2608 页。
② 郑千里：《烟台要览·教育篇》，胶东新报社 1924 年版，第 9 页。

1929年8月,由公立通俗图书馆、社会教育经理处①和通俗讲演所合并而成。馆内设陈列室、阅览所、影剧院、讲演所、体育场等,并出版发行《山东民众教育月刊》《民众周刊》及其他不定期刊物。山东省立民众教育馆成立之初便把"实验各种民教设施,指导各县社会教育"②作为其工作目的。1932年2月,国民政府教育部颁布的《民众教育馆暂行规程》规定,民众教育馆"为实施社会教育之中心机关"。③ 后教育部于1935年曾公布《修正民众教育馆暂行规程》,以便更好地促进民众教育馆的发展。民国二十一年(1932)省立民众教育馆有职员46人,全年经费75660元。④ 至民国二十三年(1934),山东省内(不含青岛市)民众教育馆共计104处,员工490人,年经费351867元。⑤ 到民国二十五年(1936)除省立民众教育馆外,还有历城等103县县立民众教育馆,共有员工745人,年经费270353元。⑥ 青岛市自民国十八年(1929)开始,也开始设立民众教育馆,至1934年,青岛市已设民众教育馆4处,职员22人,年经费18804元。

民众教育馆设馆长一名,总管馆内一切事务。其下分设总务部、出版部、图书部、讲演部、扩充部五部,各部各设主任一人,商承馆长主管各该部事务,另外,各部设职员若干人,商承主任分理各该部事务及馆长交理事项。其中,总务部分书记处、事务处、文牍处、会计处等四部分,主要

---

① 山东省社会教育经理处设立于1914年,直隶于省教育厅,主管全省社会教育事宜,但其真正的组织管理范围,基本仅限于济南地区。
② 梁容若:《山东省立民众教育馆设施概况》,《山东民众教育月刊》第二卷第六期,第31页,山东省立民众教育馆编,1932年6月25日出版。
③ 中国第二历史档案编:《中华民国史档案资料汇编》第五辑第一编教育(二),江苏古籍出版社1994年版,第785页。
④ 民国政府教育部中国教育年鉴编纂委员会编:《第一次中国教育年鉴》,开明书店1934年版,第1089页。
⑤ 综合教育部统计室编:《中华民国二十三年度全国社会教育统计》,商务印书馆1939年版;国民政府主计处统计局编:《中华民国统计提要》,商务印书馆1936年。
⑥ 民国政府教育部中国教育年鉴编纂委员会编:《第一次中国教育年鉴》,开明书店1934年版,第1099页。

负责掌理文书、会计、庶务以及不属于其他四部的事项；出版部分设编译股、调查股、发行股部分，主要负责掌理编辑发行及调查事项。该部负责馆内一切定期刊物编辑、出版、校对、发行事项，并调查各县通俗讲稿及民众读物事项；图书部下设图书馆、图书阅览室、民众阅报所、儿童文库、儿童阅览室、主民众读书会、巡回文库、流通图书馆、民众刊物阅览室等九部分，主要负责掌理书报阅览指导及巡回文库等事项；讲演部分固定讲演组、电影讲演组、化装讲演组、巡回讲演组四部分，主要负责掌理固定、巡回、化装讲演及其他宣传事宜。该部负责撰拟各种讲演稿，编制各种宣传图表文件，定期进行固定、巡回、化装、电影讲演；扩充部包括民众戏院、民众俱乐部、民众茶园、民众学校、革命纪念馆、博物馆、统计馆、卫生馆、艺术馆、本省产品陈列馆、社会馆及各种研究会，主要负责掌理民众学校、陈列馆、电影院及各种活动事项。① 各部之间由馆长统筹调度，相互配合，共同办理馆内各项事宜。

  山东省内民众教育馆，除省立民众教育馆有所发展外，各地区民众教育馆亦开展各项教育事业。据 1935 年《民国续修临沂县志》记载，临沂县于民国十七年（1928）将通俗讲演所、通俗图书馆改为通俗教育馆，后又于民国二十年（1931）改为民国教育馆。该馆分为总务部、宣传部、阅览部、教学部，共有职员 5 人。经费由县教育费项下开支，全年共计 4648 元。该馆除设有专员教授的半日学校外，还有由馆员轮流分担的民众夜校。同时还开设有书词训练班，该班有学员 30 余人，其中有半数为文盲，课程主要有鼓词、音乐、常识等三种，教材以改良社会恶俗、启发民众知识为标准。该馆在宣传方面设有固定讲演、巡回讲演、临时讲演，以及宣传小册等。阅览部设有图书馆，内藏新旧书籍 300 余种，分为阅书处、阅报处及中心阅览处，任人观览。同时还设有金石保存所 2 处，博物

---

① 《修订山东省立民众教育馆组织大纲草图》，《民众教育》（后改名为《山东民众教育月刊》）第二卷第一期，山东省立民众教育馆编，1931 年 8 月 25 日，第 90 页。

室1处,动植物百余种,外设游艺部1所,此外,在乡村还设有阅报所24处,露天阅报所5处,民众学校29处。① 民众教育馆开展的各项事业不仅丰富了民众的文化知识和业余生活,增加民众对社会的了解,而且更有利于民众开阔眼界,强化民主等观念。但是民众教育馆由于缺乏政府足够的支持,致使其存在经费不足、管理散漫等问题,而且民众教育馆不能吸引民众尤其是下层民众的注意,前往民众教育馆者多不是下层民众,他们通常对"学习做合格公民"不感兴趣,以干活忙和年龄大为借口,拒绝接受为他们而设立的民众教育设施。② 但从长远来看,民众教育馆在启迪民智方面所产生的影响是不可否定的。

3. 民众学校

民众学校是学校式的社会教育事业的一种,由民国政府教育部推行。"民众学校是年长失学者补习之所,修业期限大半为四个月,每日上课大致两小时,以在夜晚为多,学生就学不但不纳任何费用,且由学校供给教本纸笔等物品。"③民众学校的教师多以兼任为主,教室多为公共场所,如庙祠、学校等。民国政府对民众学校是较为重视的,不仅为民众学校单独编订教材,同时也对民众学校的教育人员进行训练,以期民众学校达到最优效果。据民国十七年(1928)统计,全国共有民众学校6708所,民国十八年(1929)统计已增至20089所。在全国范围内,山东省民众学校发展速度属前列,民国十八年时已有民众学校2337所。④

---

① 范筑先修、李宗仁纂:《中国地方志集成·山东府县志·民国续修临沂县志》,民国二十四年(1935年)铅印本影印,凤凰出版社2004年版,第269页。
② [美]吉尔伯特·罗兹曼主编:《中国的现代化》(中译本),江苏人民出版社1995年版,第535页。
③ 国民党中央执行委员会秘书处:《教育部关于全国社会教育实施概况报告》(1932年9月29日),中国第二历史档案馆编:《中华民国史档案资料汇编》第五辑第一编教育(二),江苏古籍出版社1994年版,第723页。
④ 国民党中央执行委员会秘书处:《教育部关于全国社会教育实施概况报告》(1932年9月29日),中国第二历史档案馆编:《中华民国史档案资料汇编》第五辑第一编教育(二),江苏古籍出版社1994年版,第723页。

山东省不仅按照民国政府下达的指令发展省内民众教育，而且于民国十九年（1930），山东省教育厅颁布了《山东省各机关附设民众学校办法草案》，此后几年内全省民众学校数量大增。民国二十年（1931）各县市有民众学校 4199 所，教职员 5476 人，学院 112248 人，年经费 60921元；民国二十一年（1932）有民众学校 3825 所，学员 114297 人，年经费 78379 元。① 青岛市自民国十八年（1929）底也开始设民众学校，这类学校大多附设于小学内，教师多由小学职员兼任。1929 年有公私民众学校66 所，教员 140 人，在校生 2770 人，年经费 4892 元；民国二十五年（1936）有民众学校 216 所，扫除文盲 56000 人。威海卫市自民国二十年（1931）开始设民众学校，民国二十五年（1936）时有学校 35 所，扫除文盲2000 人；民国二十六年（1937）有学校 20 所，扫除文盲 3000 人。② 尽管民众学校对扫除文盲、普及知识有良好的作用，但由于其发展的主动力是政府推广，具有一定的强制性，故而当政策相对松弛时，民众学校的开办也随之衰落，山东省内情况也是如此。在民众学校初创的前几年，学校数及学生人数迅速扩展，省内学校数达数千所，而随着国内局势的改变，政府对民众学校的重视程度的降低，民众学校的数量也迅速缩减，到民国二十五年（1936）时，山东省内的民众学校数仅剩 1260 所。③

民众学校不仅有政府筹办，而且亦允许团体或私人兴办。民国时期山东省内私立民众学校也有较大的发展。以济南市为例，1933 年济南市内私立民众教育学校共有 16 所，学员人数共计 1573 人，其中不乏规模

---

① 《民国山东通志》编辑委员会编：《民国山东通志·教育志》，山东文献社 2002 年版，第 2622 页。
② 《民国山东通志》编辑委员会编：《民国山东通志·教育志》，山东文献社 2002 年版，第 2622 页。
③ 《民国山东通志》编辑委员会编：《民国山东通志·教育志》，山东文献社 2002 年版，第 2622 页。

较大者,如增进英算补习学校有学员数565人,广智院私立民众学校277人。① 烟台市的民众学校则是由基督教青年会约集烟台工、商、学"各界要人讨论发起",目的是要使"烟埠贫寒不习字者得以读书识字,使有国民的常识,以作普及教育的基础"。该校开办于20世纪20年代初,首次开办即从外地请名人来烟演讲,召开露天大会,并聘各校学生分头招生,仅一天时间竟"招目不识丁的学生2000余名,大者65岁,少者八九岁不等"。该校班级设置为男女分班,设男生班70个,女生班30个,计100个班,每班学生20余人,动用全埠各类学校以至工厂和个别私人住宅;每晚教学2小时,4个月完成教学任务;并自编千字课本,教授学生;经考核成绩优良及一般"不废学业者",发给文凭。为扩大影响,鼓动和发展平民教育,该校于第一届学生毕业时,特聘"前国务总理熊希龄夫人来烟分赠文凭",举行隆重的毕业典礼,到会者数万人。②

山东省内的民众学校,除上述公立、私立学校外,一些由其他机构或团体组织建立的民众学校也较有成效,其中女子补习学校即是其中效果较为显著的一种。女子补习学校所针对的是不识字的妓女,对于这些人先是由教育局及公安局会同调查,并对她们进行劝导,使其入学。在学习期间,妓女所归属的班主不得阻止妓女入学或令其辍学,否则班主将会受到重罚。在女子补习学校开办之初,各学校多偏重识字,其后也逐渐加强了对职业训练的重视。女子补习学校的设立及发展,不仅能够增加妓女的知识,同时也在一定程度上提高了妓女谋生的能力,对实行废娼政策,以及维护社会治安,改善社会风化都有良好的作用。除女子补习学校外,诸如职工技术补习学校、救济院习艺所等机构,对民众进行职业教育的同时,也都设有一定的科目以提高学生的文化水平。此外,社

---

① 济南市政府秘书处:《市政月刊》第7卷第2期,1933年8月。
② 王守中、郭大松著:《近代山东城市变迁史》,山东教育出版社2002年版,第568页。

会教育经理处在济南城内设置的露天学校对知识的宣讲也有良好的影响。济南露天学校共设有 18 处,入学学生多为无缘入正规学校的青少年和外地进城打工者等下层社会民众,每天"授课 2 小时","分正课、附课、旁听等班,人数无定。其常到者为正课生,不常到者为附课生,途中随意听讲者为旁听生",并按国民教育部颁定的教科书,有计划地进行授课。① 民众学校组织方式灵活多样,对向下层社会民众传播知识有极大的帮助。

二、民国时期山东职业教育情况

山东地区的职业教育在清末时即已开始发展,更成立了济南工艺传习所、齐鲁工业学堂等职业学校。② 民国时期,不论是北洋政府还是南京国民政府,对职业教育都十分关注,制定了一系列相关的法律法规,以发展职业教育,如北洋政府颁布的《实业学校令》《实业学校规程》等③,南京国民政府颁布的《职业学校法》④等。山东省遵照民国政府颁布的各项法令,积极发展职业教育,全省职业教育有了长足的发展,不论在学校数目上,还是投入经费上都有很大的提高。从全省来看,民国二十年(1931)有省立职校 3 所,在校生 667 人,全年经费 11314612 元;县立职业补习学校,在校生 1448 人,全年经费 27232 元。民国二十一年(1932)有省立职校 3 所,职业补习学校 223 所,学生 8063 人,全年经费 16029547 元。⑤

---

① 王守中、郭大松著:《近代山东城市变迁史》,山东教育出版社 2002 年版,第 405—406 页。
② 《民国山东通志》编辑委员会编:《民国山东通志·教育志》,山东文献社 2002 年版,第 2600 页。
③ 《民国山东通志》编辑委员会编:《民国山东通志·教育志》,山东文献社 2002 年版,第 2600 页。
④ 《民国山东通志》编辑委员会编:《民国山东通志·教育志》,山东文献社 2002 年版,第 2617 页。
⑤ 《民国山东通志》编辑委员会编:《民国山东通志·教育志》,山东文献社 2002 年版,第 2617 页。

当时不仅公立的职业学校发展迅速,私立的职业学校也有较大的发展,山东省内规模较大的有私立惠鲁工商学校等。① 抗日战争爆发后,山东省内的大部分职业技术学校停办,济南的职业技术学校全部停办,部分师生南迁。② 日伪统治确立后,亦成立职业学校,其中省立职业学校3所,私立职业学校1所,教职员61人,学生778人,年经费159540元。③ 上述职业学校情况均为全省基本情况,然而无论省立或私立职业学校所需学费,对于城市下层的贫民来讲都是不能负担的,因此本书所述职业教育主要偏重由政府及工厂所设职工补习学校及劳工讲演等形式的劳工教育。

民国政府尤其是南京国民政府对劳工教育十分重视,1928年,实业部和教育部以"改良劳动者之生活状况""教育机会均等"为宗旨,联合颁布了《工人教育计划纲要》。《纲要》指出:劳工概指中国成年男女劳工及未成年之男女学徒、幼年工等,劳工教育是指关于解决劳工切身问题之教育,劳工教育形式有整日学校、半日学校、晚间学校、黎明学校、星期学校及其他教育补助形式,劳工教育包括基本教育、补习教育、劳工教育、工人子女教育,劳工教育实施主体为各省市县政府、机关、公园、学校、工厂、商店、团体(如会所)及各军、政、工商个人等。④ "为增进工人之知识技能及其工作效率并某工人生活之改进起见",实业部会同教育部于1932年公布实施了《劳工教育实施办法大纲》。《大纲》规定:劳工教育由各地方教育行政机关督促当地农工商及其他各业之厂、场、公司、商店负责完成之;劳工教育内容根据工人教育程度分为识字训练、公民训练及

---

① 《民国山东通志》编辑委员会编:《民国山东通志·教育志》,山东文献社2002年版,第2617页。
② 党明德、林吉玲主编:《济南百年城市发展史:开埠以来的济南》,齐鲁书社2004年版,第141页。
③ 吕伟俊主编:《民国山东史》,山东人民出版社1995年版,第908页。
④ 《工人教育计划纲要》,《青岛市职工补习教育概况》1933年第12期,第13—21页。

职业补习三种;劳工教育形式包括劳工班、劳工学校、工友访问、讲演会及展览会;劳工学校或劳工班之费用由原设立机关担负;劳工学校或劳工班不收学费及其他费用,所有书籍文具等均由学校供给之。① 上述两项法规的实施,使劳工教育在全国境内得到发展,山东省政府遵照这些法规的规定,于省内积极发展劳工教育。

(一)工厂主导的职业教育

1. 工厂职工补习学校

工厂设置职工补习学校是劳工教育的一个重要组成部分,是政府较为关注的一部分,同时其成效也较为人所瞩目。山东省内各地工厂大多按照政府规定对职工进行劳工教育,其中,青岛地区较为显著,多年的《行政纪要》中均有涉及劳工教育的记载。不仅对工厂职工补习学校实施办法进行详细的规定,同时也对青岛市补习学校的实施情况有具体的掌握,并督促青岛市内工厂按照实施办法进行职工教育。

青岛市社会局制定的《青岛市工厂职工补习学校实施办法》对青岛工厂职工补习学校的建设制定有详细的规定。首先,"总则"规定,凡在本市(青岛市)区域内,中外工厂均应按照本办法之规定,设立职工补习学校;并规定,各校经费全由工厂担负,有特殊情形时,政府亦得酌予补助。② 同时在《办法》中对工厂具体开办补习学校的实施标准也有详细规定,工厂按国籍、资本情况不同,职工补习学校的开办时间、学校规模、班级课程等具体细节均有不同标准。按照该《办法》青岛市内符合标准的工厂均开办了职工补习学校,学校情况如表4-1所示:

---

① 宋恩荣、章咸主编,中央教育科学研究所教育史研究室编:《中华民国教育法规选编(1912—1949)》,江苏教育出版社1990年版,第570—573页。
② 青岛市社会局编:《青岛市社会局行政纪要(十九年度)》,第121页,青岛市档案馆馆藏档案A000529。

表4-1 青岛市职工补习学校一览表（1930年）

校名	所属工厂	学生数目 男	学生数目 女	级数	全年经费	课程	校长姓名	教职员人数	校址	备注
华新工人补习学校	华新纱厂	420	12	分高初二级及特级	4320元	国音、字母、国语、党义、常识、算数、珠算、技艺、工会法、合作社、习字	史镜清	6	沧口	本市富士、宝来、大康等厂工人补习学校去年工潮后至今停顿，故未列入。又隆兴、内外棉等校经费因教员系工人子弟学校兼任，需费由厂方随时供给，无确定预算，故未列入。
隆兴工人补习学校	隆兴纱厂	163	8	分高初二级		三民主义千字课、国语	矫子清	2	四方	
内外棉工人补习学校	内外棉纱厂	149		分甲乙丙三级		三民主义千字课、国语、算术、习字	王鹏举	2	四方	
振业工人补习学校	振业火柴厂	80		分甲乙丙两级	360元	注音、字母、算术、国语、党义		3	曹县路	
钟渊工人补习学校	钟渊纱厂	142			420元	国语、党义、音乐、卫生、习字、合作社、公民、算术	长泽薰	3	沧口	

（资料来源：青岛市社会局编《青岛市社会局行政纪要（十九年度）》第108页，青岛市档案馆馆藏档案A000529）

从上表中可以看出,当时青岛市政府对本市内所有工厂开办的补习学校均有详细的掌握,且对这些学校就课程等方面亦有较强的控制,职工补习学校教材均由政府编写,同时在可见的资料中显示,每年青岛市政府均会对青岛市内的工厂就职工补习学校这一事项进行规划,并对已开办的学校进行调查。民国二十三年(1934)青岛市内设有职工补习学校19所,经费14654元,学生2198人。[1]《青岛市政府二十四年度行政计划》中即详细地列出了该年度青岛市内的劳工教育所需进行的事项:一、未设职工补习学校之工厂督促其设立;二、限期扫除工届文盲;三、编写职工补习学校教材;四、举办职工补习学校教师暑期讲习会等。[2] 从几年的青岛市行政计划及行政纪要中对职工补习学校的指导中,可以看出,青岛市不仅对职工补习学校的设立有严格的要求,同时对补习学校的运行情况亦十分关注。可见当时政府对职工补习学校的关注程度,同时也能看出,当时青岛市的职工补习学校开办效果应该是十分显著的。

青岛是民国时期山东省内工业发展较为先进的地区,从青岛市工厂职工补习学校的设立可以看出,当时山东省境内符合设立职工补习学校的工厂大多已按照政府规定开办,对于已开办的学校则对其教学也有较为翔实的掌控。在这种情况下,在政府强制推动下,职工补习学校在民国时期有较大的发展。但由于抗日战争的爆发,以及随后的解放战争,对工业造成了极大的打击,多数工厂因战乱而被迫关闭,而职工补习学校也随之销声匿迹。但从工厂开设的课程上看,工厂补习学校的教育对工厂工人提高文化水平,增加劳动技艺,增强民主、维权等意识均有很大的帮助。

2. 劳工讲演

劳工教育除前文所述的工厂职工补习学校外,另一种主要的形式即

---

[1]《青岛市劳工教育统计表(民国二十三年度)》,《青岛市政府行政纪要·第三辑·社会(中华民国二十三年)》,第33页,青岛市档案馆馆藏档案 A000473。
[2] 青岛市社会局编:《青岛市政府二十四年度行政计划》,青岛市档案馆馆藏档案 A000475/476。

是劳工讲演及辩论。作为灌输劳工常识及劳工练习讲演,以补助职工学校教育之不及,劳工讲演在各地政府的推动下开展起来。青岛市作为山东省社会经济较为领先的地区,其劳工讲演亦如劳工职业补习学校一样,推广较为迅速。青岛市政府对劳工讲演有明确的规定,青岛市社会局、教育局为开展劳工讲演共同设立劳工讲演会,两局各派一人作为代表,并聘请民众教育馆代表1人、青年会代表1人、电影界热心社会教育者1人、学术团体代表2人,共同组织讲演会。讲演会在多重组织的共同努力下,顺利开展。其讲演大体分为两种:一种是作为示范,特约并指派富有常识擅长说辞者举行定期讲演;另一种是作为练习,由各厂工人组织讲演练习会,于休假日举行。① 劳工讲演一般按月举行,讲词注重灌输常识。② 下表所示为青岛市于民国二十三年(1934)间所进行的劳工讲演的具体情况。从表4-2中可以看出,劳工讲演主要涉及常识、卫生、教育等方面,但从次数上可以明显看出,讲演主要偏重常识及卫生,教育较前二者要少,其他内容的讲演则更少。讲演次数按月统计,每月讲演次数不少于五次,经过多次讲演之后,一般工人对于普通常识,大多有较为清楚的了解。

表4-2 青岛市劳工讲演统计表(1934年)

月别	讲演次数	讲题性质				听讲人数	地址			
		常识	卫生	教育	其他		市内	东镇	四方	沧口
一月	5			5		317	3	2		
二月	7	2		5		270	7			
三月	5			5		635	5			

---

① 《青岛市劳工讲演会组织办法(二十一年十月十七日奉市政府内字第7865号指令核准)》,《青岛市市政法规汇编(二十五年四月)》,第80页,青岛市档案馆馆藏档案 A000480/481/482。

② 《青岛市政府行政纪要·第三辑·社会(中华民国二十三年)》,第33页,青岛市档案馆馆藏档案 A000473。

续 表

月别	讲演次数	讲题性质				听讲人数	地址			
		常识	卫生	教育	其他		市内	东镇	四方	沧口
四月	5	5				812		4		1
五月	6		6			1560			4	2
六月	8		8			508	2	2	2	2
七月	8		8			508	2	2	2	2
八月	4	4				480	1	3		
九月	6	2	4			1015	4	1		
十月	6	5		1		299	1	3	2	
十一月	8	5		2	1	1183	2	4		2
十二月	6	4			2	857	4	1		1
合计	74	27	26	18	3	8444	31	22	10	11

(资料来源:《青岛市政府行政纪要·第三辑·社会(中华民国二十三年)》,第 34—35 页,A000473)

劳工讲演形式较职工补习学校更为多样,不仅有上述定期讲演,而且还有职工辩论会、工人讲演竞赛等形式,因此劳工对讲演会所传授之内容的掌握也较为熟悉。民国二十三年(1934)7 月 29 日青岛市社会局劳工讲演会举办了首次工人辩论会,参加辩论的人员主要是由来自华新纱厂、茂昌蛋厂等处的工人 12 人,辩论分为两组,甲组的辩论题为强制仲裁与自由仲裁,孰为解决劳资纠纷之有效办法;乙组的辩论题则为:八小时工作效率,不少于十二小时。[1] 两个辩论题主要是围绕与工人权益相关的内容展开的,均是工人关心,同时也是工人与工厂较为容易产生矛盾的方面。虽然记录中没有显示两题辩论的结果如何,但可以想见,

---

[1]《青岛市政府行政纪要·第三辑·社会(中华民国二十三年)》,第 36 页,青岛市档案馆馆藏档案 A000473。

在参与辩论的工程中,所有参与辩论的工人对劳资纠纷的解决办法及工作时长这两个问题的了解程度将较以前有很大的提高,这不仅有助于工人更好地保护自身权益,同时,也为工厂严格遵守法律法规中对保障工人权益的相关规定敲响警钟。辩论相关的内容以辩题这种形式出现,更容易为工人所了解。

劳工讲演作为职业教育的一种形式,其形式的多样化,更能吸引工人参与,对劳工讲演的开展以及对工人的帮助效果更为明显。不过,劳工讲演即便按月定时举行,但由于其开展的规模,以及时间、地点、讲演人员等客观条件的限制,各地每年讲演的次数频率不高,因此即便有讲演竞赛、辩论会等多种形式,其实际效果可能并没有预想中的好,但国民政府为提高工人的能力所做出的努力,是值得肯定的。其后由于战乱的原因,演讲会也与职工补习学校的命运一样被中断,未能继续开展。

(二)政府机构主导的职业教育

1. 救济院等救济机构开展的职业教育

民国时期,职业教育的推广者除工厂外,还有政府的各救济机构,如救济院等。救济院是民国时期政府设立的主要救济机构,其下设有:残老所、育婴所、孤儿所、济良所、贷款所、施医所、习艺所等机构,其中习艺所是救济院中向社会下层开展职业教育的主要机构,而其他各所如感化所、济良所等对所内受救济人员设有教育机构。

山东省内各地对习艺所等救济机构的规定不尽相同,但实施办法及组织细则基本一致。青岛市作为民国时期政府行政院直辖的特殊市,其行政工作实施情况在山东省内也属前列。青岛市政府就救济院习艺所定有详细的组织细则,习艺所分设有总务、管教、工艺三股。其中,总务股负责文牍之撰拟、收发、缮校、监印,会计、庶务,及不属于其他各股事项;管教股执掌习艺生之勤惰奖惩,衣食、调剂、疾病、疗养及卫生,教育及其自修,收容及遣发等事项;工艺股负责工艺原料之采办及保管、出品、考核优劣、鉴定价格、陈列样品、计划、工艺改进、出品推销等事项。① 三股掌理职务分工明确，便于顺利开展习艺所内各事项。

民国二十一年(1932)，根据青岛市政府的指令，社会局发布《青岛市救济院习艺所管理习艺生章程》，本《章程》于总则中明确规定：凡本市区域内年在十三岁以上二十岁以下，身体健全，无力谋生者得为本所习艺生；但体质羸弱不堪工作者、有精神病及传染或其他不能治愈等病者、年龄不和者，均不在习艺所救济范围之内；对于流落于青岛市内的异乡青年，凡符合条件者只需填具志愿书，即可进入习艺所学习。② 习艺所中所设工艺科目主要有：机袜科、毛巾科、木器科、绳索科，按照不同需要情况其他科目也可酌量增设。③ 习艺所对习艺生学习情况有很严格的考察，同时还做到了赏罚分明。《章程》中第二十七条规定：本所设置月份考验，成绩表，每月由主任督同技师考验各科习艺生一次，计算分数详定等次，按其成绩酌给奖金。前项资金数目，甲等二元，乙等一元五角，丙等一元，均于翌月五日以前由售品盈余提给之。第二十八条规定：各种习艺生每三个月季考一次，每年大考一次，考试等级分甲、乙、丙三等榜示之。如有进业甚远、制品精良可以畅销者，并得酌给特别奖金，由售品盈余项下开支，其数目按照第二十七条甲等奖金加倍核给之。而在第三十五条中则列出对考核不合格者的惩罚办法：各科习艺生成绩过低，考不及格者，届习艺期满不得提升试艺，仍留班习艺补习之。俟补习期满后经考验及格，在试艺期间除照旧供给衣食外，不给津贴籍示惩戒。习艺生在习艺所须习艺两年并考验及格方可毕业，毕业后仍须留习艺所试验

---

① 《青岛市救济院习艺所组织细则(二十年十一月二日奉市府 8306 号指令核准)》，《青岛市市政法规汇编(二十五年四月)》，第 97 页，青岛市档案馆藏档案 A000480/481/482。
② 《青岛市救济院习艺所管理习艺生章程(二十一年六月十日奉社会局 263 号训令转奉市政府内字第 4009 号指令核准)》，《青岛市市政法规汇编(二十五年四月)》，第 107 页，青岛市档案馆藏档案 A000480/481/482。
③ 青岛市档案馆藏：《青岛市救济院习艺所工艺营业规程(二十一年六月十日奉市政府内字第 4009 号指令核准)》，《青岛市市政法规汇编(二十五年四月)》，第 101 页，A000480/481/482。

一年,此后,习艺生出所之时,习艺所除发给毕业证书外,另给试艺保证书籍资证明而利前途,试艺保证书另定之。① 按照《章程》规定,习艺生不仅能够技艺,同时习艺所也十分重视习艺生的文化知识教育。习艺所设有教育室,教授三民主义、国语、算术、习字、常识、体操诸课程,每晚令习艺生学习2小时,每3个月考验一次,评定成绩。设有阅报室,陈列各种报纸及浅近杂志并有益身心标本,令习艺生于工余入室浏览。② 这样,习艺生在学习职业技能时,文化知识也能够得到充实。习艺所不仅传授技艺、知识给习艺生,同时还为习艺生出所之后,寻求职业之时提供帮助,为习艺生能够顺利就业提供保证。

习艺所对习艺生不仅有严格的职业教育,同时还对习艺生的待遇有详细的规定,保障习艺生的权益。《章程》中第二章详细介绍了习艺生的待遇:在所习艺生,其宿舍衣食被褥鞋袜书籍笔墨医药自修等费,概由习艺所供给;凡遇国民政府规定假期,在所习艺生一律休息,其星期假日午后由本所职员或技师领导往各公园游览,或往各工厂各商场参观,借以活泼精神、增长智识;习艺生非属习艺事项,无论职员技师均不得任意差遣;习艺生遇有患病者,须随时延医治之;等等。③《章程》明确了详细的习艺生的待遇,对于保障习艺生于习艺所内的合法权益有很大的帮助,另习艺生可以安心于习艺所内学习技能。对于习艺生的薪金问题,《章程》中规定,习艺生按月按成绩所得之奖金及利息,在习艺生习艺期满出

---

① 《青岛市救济院习艺所管理习艺生章程(二十一年六月十日奉社会局263号训令转奉市政府内字第4009号指令核准)》,《青岛市市政法规汇编(二十五年四月)》,第109页,青岛市档案馆馆藏档案A000480/481/482。
② 《青岛市救济院习艺所管理习艺生章程(二十一年六月十日奉社会局263号训令转奉市政府内字第4009号指令核准)》,《青岛市市政法规汇编(二十五年四月)》,第108—109页,青岛市档案馆馆藏档案A000480/481/482。
③ 《青岛市救济院习艺所管理习艺生章程(二十一年六月十日奉社会局263号训令转奉市政府内字第4009号指令核准)》,《青岛市市政法规汇编(二十五年四月)》,第108页,青岛市档案馆馆藏档案A000480/481/482。

所是一并发给,在习艺生留所试验的那一年中,习艺所按月酌给津贴。①按此规定,习艺生于出所时,不至于身无分文,为其出所后的工作、生活提供一定的资金支持。

社会局下属的各救济机构,除习艺所为专门传授技艺的机构外,其他各所亦多设有对所内人员的职业教育。如《青岛市救济院济良所管教所女简则》中规定,在所妇女均须实习缝纫、刺绣、织袜、烹饪各技能,并定有实习时间表。②青岛市感化所中设有工艺股,该股主要负责的事项即是,对所内犯罪少年、无业游民、偷窃惯犯及其他应受管教者的技艺教导。以民国二十一年(1932)为例,青岛市感化所设有毛巾科、袜工科、地刷科、线球科、鞋工科、绳索科、缝纫科、石印科、木工科、铁工科等科。③不论济良所、感化所,抑或其他各所,在所人员对技艺的学习,不仅能够提高他们的劳动技能,为其出所后生活提供一技之长的保障。同时,所内人员的生活方式及谋生手段的改变,减少了社会上的不稳定因素,利于社会风俗、风化的改变以及城市的建设。

2. 民生工厂④的职业教育

除救济院及所辖各所开展职业教育外,社会局下属的民生工厂也是政府机构开展职业教育的主要执行者之一。早在1920年,省市一级的

---

① 《青岛市救济院习艺所管理习艺生章程(二十一年六月十日奉社会局263号训令转奉市政府内字第4009号指令核准)》,《青岛市市政法规汇编(二十五年四月)》,第109页,青岛市档案馆馆藏档案A000480/481/482。
② 《青岛市救济院济良所管教所女简则(二十一年六月十日奉市府4009号指令核准)》,《青岛市市政法规汇编(二十五年四月)》,第128页,青岛市档案馆馆藏档案A000480/481/482。
③ 《青岛市行政统计汇编(二十一年度)》,青岛市档案馆馆藏档案A000474。
④ 就民生工厂与救济院习艺所之间的关系,蒋华剑的《清末民初贫民习艺所研究》(扬州大学2008年硕士论文)以及魏云的《北洋政府时期青岛贫民习艺所初探》(《湖南工业职业技术学院学报》2011年2月第11卷第1期),两篇论文中均认为民生工厂即为贫民习艺所(后隶属救济院,即救济习艺所)。但《青岛市民生工厂简章》为民国二十一年(1932)十月三十一日奉青岛市政府指令由青岛市社会局核准,而《青岛市救济院习艺所组织细则》则是于民国二十年十一月二日奉青岛市政府指令核准,由上述两条档案资料所示,青岛市民生工厂在救济院习艺所组织之后仍在开办,可见青岛市民生工厂于救济院习艺所并非同一机构,而是两个独立并行的机构。由此推知,山东省内救济院习艺所并不是民生工厂的前身或别名。

城市已经设立了民生工厂(平民工厂)。1932年9月,南京国民政府内政、实业两部为救济失业起见,又拟订了《县市设立民生工厂办法》及《县市政府劝办工厂考成条例草案》,并通令各省市办理。① 其中《县市设立民生工厂办法》中的规定:"一、县市应多设民生工厂,制造人民需要物品,并救济失业工人,其由县市政府设立之工厂应冠以县市名称;二、工厂为设立之前,应先调查土产、原料,及失业人数一定工厂之种类及组织,如境内已有平民工厂者,县市政府得调查内容加以扩充,或整理改为民生工厂;三、资本自千元至若干万元视工厂之大小及地方情形定之,其款由县市政府设法筹集或由人民集资经营,如境内原料丰富急需开办,而一县财力不逮者,可联络邻县合资兴办;四、县市民生工厂无论为官办为民营,均得按照工厂之性质适用特种工业奖励法或人民投资建设事业保障奖励法,或小工业及手工艺奖励规则或其他法令予以奖励及维持;五、民生工厂之监督指导由县市政府秉承省立管厅行之。"② 按照上述《办法》全国各省市均开始兴办民生工厂,而山东省所办失业救济事业中又以民生工厂最有成绩。山东省内民生工厂自1928年开始筹设,开全国县立平民工厂之先河,至1932年平民工厂已遍及全省。③ 全省103个县,开办民生工厂121家,职员399人,工人185人,学徒1285人。④ 而从这一系列的数字上看尽管山东省内民生工厂开办情况最为乐观,但是从工厂所能救助的失业工人的人数上看,民生工厂的效果并不如人意。

遵照上文所述的《县市设立民生工厂办法》和《县市政府劝办工厂考成条例草案》等法规,青岛市民生工厂也迅速开展起来。青岛市民生工厂以提倡轻便工业、厉行生产教育、增进平民谋生技能为主旨,共设有七

---

① 沈云龙主编:《近代中国史料丛刊三编》第60辑,文海出版社有限公司1990年版,第140页。
② 《县市设立民生工厂办法》(民国二十一年九月公布),《青岛市政公报》第四十五期,第34页。
③ 沈云龙主编:《近代中国史料丛刊三编》第60辑,文海出版社有限公司1990年版,第141页。
④ 谭玉秀、范立君:《20世纪30年代南京国民政府解决失业问题透视》,《党史研究与教学》2005年第5期,第55页。

科,即:织布科、织袜科、毛巾科、地毯科、漂染科、花边科、地板刷科,每课各设一班,但于必要时其各科班次得酌量增设之。学徒的毕业期限依所学科目不同而异,织布、织袜、毛巾、地毯、漂染等五科均各定为六个月,花边、地板刷两科各定为三个月。各科毕业者中的三分之一有机会转入其他科学习,以二科为限,其余三分之二则应留厂转入职工部服务,酌给工资。至于民生工厂内的技师则是由厂长遴选之后呈请社会局聘任或委充。技师不仅要教授技艺,同时也是厂内的教员,负责厂内学徒的教学任务,教授的科目有:国文、珠算、簿记、工厂组织及管理法、商业常识、应用化学、应用物理学、国术、军事训练等与学徒日后毕业谋生相关的知识。民生工厂与救济院习艺所一样,学徒的学、宿、膳等费及书籍用具均由民生工厂供给,①并订有详细规则以保障学徒的各项权益,并为学徒毕业后的工作去向作出安排,保证学徒毕业后工作无忧。

不论是救济院习艺所、济良所等机构,还是民生工厂的创办都是在政府的支持下办成的,成立后又享有多种扶助政策,不仅能够救济失业工人,而且还培养了一批手工业技术人才,推动该地区手工业的发展,同时也在一定程度上有利于维护地方治安,改善了市容市貌。但是,这些机构由于其自身的不足,如资金短缺、规模较小、产品缺乏竞争力等,以及后来战乱的影响,这些救助性教育机构均未能长久地发展下去。

第二节 民国时期山东城市下层社会的社会救济与劝导

近代山东战乱频仍,灾害连发,其社会救济的开展引人注意。山东省内的社会救济主要有日常救济及临时救济,其中临时救济多是灾民或

---

① 《青岛市民生工厂简章(二十一年十月三十一日奉市府内字第8304号指令核准)》,《青岛市社会局现行规程汇编·第一辑》,民国二十二年(1933年)二月,第42—43页,青岛市档案馆馆藏档案A000526。

难民,这些救济多是在灾害多发的农村地区,同时也涉及城市下层社会,本书主要围绕政府及社会慈善组织和团体开展的日常救济工作进行叙述。

一、救济政策及管理机构的变迁

关于开展救济事业,早在南京临时政府时期,即制定了相关政策,中央设内务部民治司,省设民政厅,卫生局也兼管社会救济事务,其中,民治局负责抚恤、移民及慈善团体的管理等;卫生局负责预防和治疗传染病和地方病等。但因社会局势不稳定,中央政府对地方的控制力尚弱,上述政策未能完全实施,各省的社会救济一般由各省都督兼管。北洋政府成立后,于1912年8月,内务部颁布《内务部官制》,规定内务总长管理赈恤、救济、慈善及卫生等事务,并"监督所辖各官署及地方长官"。同时,下设民政司具体职掌全国贫民赈恤、催灾救济、贫民习艺所、感化所、盲哑收容所、疯癫收容所等的设置、废止和管理及育婴、恤嫠和其他慈善事项。① 1912年12月22日公布的《修正各部官制通则》将民政司改为民治司,并将卫生司的职掌归并到警政司,兼管有关社会救济事宜。② 1913年12月公布的《修正各部官制通则》中将民政司改称民治司,职掌基本与原民政司相同。1914年7月10日颁布《修正内务部官制》规定"内务部直隶于大总统",并将原属总长的职权改为部的职权。民治司内设五科,由第四科专管救济及慈善事项。到1917年,第四科负责的事务增至十六项,即地方罹灾救济、地方蠲缓正赋钱粮、地方筹办赈捐之核准、地方捐赈人员奖励、地方粮食出口考核、地方备荒积谷、筹备八旗生计、红十字会设置、救济及奖励、京师平粜、京师冬防、收养贫民、散发棉衣及开辟临时粥厂,育婴、恤嫠及其他慈善事业,以及经管游民习艺所、济良所、

---

① 《民国日报》1920年9月25日。
② 《东方杂志》第10卷8号。

教养局和贫民工厂、地方善堂等。①

针对地方赈务,北洋政府除派员办理赈粜外,还于 1920 年 10 月组织"国际统一救灾总会",设置赈务处。赈务处附设于内务部,根据 1923 年 5 月 23 日公布的《赈务处执行章程》,规定处民由内务部处民兼充,副处民由司民兼充。处内分置总务、赈粜、工赈、赈务、运输五股办事。为了统一全国赈务事宜,后赈务处的权限和规格提升,1924 年 10 月 17 日公布的《督办赈务公署组织条例》和《附设赈务委员会章程》,规定署内分置总务、赈务、稽查三处办事。督办直属总统,由大总统特派,会办由大总统简派。督办赈务公署主办全国官赈,凡海关附加收入的全部均由其支配,所有灾区赈济事宜,赈务各官署得随时向它报告。赈务处的设置及其地位的提高,足见灾荒问题的严重。但赈务处主要的救济对象是因灾荒而产生的难民,对城市贫民的救助较少。

地方上的社会救济行政管理机构亦随着中央管理机构的变化而不断变化。1913 年北洋政府颁布法令规定省行政机关称行政公署,由其内务司兼管社会救济事务。1914 年袁世凯为复辟帝制,恢复清制称谓,将省行政机关称巡按使署,下设政务厅和财政厅,由政务厅之内务科兼管社会救济工作。袁世凯称帝失败后,机构名称复旧,大总统黎元洪复将巡按使改为省民制,由省民公署下设的政务厅兼管社会救济。而在道一级行政机关则由下设的内务科来管理,直到 1924 年道作为一级行政机构撤销为止。相应地,县一级的社会救济工作也由内务科来负责。在北洋政府时期,山东省内的社会救济行政管理机构也随中央机构的变化而不断变化,其名称也不断发生变化,北洋政府时期山东省开展社会救济的机构为山东省赈务处,针对城市下层社会救济的机构,山东省内多是沿用清末设置的救济机构。1924 年,济南市内的救济机构,除一处孤儿院外,全部由山东慈善事业公所管理,其所辖的救济机构有孤儿院、养老

---

① 杨立强等编:《张謇存稿》,上海人民出版社 1987 年版,第 250 页。

院、老年寡妇院、育婴堂、济良所5处。① 除济南外,济宁、利津、掖县、临清等地均设有养济院,还有些地区设有育婴堂、栖流所、习艺公所、感化院等机构。

南京国民政府成立后,在北洋政府的社会行政机构的基础上做出了调整。1928年4月内务部改为内政部,一直到抗战全面爆发前,社会救济的常设机关主要为内政部。内政部下设总务司、民政司、警政司、地政司、礼俗司和统计处。其中,民政司职掌赈灾救贫及其他慈善事项。根据1928年6月内政部颁布的《内政部各司分科规则》,民政司下设4科,由第4科掌理社会救济和其他社会福利事项,具体包括贫民救济、残废老弱救济、勘报灾歉及蠲缓田赋审核、地方罹灾调查赈济、防灾备荒、慈善团体考核、慈善事业奖励、地方筹募赈捐审核及游民教养事项。② 此外,南京国民政府还继承了北洋政府时期设立的赈务处,1928年赈务处成立,直隶于国民政府,主管各灾区赈济及慈善事宜。赈务处下设:赈款委员会和总务、调查、赈济3科。赈务处处长由内政部长兼任,副处长由国民政府委员兼任,可见其地位之高。1930年1月,内政部民政司与赈务处合并,成立振务委员会,主要负责由于国内自然灾害所造成的灾民以及国内战争所造成的难民救济。同时,《振务委员会组织条例》规定,振务委员会以内政、外交、财政、交通、铁道、实业各部部长为当然委员,下设3科,总务科、筹赈科、审核科。总务科负责筹划会务、编辑刊物、购置物品等;筹赈科负责筹募赈款、赈款、赈品的运输、免税及免费各项护照的办理;审核科审核赈款、赈品的出纳等。③ 振务委员会在各省、市设有下级对应机关。根据《振务委员会组织章程》,规定凡被灾省份为办理本省赈务得设省振务会,省振务会由省政府聘任省政府委员、省党部委

---

① [美]A·G·帕克指导、齐鲁大学社会学系调查编著、郭大松译、庄惠娟校:《济南社会一瞥(1924年)》(下),《民国档案》1993年第3期。
② 商务印书馆编:《中华民国法规大全》(一),商务印书馆1936年版,第506页。
③ 商务印书馆编:《中华民国法规大全》(一),商务印书馆1936年版,第799页。

员、人民团体成员各数人组成,内设总务组、筹振组、审核组。各市、县因办理贩务,可以设立市、县振务分会。①山东省按照上述规定,在省内设立有振务分会,主管省内及各地社会救济。

南京国民政府统治时期,尤其是韩复榘主鲁期间,是山东省内的社会救济事业最为显著的时期。1928年5月,南京国民政府内政部颁发《各地方救济院规则》,饬令"各省、区、各特别市、各县市政府,为教养无自救力之老幼残疾人,并保护贫民康健,救济贫民生计,于各该省、区、省会、特别市政府及县市政府所在地,应依本规则规定设立救济院"。救济院内以收容对象和职能不同,分为养老所、孤儿所、残疾所、育婴所、施医所、贷款所六所。第一次将长期以来纷乱繁杂的救济设施名称作了统一规范。法规还要求各县各普通市及乡、区、村、镇,得分别缓急,次第筹办;也可斟酌各地方经济情形,合并办理。②1929年6月,又颁定《监督慈善团体法》,督饬各省将旧有私立慈善机构重新核定,并由内政部通行各省,限于十九年底将各县市救济院一律成立。并于民国二十年(1931),择经费较裕之县市,成立各区乡镇之救济院。③1929年10月,济南市社会局拟设贫民教养院,后经省府常会议定为济南临时贫民收容所,并于12月1日正式开办,先收容的是乞丐及无力自救之残废并兼及其他贫民,次年3月底结束,除遣散者外,尚有老弱残废幼童三四百名,欲依照部颁救济院规则,设济南市救济院,内分养老、残废和孤儿三部,后省政府会议定为济南市贫民教养院。④1931年12月后又改为市立救济院。1932年济南市社会局裁撤,该院与平民工厂、栖流所、贫民借贷所等一起成为市政府的直辖机构。1931年,山东省立救济院成立,隶属于

---

① 商务印书馆编:《中华民国法规大全》(一),商务印书馆1936年版,第799页。
② 蔡鸿源主编:《民国法规集成》,第40册,黄山书社1999年版,第2页。
③ 秦孝仪主编:《革命文献》第七十一辑,中国国民党中央委员会党史委员会编辑发行1978年版,第49页。
④ 《济南市社会局十八年度工作报告·业务实况》,山东省档案馆馆藏档案"敌伪资料"5-255。

省政府。青岛市于1931年5月,成立"青岛市立救济院"。山东其他各地区均按中央政策要求,尽管各地救济院具体组织构成不同,但均建立救济院。

南京国民政府时期,山东省各地均加大了对救济事业的投入,济南、青岛两市对救济院的投入即有体现。济南市立救济院隶属于市政府,但其经费则由省财政全额拨款,按年拨发,并无基金。最初年经费49054元,由省赈务会负担;1932年起又定为51109元(不含该院下属的育婴所经费3348元),由省财政在"行政费"项下拨给,此外,经费的具体支配也在预算中有明确的规定。1934年度,该院的薪给费13480元、办公费7962元、购置费1380元、特别费29278元。[①] 凡年终结余之款须呈缴政厅。至于临时经费则向省赈务会或市政府申请,转省政务会议讨论是否拨给。如1933年,市政府请将该院棉衣费在"二十二年度省预备费项下动支",获得许可。[②] 相对而言,青岛市立救济院的经费来源渠道更广泛,其中有:(1)政府拨款,市政府每年补助该院日常经费2640元、育婴所1440元、济良所3360元、贫民习艺所4800元。(2)屠宰附捐,每月五六百元。(3)社会团体补助,该院成立前,总商会和齐燕会馆月捐205元作为济良所经费,该所改组后,补助照常。1930年10月—1932年5月,该院经收各界捐款达15000余元,1936年又向社会筹集基金近8万元。(4)房屋出租,1936年,市政府鉴于该院经费拮据,乃将福山路等4处公有房产和空地作价59900元转交其出租之用。(5)济良所女出所时缴纳的衣食费以及赛马所得款项等。[③] 然而,尽管如此,青岛市救济院所能动用的经费仍较济南市立救济院为少,关键就在于青岛市救济院所得财政

[①] 山东省财政厅编:《中华民国二十三年度山东省地方普通概算·岁出部·行政费》,山东省财政厅1934年版。
[②] 《山东省政府公报》第251期,1933年10月1日,第45页。
[③] 《行政计划》,《青岛社会》(创刊号),1929年10月;《计划:筹设青岛市救济院计划草案》,《青岛社会》第1期,1931年1月;《院务报告书》第一编;《院务纪要》第1期,该院刊印,1931年;《青岛市社会局业务特刊》第五编:《公益行政,救济院事业概况》,该局刊印,1935年。

拨款不足。在各地财政支持下,社会救济机构得以运转,然而,受地区经济发展程度的制约,以及政府对救济事业的支持力度不同,各地社会救济事业发展程度不一。

抗战爆发后,山东几乎全部沦陷,省内的救济事业由日伪政权接管,大多沿用原社会救济机构。伪政权对救济事业并不关注,对救济机构的经费投入大为缩减,各地救济机构大多有名无实。中国共产党在根据地内实行积极的救助活动,抗战伊始,中共颁布的《抗日救国十大纲领》中就明确提出,为改良人民生活,要"救济失业,调节粮食赈济灾荒"。① 各根据地政府在制定的施政纲领中,都将救济灾民作为改善民生的重要措施。1940年8月颁布的《山东省战时施政纲领》规定:"减轻人民负担,敬养省老,优待抗属,安置抗战伤残人员,救济灾民难民及失业人员,以杜绝壮丁外流。"为了保护抗战后备力量,《纲领》特别强调要"救济失学失业青年生活,救济灾难儿童"。② 1941年9月公布的《晋冀鲁豫边区政府施政纲领》也明确承诺要"实行低利借贷与救济灾难民,并将没收之汉奸土地,分配或租给贫苦抗属及贫苦人民耕种"。③ 除了顾及根据地人民,该《纲领》还规定:"减免敌占区人民负担,抚恤与救济被敌寇汉奸残杀或洗劫之敌占区同胞。"④在晋西北,早在边区政府正式成立之前的1940年2月,第二游击区行署就发出布告,宣布要"彻底改善人民生活,实行累进的合理负担,废除摊派制度,没收汉奸叛逆财产,救济灾民,优待抗日军人家属",⑤不久又颁布了《救济灾民难民条例》。当然,中国共产党实施的这些救济政策,对城市社会下层民众尚鞭长莫及,抗日阶段中城市社会下层民众的生活更为艰苦。

---

① 晋绥边区财政经济史编写组、山西省档案馆编:《晋绥边区财政经济史资料选编·工业编》,山西人民出版社1986年版,第396页。
② 魏宏运、左东远主编:《华北抗日根据地史》,档案出版社1990年版,第333页。
③ 魏宏运、左东远主编:《华北抗日根据地史》,档案出版社1990年版,第137页。
④ 《解放日报》,1943年7月17日。
⑤ 《解放日报》,1943年7月30日。

为了统筹办理中国境内的善后救济事业,1945年1月1日,南京国民政府在行政院下设立善后救济总署,即行政院善后救济总署(简称"行总")。行总的任务,就是"接受联合国救济总署对华分配物资,在中国善后救济方面作合理的分配与有效的使用"。① 其使命,就是"要使因此次战争破坏的城市和乡村的人民,在战争停止后,得到衣食住等最低生活必须条件,因战争而流离失所的难民,得以早日回乡,重理旧业,农工矿交通等生产事业,可以早日恢复旧观"。② 鲁青分署是山东救济工作的主要承担者,③成立于1945年12月,署址暂设青岛,后虽"屡拟将署址迁往济南",但"终以津浦胶济两路迄未修复","遂致终未实现"。④ 鲁青分署遵照"分署组织条例"于分署本部分设振务、储运、卫生、总务四组。"计振务组有急振、工振、特振三科。储运组有运输、仓储、机工三科。卫生组有保健、防疫、卫生材料三科。总务组有文书、事务、出纳三科。"此外并有设计考核委员会、物质分配委员会、卫生器材分配委员会、工振业务委员会、员工福利委员会等机构。并先后在济南和鲁南设立两个办事处:济南办事处下设振务、贮运、卫生、总务四课;鲁南临时办事处成立之初,分设总务、接运两课,其后以业务开展,增设振务、卫生两课。⑤ 但具体开展却并不如人意,且后解放战争爆发,救济事业基本停滞。

1945年7月13日,中国解放区人民代表会议筹委会全体会议决议通过《中国解放区临时救济委员会组织条例》,成立中国解放区临时救济委员会,其主要任务是,"调查报导解放区被敌寇烧杀、抢劫、轰炸、破坏以及水旱虫荒所造成的一切人民损失,和对医药卫生、儿童保育、难民救济等需求的各种情形;并搜集一切敌寇罪行,向国内外控诉",同时协助

---

① 《参政会书面报告》,《行总周报》第59、60合期。
② 行政院新闻局编:《两年来的善后救济》,行政院新闻局1947年版,第5页。
③ 《民国山东通志》编辑委员会编:《民国山东通志·救济志》,山东文献社2002年版,第2472—2473页。
④ 延国符:《善后救济总署鲁青分署业务总报告》,1947年,第5页。
⑤ 延国符:《善后救济总署鲁青分署业务总报告》,1947年,第2—3页。

解放区政府及各人民团体筹划并进行各种救济难民灾民、抚恤赔偿、恢复建设等各方面的善后工作,并负责指导各解放区救济分会进行工作。①山东解放区随即也在临沂成立了解放区救济分会,隶属于中国解放区救济委员会,实际主持各解放区抗战损失调查及善后救济工作。1946年1月根据中共中央指示,改"山东救济委员会"为"中国解放区救济委员会山东分会",受中央救委会领导。同时增加委员,另设庶务管理总务工作。1946年6月全面内战爆发后,山东救济委员会为适应战争之要求,将机关缩小,各行政区调来之干部,大部遣回或派赴支前。随着战争情况愈发紧张,机关最终撤出临沂,于是救济工作即陷停顿。

二、救济机构的变迁

民国时期,山东省政府按照中央政府的指令,各地方政府在维持传统的救济机构的基础上,也开始增设了一批新的设施,但各地具体情况各有不同。山东省内各地多设有以传授生活技能为主的救济机构。前文教育一节中已对民国时期山东省内救济机构中涉及教育的部分进行简要叙述,此处不再赘述。设置贫民工厂的目的不在营业而在训练贫民的谋生技术,贫民工厂的开设,使传统的救济方式发生了变化,由以"养"为主,而易为以"教"为主。使救济对象摆脱依赖性,向自食其力的方向发展,体现了一种社会的进步。

(一)传统的救济机构

民国时期,传统的救济机构在全省范围内比较普及的主要有:养济院、育婴堂、栖流所等。

养济院,又称"孤贫院""孤老院",收养鳏、寡、孤、独及废疾中无依无靠之人。养济院是清代最主要的慈善救济机构。按照清政府的要求,凡各省府州县均要设立养济院。清代养济院收养的孤贫有定额,数额由清

---

① 《解放区临时救济委员会在延安成立》,《解放日报》,1945年7月28日。

政府来定。孤贫的口粮银米(包括衣服)也有定量,口粮有的给实物(谓之"本色"),有的给银(谓之"折色"),有的则二者兼有,①但对孤贫的救助只限于维持其生存的最低需要。北洋政府时期,养济院作为地方的一种恤贫机构,依然存在。1924年在济南就有1所养老院,有31名男的,20名女的。② 在济宁,贫民皆不住堂,只按月赴州县支领口粮。孤贫额数和钱粮亦有定数,如民初有正浮额孤贫94名,每名月支400文;增额孤贫22名,每名每月钱数150文;残废孤贫35名,每名每月钱数200文。③"历由地丁存留项下支给口粮,民国六年改定公费按月由县知事赴省厅具领,准就省税项下坐支抵解。计每月三十一天,应领洋六十一元一角六分;每月二十天,应领洋五十九元一角九分;每年二月二十八天,应领洋五十五元二角四分;遇闰月二十九天,应领洋五十七元二角二分。均逐月随市价易钱给发孤贫口粮。"④省内其他地区如临清等地,也都存有养济院,继续开展救济事业。

育婴堂。育婴堂是专门收容弃婴的机构,它的设置主要是由于民间溺婴恶习的存在。直至民国年间溺女之事还时有发生,因此育婴堂在北洋政府时期依然存在,但存留不多。1924年,济南市内育婴堂共收养17名婴儿。⑤ 青岛育婴堂是由胶澳商埠局于1927年成立的。其开办经费由官绅募集,计约总数为2万元。由商埠局拨给第63号官产一处,并于捐款项下增筑房屋一所。"其常年经费,则由牛照项下,每张附捐一角,约计年可收六千余元。""计截止十七年底,共收男女婴孩三十二名,除领出男婴二名,女婴六名,病伤四名,计存有男女婴二十名。"⑥南京国民政

---

① 王子今等著:《中国社会福利史》,中国社会出版社2002年版,第239页。
② [美]A·G·帕克指导、齐鲁大学社会学系调查编著、郭大松译、庄惠娟校:《济南社会一瞥(1924年)》(下),《民国档案》1993年第3期。
③ 潘守廉修、袁绍昂纂:《济宁县志》卷四《故实略》,1927年铅印本,第50页。
④ 《大公报》,1933年9月18日。
⑤ [美]A·G·帕克指导、齐鲁大学社会学系调查编著、郭大松译、庄惠娟校:《济南社会一瞥(1924年)》(下),《民国档案》1993年第3期。
⑥ 胶澳商埠局编纂:《胶澳商埠行政纪要续编》,青岛华昌印刷局1929年版,第315页。

府时期,育婴堂大多与其他救济机构合办,或被并于其他机构中,如平原县内育婴堂于民国初年与普济堂合并,1933年秋,平原县长曹梦九令赈务会经营,并指定以租金半数置冬衣,半数办粥厂,以救饥民。① 青岛市的育婴堂于1931年并归于青岛市救济院。

栖流所,又称"留养局""留养所"。乾隆二十八年(1763),清政府命"直属州设留养局收恤老弱贫民,其外来流移贫民例无给赈者。一体入局留养"。② 其后,留养局、留养所在各地陆续设立。济宁栖流所,创始于道光十八年(1838),由王荟宗、王泳、王家柱等与运河厅德畅亭筹捐兴修,前两年收养的贫民为数较多。1923年,邑绅潘守廉筹募18165洋元以及1902吊钱作为基金,此时栖流所资金充足,管理日臻完善。济宁栖流所收养对象从"老幼残疾、皮黄面瘦"的贫民中选择,先斟酌情况发给散票,散票分"男丐、女丐、孩丐"三种,不得随意更换。被收养贫民"按散出男女孩丐各票检阅收入,无票者概不准私行收入,如有各界保送者,亦可推情验收,以广善举"。"凡收入男女贫民须先问明姓名、年龄、籍贯及某门、某氏,载在点名清册,以示有别。"所收养贫民"各屋均用席片、铺草、稿荐以避寒凉"。其饮食主要是粥、馒,在制作和分发时,有严格的规定。贫民每日领粥领馒时,"必须亲自应名,按次接领,不准替代,如实系有病者,方由男女屋头报明情由,代领以示体恤"。对收养贫民之医疗卫生状况、居住环境卫生,栖流所也予以关注。对有病之男女贫民,就诊施药。开厂期限"例由冬至日起至来春正月底止,无论年岁丰歉,米面贵贱,届时一律酌收"。"凡届粥厂停办日期,放出贫民,发给当日口食外,每人酌给铜圆数枚,以图完善。"③山东其他城市也采取了相应的救济措施,如1927年1月,胶澳商埠局在青岛市区设临时粥厂4处,救济贫苦的

---

① 山东省平原县县志编纂委员会编:《平原县志》,齐鲁书社1993年版,第558页。
② [清]乾隆官修:《清朝文献通考》卷四十六《国用八》,浙江古籍出版社2000年版,第28页。
③ 潘守廉修、袁绍昂纂:《济宁县志》卷四《故实略》,1927年铅印本,第39—46页。

下层市民。①

(二) 新设的救济机构

纵观整个民国时期,山东省内乃至全国社会救济事业发展最快、成效最为显著的即是在南京国民政府时期。1930年代省内救济事业的迅速发展,与时任山东省主席韩复榘有密切关系。韩复榘自诩"韩青天",对救济事业十分关注,经常前往山东省立救济院和济南市办的其他社会救济机构进行"视察"。《山东民国日报》曾多次作过报道,如1932年6月28日刊载消息:"省府主席韩复榘素对慈善事业极为热心,常往残废院及各工厂等亲行视察办理情形,以资督饬,设法改革,韩主席特于昨日携济南市长闻承烈同乘汽车赴东门外桑园视察贫民救济院内部设置,办理状况,约一小时视察完毕后,始返省府休息。"可见其对救济事业的关心。青岛市政府在这方面也做了一些工作。

1. 救济院

从上文所述的内容可知,1928年5月南京国民政府颁布的《各地方救济院规则》,是第一次将长期以来纷乱繁杂的救济设施名称作了统一规范。此后,山东省、市和县办的救济院相继成立。1931年,山东省政府在济南铜圆前街建成山东省立救济院,附设于山东省赈务会,以"教养无力自给之老幼残废人,并保护贫民健康、救济贫民生计"为目的,②收容孤儿、残老、贫民。建院初期,基金暂定为24324元,由山东省赈务会核给。先设养老所、孤儿所,其后又筹设了残废所、育婴所、施医所、贷款所等。省立救济院的资金来源主要有:山东省赈务会核给之款、山东省政府划拨之款、私人或法团捐助之款、救济院经常费节余之款、救济院手工出品

---

① 《民国山东通志》编辑委员会编:《民国山东通志·救济志》,山东文献社2002年版,第2458页。
② 张研、孙燕京主编:《民国史料丛刊·政治、法律法规》第47册,大象出版社2009年版,第73页。

及农作品变价余利。① 救济院资金来源虽较为广泛,但其多存在不稳定性,且政府拨给救济院的资金相对于开支而言存在一定的差距,省救济院及各地救济院在困难中摸索前进。

1931年5月,青岛市按照南京国民政府的规定,将胶澳商埠局时期的贫民习艺所、济良所、教养局、育婴堂等机构正式合并,成立"青岛市立救济院"。院内计划分为7部,分别为残老所、育婴所、济良所、习艺所、借贷所、孤儿所、施医所。除孤儿所因已有育婴所、习艺所可资救济,施医所因有市立医院足资诊疗外,其余5项,次第成立。并于1932年间,开设贷款所。青岛市立救济院是省内开办的较为完善的救济院之一,本书将以其为例对省内救济院中开设的育婴所、济良所、贷款所等进行简要介绍,其中,习艺所在上文中已简要叙及,此处将不再叙述。

(1)育婴所。青岛市救济院育婴所是由胶澳商埠总商会下辖的育婴所并入,设在上海路3号,以收养全市弃遗婴孩为其唯一任务。《青岛市救济院育婴所育婴章程》中对育婴所收养婴孩、待遇婴孩,以及领养婴孩都有明确规定。首先,育婴所收养婴孩的条件主要有:凡本市区域内被遗弃之男女婴孩,年在五岁以下者均收养之;凡年在五岁以下能自行动之婴孩,经人引导送至本所者,该引导人须觅取铺保证明确系无主婴孩得收养之;凡因拐案之婴孩由官厅发交本所,经审查年龄合格者得留养之。此外育婴所还备有接婴箱,无论何人拾得初生婴孩均可置于该箱,该所派有专员接收。育婴所接收婴孩后须为之命名,并将到所年月日时以及五官四肢有无伤痕疤痣及其他病症详载收婴册,随时呈报救济院查核,按月汇转社会局备案。前项命名字义及收婴册式另定之。其次,育婴所内婴孩待遇主要有:本所设备育婴室均应编列号次,各设婴床一架乳媪床二架以便婴孩分住,避免室内拥挤,空气闭塞;凡收养之婴孩、衣

---

① 张研、孙燕京主编:《民国史料丛刊·政治、法律法规》第47册,大象出版社2009年版,第74页。

服、被褥、鞋袜、玩具等件,均由本所置备供给之;本所每婴孩应由一乳媪哺乳,其有可以兼食代乳品者得以一乳媪哺乳二人,但以二人为限不得再加;本所婴孩每星期须送医检验体格一次以防不虞;凡遇婴孩患病,须随时延医诊治,并呈报救济院备案;本所设有隔离室,凡婴孩患传染病者须移于该室调治之;凡遇婴孩夭殇须随时填具凭照送往孤山义地掩埋,并呈报救济院转呈社会局备案。再次,领养婴孩的条件主要有:凡领养婴孩者须身家清白衣食充足,年逾四旬确无子女者方为合格;凡无不动产仅恃职业生活,欲领养婴孩者,除前条规定均须适合外,其月入薪金须在一百元以上方准给领;凡领养婴孩者,须来本所领取志愿书,填列姓名、年龄、籍贯、住址、职业及因无子女愿领某婴孩以作子女等情,亲自署名盖章并觅取本市殷实铺保二家出具保结,署名盖章,经本所调查相符,呈报救济院核准,方得领养。经领之后,该婴孩得享有承受产业之权利。前项志愿书及保结另定之;凡领养之婴孩本所得随时派员前往视察,倘有虐待或转买及一切违法情事,除交该婴孩收回外,得呈救济院将领主保人一并移送法院依法讯辩。①

从《章程》规定中可以看出,当时对领养婴孩的规定是较为严格的,而在保护入所的婴孩方面也是较为完善的,同时,为保证弃婴能够顺利被送往育婴所,该所还备有木牌广告,上面写明"如见遗弃婴孩,送往上海路育婴所者,奖洋二元"等字样。1933年,该所有婴孩500余人。② 该所虽不能将全市范围内所有符合条件的弃婴收入所中,但至少部分弃婴得以在育婴所中成长。

(2)济良所。青岛市救济院济良所创办于1924年,胶澳商埠督办公署在团岛创办济良所,后于1925年9月改由青岛总商会接办,仍定名为胶澳商埠济良所。订有《胶澳商埠济良所简章》,对济良所内各项事务订

---

① 《青岛市救济院婴育所育婴章程》,《青岛市市政法规汇编(二十五年四月)》,第118页,青岛市档案馆馆藏档案 A000480/481/482。
② 魏镜编:《青岛指南》,平原书局1933年版,第64页。

有详细规定。1931年5月并入青岛市立救济院,改名称为"青岛市救济院济良所",成为救济院的一部分,并颁布《青岛市救济院济良所收遣所女简则》《青岛市救济院济良所管教所女简则》等规定。首先,收养所女的规定有:1.凡在本市境内无论为娼妓姬妾,或流落无依被人诱拐及其他一切被压迫之无告妇女,本所概得收容之。但前项所载之妇女如因怀势迫切迳自投所者,本所得暂行收容,一面派员调查,倘因不正当行为之败露或犯法畏罪或受人唆使,故意虚构事由者一经查实立即拒绝收容。2.前条所列妇女无论由公安局或法院及慈善团体移送,或自身投奔或他人引导,一经本所审查合格收容后,即由本所保护不受未入所前任何习惯契约之拘束。3.凡妇女投所须先盘问其遇难情形,投所真实原因,姓名、籍贯、年龄及亲属通讯地址依其投所时日分别登记,收遣妇女名册按照入所先后编定号次,更为命名,一面即日报告救济院,每届月终造册汇呈社会局备案。

青岛市救济院济良所收容所女的教养期为三个月,在收养期内,济良所按照《管教所女简则》对所女加以管教,使其能够养成良好的生活习惯,并学有一定的专业技能。教养期满后,济良所按相关规定对所女进行遣发。首先,凡收容之所女,倘无根据而其家属自行寻觅前来者,经本所质对能将该女之言行、性质、身体容貌及特征逐一说明无讹,查核确无压迫情意时,准其觅具本市殷实铺保两家保结,呈由本所呈请救济院核准后方得领回,每届月终汇造清册呈转社会局备案。但外埠来青认领前项所载收容之妇女,因人地生疏不能觅得本市相当铺保者,得交居住地方行政机关证明文件投送本所查询明白,认为确实无冒领情事,呈报救济院核准后,亦得由该本人具结盖指印领回之,每届月终汇造清册呈转社会局备案。其次,凡欲应征本所所女为配者,当具左列各条件:一、应征人须与择配所女年龄相当,并须有正当职业者。二、应征人须备申请书申明左列各点:甲,姓名、年龄、籍贯、住址、履历、职业;乙,家庭状况;丙,经济能力;丁,指明承领某所女;戊,粘附最近四寸半身照片三张。

三、应征人填具领结声明配婚后不得有作婢妾虐待及转卖情事。四、应征人取具本市殷实铺保两家加盖图记之保结,并注明保人姓名详细地址。五、应征人已具各项应办手续,经本所派员查实并得该所女同意后,呈报救济院核准,方得给领完娶。最后,凡已逾教养期及悬照无应征之所女,本所当察其所长与平日成绩,请由救济院转呈社会局准予介绍相当职业,俾得自立。若成绩较低尚可造就者,本所当酌量情形延期教养,仍按月呈报救济院转呈社会局备案。按上述规定,济良所所女出所后虽情况各有不同,但出所后生活均有保障,不致沦落仍操旧业。民国二十一年(1932)7月至12月间,青岛市济良所所女年龄在9至20岁者,共计22人入所,17人出所。直至青岛解放,济良所改组为青岛市生产教养院。山东省立救济院也开办有济良所,其开办时间较青岛市救济院济良所晚,但其目的均为救济那些处于城市下层的妇女。

(3)贷款所。山东省立救济院贷款所成立时间较晚。省内成立较早且其成效较好的为青岛市救济院贷款所,其成立于1932年,基金一万元。其资金借贷均有严格规定,青岛市救济院贷款所规定,向贷款所贷款须满足以下条件:甲,年在十五岁以上六十岁以下者;乙、志愿作小本营业而确无资力者;丙、确无吸烟赌博及其他不良嗜好者;丁、具有本市殷实铺保或相当保人者;戊、每人贷款以一元至十元为限,概不取息;己、借期以三个月为限,三个月内分九期还清后方得续借;庚、期满延不清还者责成保人代还;辛、以营业名义贷款而作其他不良用途者,随时追回借款,不得援例分期偿还。① 后对该规则又进行了完善,如"每人借款以一元至十元为限,倘系前已营业,一时因资本不继,须借款补充者,每人以五元为限,概不取息""借款人逾限不能还款,查明实有意外变故,本所得

---

① 《青岛市救济院贷款所实施办法大纲(二十一年一月九日奉市政府内字第189号指令核准)》,《青岛市市政法规汇编(二十五年四月)》,第129页,青岛市档案馆藏档案A000480/481/482。

呈报救济院转呈社会局核办"等,这些条款的增设使该所救济实施更为人性化。截至1934年九月,求贷者一千五百四十三户,共计贷出洋一万四千五百六十九元。① 贷款所虽救济能力有限,但对那些"借贷维艰"的贫民有很大帮助,使他们能够免受高利贷的压迫,对改善他们的生活状况有一定的帮助作用。

救济院内除设上述各所之外,还设有孤儿所、养老所等。山东省立救济院孤儿所,开办于1931年,是省立救济院内最初开设的两所之一。孤儿所收容省内在居住的六岁至十五岁之间贫苦无依的幼年男女,名额暂定为150人。入所的孤儿除由司法官署或公安局各县赈务分会送养之外,其他均须由其亲邻采实保证后方得入所。② 省立救济院孤儿所留所者之男儿以十八岁为成年期,女儿以十七岁为成年期,成年出所时,当为介绍或辅助其经营相当之职业,倘能介绍有相当职业时,不到成年期亦得出院但须征得本人同意;留所之女儿至成年时期遇有相当之机会得为之择配,但须征得本人同意。此外,省立孤儿所仿照职业学校,分农、工、商、家事等科办理教育,对留所者按年龄程度实行教育,教育的目的在于"养成勤劳自立之青年","取自动辅导主义、训练耐苦主义、管理取严格主义"。③ 山东省立救济院养老所收养"本省境内居住之男女年在六十岁以上无力自给,并无人抚养者",暂定名额为250人。养老所按收养之衰老男女的身体状况,安排他们从事如糊裱纸类物品、纺织及编造物品、饲养家畜、栽种植物及其他简单工艺的操作,但疾病难支者可以免除。④ 养老所每日在早午晚三餐前对于留所者给以有益身心之讲演一

---

① 《青岛市政府三年来行政摘要》(1932—1934),青岛市档案馆馆藏档案 A000479。
② 张研、孙燕京主编:《民国史料丛刊·政治、法律法规》第 47 册,大象出版社 2009 年版,第 77 页。
③ 张研、孙燕京主编:《民国史料丛刊·政治、法律法规》第 47 册,大象出版社 2009 年版,第 81 页。
④ 张研、孙燕京主编:《民国史料丛刊·政治、法律法规》第 47 册,大象出版社 2009 年版,第 74—75 页。

次,每次以二十分钟为度,讲稿由主讲者先期选定送院长审核。① 省立救济院孤儿所、养老所对留所者的饮食、衣服等类都注意其清洁,注意养成他们良好的卫生习惯。两所内留所者如患病,则要及时诊治,同时还另备养病室;死亡者则由该所主任报经院长会同公安局或司法官厅派员勘验后,备棺殓葬冢前埋立石碑书明姓名、年龄、籍贯,以资识别。② 救济院内孤儿所、养老所的设置,对城市内缺乏基本生存能力的下层民众开展了基本救助,然而因经费等条件的限制,其救助能力尚为有限。

2. 其他救济机构

民国时期,各地增设的救济机构除救济院外,影响较大的还有乞丐收容所、感化所、职工介绍所等。乞丐收容所一般筹建较早,济南市乞丐收容所组织于1929年,据《山东民国日报》中《乞丐的福音:贫民收容所正在组织中》一文可知,收容所由济南市社会局筹建,主要是由于"市内乞丐充斥,殊碍观瞻",该文还对收容所的组织办法进行了简要介绍:"闻其办法,先从调查入手。将乞丐分为四类,一为老病无依者,一为残废不能自立谋生者,一为失业者,一为自甘下流、懒惰成性者。对于一二两类,将尽量收容;对于第三类将施以救济,对于第四类将加以训练。"收容所内部分有总务、训练、卫生、工厂四科,其经费由各慈善机关,及特税项下,月拨数千元之谱。并分头函至工商厅,市党部两方,请物色技师,及深明党义之专门人才,加以彻底之训练云。③ 乞丐收容所的筹建对收容市内乞丐,改善他们的生活,以及整顿市容都有良好的作用。青岛市社会局于1927年成立乞丐收容所,初设团岛,分残废、习艺、妇女、童稚等

---

① 张研、孙燕京主编:《民国史料丛刊·政治、法律法规》第47册,大象出版社2009年版,第80页。
② 张研、孙燕京主编:《民国史料丛刊·政治、法律法规》第47册,大象出版社2009年版,第76页。
③ 《乞丐的福音:贫民收容所正在组织中》,《山东民国日报》1929年11月10日。

四组,收容乞丐、残老、孤儿和谋生无着的游民①,以收容 300 名为限②,后乞丐收容所于 1932 年 10 月改组并入感化所。

感化所是山东省内成立的另一个较为重要的救济机构,以青岛市感化所为例。青岛市于 1931 年 11 月 13 日公布《青岛市感化所组织细则》,《细则》规定感化所隶属于社会局,为感化市区内犯罪少年、无业游民、偷窃惯犯及其他应受管教者而设定。感化所分有总务、管教、工艺三股,其中管教股主要负责感化教育事项、勤惰惩奖及恶习纠正事项、指导清洁卫生事项等,工艺股则主要负责感化所内对收容者的技艺教导,以及感化所原料出口一切保管等事项。③ 至民国二十二年(1933)二月,将公安局之游民习艺所归并,原有游民 94 人,一并收容。同时将感化所扩充,设立毛巾、线球、鞋工、木工、铁工、印刷工、绳索、缝纫等十科,购买机械,分科授艺。凡游民中之残老妇女,则另行收容,授以轻微工作,并增设织布科,安设织机十架,于 1934 年 4 月间成立。④ 同年 7 月,感化所设立"悔过室",惩戒品性恶劣的游民。感化所对收容人员,根据不同情况分配到各科劳动,并根据其表现情况,随时遣发出所或遣回原籍。⑤ 1932 年 7—12 月间,青岛市感化所共计有 534 人,所内人员以山东为最多,此外也有部分来自河北、河南、辽宁等地。且在所者以无职业者为最多,其次为苦力、工人等。计自改组以后,至 1934 年 9 月止,青岛市感化所共经收容人数为 885 人,在所工作者 585 人,发往工务局充当修路工人者 470 余人。⑥

---

① 《民国山东通志》编辑委员会编:《民国山东通志·救济志》,山东文献社 2002 年版,第 2471 页。
② 《青岛市政府三年来行政摘要》(1932—1934),青岛市档案馆馆藏档案 A000479。
③ 《青岛市感化所组织细则(第 116 次市政会议通过民国二十年十一月十三日公布)》,《青岛市市政法规汇编(二十五年四月)》,第 136 页,青岛市档案馆馆藏档案 A000480/481/482。
④ 《青岛市政府三年来行政摘要》(1932—1934),青岛市档案馆馆藏档案 A000479。
⑤ 《民国山东通志》编辑委员会编:《民国山东通志·救济志》,山东文献社 2002 年版,第 2472 页。
⑥ 《青岛市政府三年来行政摘要》(1932—1934),青岛市档案馆馆藏档案 A000479。

民国时期,对城市社会下层民众帮助较大的还有职工介绍所,或称佣工介绍所。随着城市经济的发展,济南市内佣工介绍所也从无到有,并有所发展,并于1932年时发布了《济南市取缔佣工介绍业暂行规则》,规则对佣工介绍所营业有较为详细的要求。首先,佣工介绍所的开办,其经营者必须将姓名(如系妇女并须注明其夫或其子姓名)、籍贯、年龄、住址、妥实铺保,这四项呈经公安局传请市政府核准,并要缴纳一元的照费,并发给许可执照后,方允许其营业。此外佣工介绍所必须要对前来求职的佣工查明来历,并备名册详记其姓名、籍贯、年龄、相貌、住址及其保证之家属或亲友之姓名住址,以备公安局随时考查。除上述要求之外,还规定佣工介绍所不得有下列事项:预索介绍费、于额定介绍费外任意要求其他费用、诱惑妇女作不名誉行为、串通买卖及典押人口行为。①《暂行规定》对于以介绍佣工为业者的上述规定,在维护职工介绍业稳定有序经营之外,也对佣工的权利有所保障,维护这些求职者的利益。

青岛地区,因市况、伤病等原因,工人失业情况较为严重。青岛市内成立较早的均为私立职工介绍所,后为救济失业,青岛市于1930年7月,成立市立职业介绍所,隶属于市社会局,"以救济一般失业工人为职志",除了免费进行失业登记外,还量其能力向各工厂、商店、住户和机关等介绍,"授以相当工作"。② 1931年又颁布《青岛市市立职工介绍所失业职工登记简则》,规定凡本市之失业职工得来所申请登记,凡来登记者不分性别但年龄须在十五岁以上五十岁以下者。③ 其后,又于1932年订定《青岛市管理职工介绍营业简则》,以整顿市内职工介绍所,规定"凡本

---

① 张研、孙燕京主编:《民国史料丛刊·政治、法律法规》第48册,大象出版社2009年版,第234—237页。
② 《青岛市市立职工介绍所暂行规则》,《青岛市市政法规汇编(二十五年四月)》,第42—43页,青岛市档案馆藏档案 A000480/481/482。
③ 《青岛市市立职工介绍所失业职工登记简则(二十年四月十三日奉市政府指令第2581号核准)》,《青岛市社会局现行规程汇编第一辑》(民国二十二年二月),青岛市档案馆藏档案 A000526。

市区内商民以介绍男女职工为业者均须遵守",将职工介绍的范围规定在"农工商矿渔牧各业之雇工""各公私团体或家庭之雇工",且要求年龄仍是"以十五岁以上五十岁以下者为限",要求"职工介绍营业者于订立工作契约时得向雇主雇工酌收介绍费,一次其数不得超过该职工一个月工资十分之一,劳雇两方各任一份,此种规定应载入工作契约"。① 在规定下达后,青岛市政府又对私立各职工介绍所进行整理,要求各所要遵守以下四则:(一)各所应按月添送介绍工作报告;(二)保单及雇佣契约,应呈准备案;(三)不得额外向彼介绍人征取费用;(四)不得介绍非正当之职业。业经分别饬令遵行。② 对私立职工介绍所的规定降低了失业劳工寻求工作的成本,而市立职工介绍所的成立,也为失业劳工能够顺利再就业提供了一定的帮助。

　　山东省政府及各地政府除办理上述各救济机构外,还办有其他向下层民众开展的物质救济。首先,设仓积谷,备荒救灾。各地多遵照地方仓储规则,筹设市仓区仓,并详订管理规则,"俾民食得以调剂凶荒,有所储备"。③ 其次,发放赈品及办理冬赈。以青岛市为例,1932 年 1 月由局邀集各慈善团体代表,讨论赈品种类及放赈办法,决定购买面粉,发给赈券,分三处同时散放。计购三等面粉 1809 袋,每袋 2.05 元,共洋 3708.45元,散放时,由本市府分别派员监督,余款除开支各露戏院新舞台及一切杂支,共洋 354.52 元外,以 400 元购置感化所平民旧被 100 条,其余528.48 元,作临时救济之用。本年冬赈仍援案举行。适十一月市商会举办东北豫鄂皖赈会,本局为便利起见,商准市商会延长两天办理所有收入拨充冬赈项下者 8000 元。④ 再次,施舍棺材。1931 年,青岛市颁布

---

① 《青岛市管理职工介绍营业简则(二十一年六月奉市政府内字第 3665 号指令核准)》,《青岛市市政法规汇编(二十五年四月)》,青岛市档案馆馆藏档案 A000480/481/482。
② 《青岛市政府行政纪要·第三辑·社会》(中华民国二十三年),青岛市档案馆馆藏档案 A000473。
③ 青岛市社会局编:《一年来之社会行政》,第 6 页,青岛市档案馆馆藏档案 A000524。
④ 青岛市社会局编:《一年来之社会行政》,第 68—69 页,青岛市档案馆馆藏档案 A000524。

《青岛市救济院施舍棺材简则》,规定凡本市区内死尸有下列情形之一者得向救济院请求施舍棺材:倒毙路旁无家属带认领者;因犯罪枪决者;在医院内病毙无家属领取者;在各慈善机关收容期内病毙,无家属领取者;死者家属无力棺殓者。① 以1932年为例,青岛市所有上年购置棺木,至本年四月业已用罄。当由救济院呈请续发经费,本局仍援前案,呈准市府续拨千元,并劝令商会再筹五百元,交由救济院继续办理,本年截至十一月共施棺二百九十四具。② 尽管市政当局大力提倡发展社会救济事业,但终因财力有限,救济能够帮助的人尚在少数。

三、民间社会救济的开展

民国山东省内不仅官办救济事业较之前有很大发展,民间的慈善组织、团体也多有开展救济事业,但绝大多数集中于城市,其中又以济南、青岛、烟台等地为多。1929年,仅呈请济南市社会局注册的慈善团体有33家之多,尚不包括省会慈善事业公所、未注册的机构以及其他兼作慈善事业的社团等。③ 青岛相对较少些,主要有济良所(原为官办,1925年移交商会,1931年后并归救济院)、育婴堂、教养局(官办商会主持)、贫民习艺所、红十字分会、世界红卍字分会以及妇女分会、青岛难民救济会、同仁寿缘会等。尽管数量远不及济南多,但这些组织具有规模和经费充足的优势,一定程度上弥补了数量不足的缺陷。济南、青岛等地的慈善组织数量多,资金相对雄厚。相反,各县的慈善机构则因财力所限,其规模、数量和活动都无法与济南等地相提并论,如济宁、淄博等经济尚不发达的地区。表4-3将清末至中华人民共和国成立前,山东省内主要城市内的慈善机构团体列出,其中民间慈善机构数量较政府开办数量要

---

① 《青岛市救济院施舍棺材简则(二十年九月二十八日奉市政府第7440号指令核准)》,《青岛市市政法规汇编》(二十五年四月),第135页,青岛市档案馆馆藏档案A000480/481/482。
② 青岛市社会局编:《一年来之社会行政》,第70页,青岛市档案馆馆藏档案A000524。
③ 《济南市社会局十八年度工作报告》,山东省档案馆馆藏档案"敌伪资料"5-255。

多,但规模和开展业务等情况则稍逊。民间慈善救济与前文所述政府救济方式、内容大体一致,本书不再赘述,兹将清末到中华人民共和国成立前,山东省内主要城市慈善救济机构团体情况列表如下(表4-3)。

表 4-3 清末至 1949 年山东省主要城市救济慈善机构团体情况表

名称	设立时间	驻地	职员人数	收容人数	业务概况	备注
山东省慈善公所	1884	济南运署街15号	11	55	收容残老、孤儿、孀妇、妓女、弃婴等	
烟台公济医院附设孤儿院	1886	烟台	16	96	收容孤儿残老	房52间,土地4亩,接受外国津贴
益都天主教孤儿院	1893	益都	9	16	安老育幼,教养习艺	房118间,地3.5亩,地基4.5亩,农业生产,接受外国津贴
济南私立仁慈堂孤儿残老院	1896	济南洪家楼69号	18	24	收养弃婴、孤儿、残老	接受美国津贴
威海卫天主教孤儿院	1900	威海	15	8	收养孤儿	房屋479间,接受外国津贴
山东民众慈善医院	1903	济南西门外姜家池	22		对赤贫民众免费施诊、药	
济南东关天主教孤儿残老院	1908	济南东圩门外	27	252	收养孤儿、残老	接受美国津贴
山东省会慈善公所慈幼院	1915	济南运署街15号				
济南哲院	1916	济南花墙子街	10		施棺木	
泰安泰山教养院	1916	泰安	14	171	收容孤儿残老及聋哑	房150间,地10.6亩,地基7.2亩,织布,织袜,接受美国津贴

续 表

名称	设立时间	驻地	职员人数	收容人数	业务概况	备注
济南普济孤儿院	1920	济南标山前	4	72	收容教养孤儿	
济南红卍字会第一残废院	1920	济南千佛山19号	5	84	收养老弱残废施以习艺	
济南市明德慈善公所	1920	济南南关佛山街34号	7		对无产贫民施诊	
山东慈悲总社	1920	济南官扎营影壁后20号	6	50	施衣、饭、茶水	
万国道德会济南分会	1921	济南正觉寺街新桥14号	35		施诊、药,社会救济	
济南道德总社	1921	济南林祥街202号	5	37	宣传道德精神,研究医学等	
济南红十字会①	1921	济南上新街6号				
世界红卍字会济南妇女分会	1922	济南上新街10号	25	180	救济灾民,施医药	
世界红卍字会济南分会	1922	济南上新街59号	21	200	社会救济,施诊、药	
济南道院	1923	济南上新街59号	19		研究玄学,宣传道德精神,育婴,救济,施医药	
济南私立慈善事业公所	1924	济南南关半边街				
济南市齐鲁麻风病疗养院	1924	济南	5	51	收容麻风病人施以治疗	土地8.6亩,房屋54间,接受美国津贴

---

① 该表统计济南红十字分会设立于1921年,但档案记载为1912年冬,见《中国红十字会济南分会旧会改组并征各界赞助之宣言》,济南市档案馆馆藏档案77-4-11。

续 表

名称	设立时间	驻地	职员人数	收容人数	业务概况	备注
济南红卍字会第一育婴堂	1925	济南永庆街28号	6	11	收养婴儿	
中国红卍字会济南分会	1925	济南杆石桥南街17号	26		办慈善事业	
青岛市立救济院	1926	青岛	50	390	收养孤儿、残老并习艺	
世界红卍字会潍县分会	1927	潍城内郭宅街	17		救灾济荒	
济南诚善社	1928	济南普利门三元街1号	7		施放冬赈,施粮、茶、药	
济南贫民医院	1928	济南馆驿营影壁后7号	8		对赤贫民众免费施诊	
山东省立救济院	1928	济南铜圆局前街	30	600	收养老弱、妇孺、残废人员	
世界红卍字会全鲁各分会联合办事处	1928	济南魏家庄民康里7号	23	250	施药、施棺、施衣、施粮	
世界红十字会济南办事处附设医院	1928.11	济南魏家庄民康里4号	5		对赤贫民众免费施诊、药	
济南市立救济院	1929	济南东圩门外黄台车站	17	207	收容老弱病残无依儿童及流亡难民,习艺教养	
世界红卍字会因利局	1929.1	济南府东大街116号				
济南正宗救济会	1929.11	济南西关东燕窝街10号			施医药	
世界红十字会施诊所	1929.12	济南府东大街116号			施诊	

续 表

名称	设立时间	驻地	职员人数	收容人数	业务概况	备注
全省红十字会联施诊第一分所	1929.8	济南西公界慈村院				
世界红卍字会烟台分会恤养院	1930	烟台	12	620	恤养孤儿残老	
世界红十字会山东分会	1931.7	济南魏家庄民康里	23	250		
济南市红卍字会第一施诊所	1931.7	济南林祥南街				
世界红卍字会山东省妇女分会	1932.7	济南魏家庄路北63号	12		普救灾民,施医药	
世界红卍字会历城妇女分会	1934.10	济南魏家庄23号			办理慈善事业	
万国道德会驻济办事处	1934.7	济南馆驿街玄帝府				
益都麻风院	1936	益都	9	47	收治麻风病人	房27间,地7.2亩,接受外国津贴
广裕堂针灸施诊所	1936.7	济南宽厚所街46号	10		义务施诊	
崇实佛学会	1937	济南县学街13号	10		施茶、粥,救济贫苦难民	
济南诚善堂附设治疗所	1937.7	济南冉家巷12号			施舍茶水及药品	
山东基督教灵修院	1938.3	济南东关外贤文庄	6	113	收容孤贫残老	
济南国医慈善医院	1938.7	济南舜井街2号			办理慈善事业	

续　表

名称	设立时间	驻地	职员人数	收容人数	业务概况	备注
世界红卍字会济南办事处附设恤养院	1940.12	济南官扎营中街265号	14	108	收容教养老弱孤儿	
烟台市恤养院	1943	烟台南山路		400	收容残老、孤儿、孀妇	
泰山教养院济南分院	1945.1	济南	3	23	收容无依儿童	房32间，地基1.8亩，织布，接受美国津贴
私立山东省抗战烈士遗族学校	1946	济南经五路小纬六路	30	750	收容教养烈士遗族学生	系指对日作战
社会部山东育幼院	1946	济南官扎营西街	45	650	收养儿童	
青岛私立英华聋哑学校	1946		15	50	木工、文具	接受美国津贴
济南市私立恩源幼稚园	1946.1	济南商埠经六路小纬六路	4	82	收容军人遗族子弟，施以育幼课程	
山东省立第一育幼院	1947	济南官扎营西街	21	345	收养儿童	
烟台基督教瞽目孤女学道院	1947		10	21	种地、草编	接受美国津贴
济南市立佐民托儿所	1947.3	济南商埠经六路小纬六路	6	94	收容军人婴儿及无依婴儿	
青岛玛丽亚方济各女修会孤儿院	1948.6	青岛	7	27	收容孤儿	房59间，土地15.1亩，地基1.7亩，耕园，卖牛奶，缝纫，接受美国津贴

续 表

名称	设立时间	驻地	职员人数	收容人数	业务概况	备注
青岛玛丽亚方济各女修会圣神女修院孤儿院	1949.5	青岛	3	6	收容无依儿童	接受美国津贴
中华礼教总会山东分会		济南经七路聚善街5号			办理慈悲事宜	
济南施棺贫民救济院		济南经二路193号			施舍棺木，掩埋尸体	
济宁市基督教浸信会信徒麻纺厂		济宁市	5	200（工人）	纺麻绳	房78间，地30亩，接受外国津贴
潍县孤儿院		潍县城内	5	50	收养孤儿，教养习艺	
潍县天主堂济贫孤儿院		潍县坊子二马路	15	78	收容老弱、残废、孤儿、妇孺	
天主教广仁会						接受外国津贴

（资料来源：山东省地方史志编纂委员会编《山东省志·民政志》，山东人民出版社1992年版，第193—200页）

山东省内各地，尤其是经济发展情况较好的城市，其社会救济事业发展情况亦优于其他地区，不仅政府积极开展救济，且社会上慈善组织、团体在政府的鼓励下，也积极开展社会救济，对城市下层社会进行帮助。这些救济机构不仅在物质上对他们有所帮助，使他们免于因饥饿而遭不幸，还在生产技能、生活习惯等方面进行帮助，为他们能够获得更多的工作机会、提高生活水平提供方便，也为经济发展提供了一定的人才支持。同时，救济事业的开展，也有利于社会安定，改善城市的风气风貌。

第三节　民国时期山东城市下层社会的社会风气与风俗

城市风貌的变化，不仅要在城市建设上近代化，市容市貌上改变，同时城市的风化风俗也是城市风貌变化的一个主要方面。只有城市风化风俗的改变，才能使城市真正的走向近代化。民国时期，山东省内各城市在改善城市风化风俗上也做了很大的努力，但效果较为明显的是在韩复榘主鲁期间，其原因除韩主鲁期间省内较为稳定、韩对风俗风化改善的重视外，蒋介石政府开展"新生活运动"，也对山东省内改善风俗风化问题有一定影响。对于城市风化风俗改善的问题上，除政府机构外，还有很多慈善机构也都做出了一定的贡献，本书侧重政府对社会的控制，故主要论述政府对风化风俗改善的措施及效果。

一、城市风气的改善

风化问题对各城市而言均是一项艰巨的任务，中国自古流传下来的娼妓、赌博等问题积重难返，而自清末以来鸦片问题又更为严重地影响了民众健康及城市形象等问题。山东各地开埠之后，随着对外开放程度的加深，受西方的影响，以及清末民初社会秩序尚未建成的影响，省内又出现了一些新的于风化有害的问题。民国时期，山东政府围绕社会风化的改善做了很多努力，如管理娼妓、乐户、旅馆、舞场、舞女、书场、毒品、赌场等，其中对社会风气影响较大且与城市下层社会联系较为密切的，则属娼妓、毒品和赌博，因此，民国时期山东政府开展的废娼、禁毒和禁赌三项较突出，本书将围绕上述几方面做主要论述。

（一）废娼运动的开展

娼妓问题一直是困扰民国政府的一项难题。娼妓在中国自古就存在，清末民国时期城市经济发展，城市人口大增且男女比例极不协调，而民国前期，政府对于娼妓业的发展多采取默认的态度，这种特殊的社会环境造就了民国时期娼妓业在城市的繁荣。山东的妓女从地域上划分有"南妓""北妓"之分；从国际上分，又有华妓、俄妓、日妓、朝鲜妓女之分。妓女来源也较复杂，其中贫困人家的女孩占绝大多数。民国以前，各城市的妓女多属于"半公半私""自由营业"①的状态,民国以后,娼妓业归警察局管理和收捐,政府也加强了对娼妓的控制,娼妓营业需领取执照,并将妓女分为四等,因而出现了与这些领照妓女相对的娼妓——私娼。娼妓业情况复杂,但于社会风气危害极大,至南京国民政府统治时期,加大了对娼妓业的管理,同时也开始推行强力的废娼运动。

民国时期,山东与全国大部分地区一样,城市经济愈发达,娼妓问题愈严重。开埠较早的烟台于1891年时就有统计,1891年,烟台有妓院245家,从业人数745人,占总从业人口的2.3%。② 到1901年时,妓院发展到340家,从业人数1200人,占总从业人口的2.1%。③ 此后随着经济的发展,娼妓业也有很大的发展。济南娼妓问题也相当严重,"自民国以后,商务渐盛,南妓相继北上",第一次世界大战德日宣战,日本进军山东,"兵随娼转,娼借军威",日本妓女开始进入济南,随之而来的还有一朝鲜妓馆。④ 到1924年时,济南有注册妓院530家,约1080名注册妓女。除这些以外,还有一批无法确知数目的其他妓女。⑤ 到1927年济南市公娼数目达1800人以上。⑥ 青岛是山东省内最为特殊的殖民城市,其经济发展亦属前列,娼妓问题也较其他城市严重得多。1931年青岛公安局业务报告中《青岛市市民职业分类统计表》显示,青岛市有本国国籍妓女739人,外国国籍妓女430人,总共1169人,⑦其中还存在无法统计数目的"暗娼""私娼"。省内其他城市娼妓情况较上述几个城市较轻,但相较于以前要严重得多,其对社会风气的危害十分严重。

---

① 周传铭著:《济南快览》,济南世界书局1927年版,第235页。
② 王守中、郭大松著:《近代山东城市变迁史》,山东教育出版社2002年版,第669—670页。
③ *China Imperial Maritime Customs. Decennial Reports 1892 - 1901*, vol.1, Shanghai: The Statistical Department of The Inspectorate General of Customs,1904年版,第56页。
④ 周传铭著:《济南快览》,济南世界书局1927年版,第235—236页。
⑤ [美]A·G·帕克指导、齐鲁大学社会学系调查编著、郭大松译、庄惠娟校:《济南社会一瞥(1924年)》(上),《民国档案》1993年第2期。
⑥ 周传铭著:《济南快览》,济南世界书局1927年版,第235页。
⑦ 国立山东大学化学社编:《科学的青岛》,国立山东大学化学社1933年版,第45页。

南京国民政府时期,随着社会风俗改革运动开展,政府也加强了废娼的力度。对于私娼,山东省政府一直采取严厉打击的政策,对于废除公娼的力度加大则是始自韩复榘主鲁时期。1931年,山东省政府主席韩复榘批准《救济妓女意见书》后,以济南为试点在全省范围内开始了一场废娼和救济妓女的运动。为分良莠起见,济南市政府要求凡妓女出外,必悬市政府制定的铜徽以资标识。并设有检验所,每月举行检验一次,病者迫其休养,须照章勒令停止营业,饬赴医院治疗,以免传染病菌而防流毒社会。……未经领照纳捐之乐户与妓女一概不准营业。妓女不满十六岁者,不准登记。怀孕者不准留客。妓女每月检验亦按等级收费,丁等免收费用。① 济南实施之后,青岛公安局也制订了管理娼妓的规定:娼妓(一)不准诓骗客人出不当花费;(二)不准接待身着制服之学生及未成年之幼童;(三)不准容留客人聚赌吸烟及其他违法事项;(四)怀孕已足三个月者,不准留客;(五)身染传染病及花柳病者,不准留客。凡违上列各条之一者,比照轻重,分别处罚。娼妓因下列各事,得报告警所办理:(一)不愿为娼,或自愿从良;(二)娼妓自置或客人赠予之物,为鸨母占取;(三)搭住之娼妓,自愿另换乐户,而为原班乐户所阻止;(四)受乐户虐待压迫,不堪忍受。② 同时于1934年制订了详细的乐户营业规定,主要有:不准虐待妓女;不准强迫妓女留客住宿;妓女有欲从良或歇业或投济良所者,乐户不得妨碍其身体自由;妓女所有之衣饰物件及游客赠予之银钱等物,乐户不得巧设名目管理或没收;搭班妓女如欲迁移或他去者,应听本人自愿,不得阻留;妓女与各处往来信件、接见宾客,乐户不得加以干涉;妓女如有疾病时应由乐户负责医治,不得强迫留客住宿;乐户应负妓女受补习教育之义务;每晚十二钟以后,应一律掩门止唱,除官厅因特别事件施行检查外,无论何人均不准开门;游客如在班内遗失钱

---

① 罗腾霄主编:《济南大观》,济南大观出版社1934年版,第389页。
② 魏镜编:《青岛指南》,平原书店1933年版,第31—32页。

物,确有证据者,乐户应负责赔偿;乐户门首应悬挂班名横牌一面,妓女名牌均须悬挂横牌下或门首墙侧;男女厕所应分别设置并随时扫除洁净等。同时还规定,"非经明令指定之地点不准开设乐户",①按乐户的不同等级划分不同的开设地点。此外,1933年济南市公安局还要求对乐户主管人加以训练,要求他们每星期四日举行一次训练,每次两小时,训练以六个月为期满,训练时间不得借故旷课,如有特别请事者得请人代替授课,但不得超过三次。训练的科目主要有《本市取缔乐户规则》及各种诰诫浅说(容留奸宄、贩卖吸食毒品及诈骗行旅、虐待妓女等浅说)。训练之后公安局每月还要加以考验。② 从上述各项规定可以看出,南京国民政府对公娼采取了一些保护措施,同时也加强了对乐户的管理;另一方面,政府还加大了对娼妓、乐户的征税,这些都在一定程度上对娼妓业的扩大发展有一定的控制作用。

在加强对公娼管理的同时,政府还采取了多项对娼妓的救助措施。首先即是对妓女的救济,前文所述山东省各地救济院所设的济良所的主要救济对象即为娼妓,一些社会救济组织也设有专门救济娼妓的机构。在济南,为救济妓院深受虐待和希望从良的女孩而很早就设立有济良所,1924年时统计,该所共收容45名女孩。③ 烟台的广仁堂设有女慈幼所,专收幼失怙恃,及被拐骗、卖陷娼院或经官厅转送之未成年难女;烟台设立的济良所也较有成效,从1909年创立至1940年,烟台济良所中"被救济之女子已近千人"。④ 此外,除各地均设有济良所等机构对娼妓进行救济外,还都开办了女子补习学校及各类职业技术学校,作为社会

---

① 《青岛市管理乐户规则(民国二十三年二月修正公布,第二百七十三次市政会议通过)》。青岛市档案馆藏档案 A0019/001/00792。
② 张研、孙燕京主编:《民国史料丛刊·政治、法律法规》,大象出版社2009年版,第147—149页。
③ [美]A·G·帕克指导,齐鲁大学社会学系调查编著、郭大松译、庄惠娟校:《济南社会一瞥(1924年)》(上),《民国档案》1993年第2期。
④ 刘云楼等编:《烟台大观》,烟台大观编辑所1941年版,第129页。

教育的一项重要内容,将于下文做详细论述。济良所、补习学校等措施的实施,提高了参与学习的娼妓的谋生技能,为娼妓走出乐户、妓院时能够生存提供了保证,这对废娼运动成果能够持久保持有非常好的帮助。

废娼运动从管理与救助两方面开展,取得了一定的成效。烟台市从业妓女人数到 1940 年为止,由 1901 年的 1200 人下降到 841 人。① 青岛市从业妓女人数,到 1939 年为止,由 1932 年的 1169 人下降到 657 人(其中华妓 632 人,俄妓 25 人),② 减少近一半之多。然而民国政府的废娼运动因战乱的影响而中断,其政策难以继续实施,且民国政府对公娼的存在是采取默认态度的,因而娼妓业虽有所衰落,但没有废止。

(二)禁毒的加强

鸦片自清传入之时就有禁止,然而却是屡禁不止,民国时期愈加泛滥。民国时期,无论中外开办的旅店、妓院和酒馆,以至一些中、西药店,都有毒品销售,其中,旅店、妓院等还公开提供毒品消费服务。1920 年代以前毒品仅限于鸦片,1920 年代中期又逐渐从日本和朝鲜输入更受毒品消费者欢迎的吗啡等新式毒品。毒品不断传入且不断更新换代,吸引了越来越多的人去吸食,且对吸食毒品形成了一种病态的观念。1928 年 11 月召开的禁烟会议上,胡汉民指出:在现在,吸食烟毒在国人心中是"极体面、极时髦的事","是贵人富翁所做的事",一些无钱吸食的人"每每向往不止,以自己无能为大憾"。③ 而在日常生活和社会交际中,毒品也成为不可或缺的东西。毒品泛滥成如此之势,其危害程度则可想而知。山东省也不例外,民国初年,山东全省贩毒者有 3000 多家,每 50 人中即有一吸毒者。全省 4000 万人口吸毒者达 80 万人以上。④ 鸦片等毒品在省内的泛滥已经对省内社会、经济等方面的发展产生了极为不利的

---

① 刘云楼等编:《烟台大观》,烟台大观编辑所 1941 年版,第 121 页。
② 青岛特别市社会局:《青岛指南》,青岛市社会局 1939 年版,第 286—287 页。
③ 胡汉民:《厉行禁烟与社会制裁》,《禁烟宣传汇刊》,国民党中央执行委员会宣传部印。
④ 吕伟俊主编:《民国山东史》,山东人民出版社 1995 年版,第 429 页。

影响。

民国时期,主政山东的各统治者均采取严厉措施禁毒,如首任民国山东政府主席孙良诚,在就职之初,即首先宣布鸦片严禁、并迭次通令,自本年(1928)秋季为始,凡属山东区域,一律实行禁种,定有枪决专条……倘有阳戒阴吸心存尝试者,除将本人执行枪决外,并予该主管官长以相当之处分。① 陈调元主鲁期间曾模仿虎门销烟,"由市长赵经世领导至前空场,令公安局警察将所有毒物悉数置于预先所砌之砖池内,用煤油燃烧"。② 且于1929年10月2日济南市政府召开各界拒毒运动大会,当场焚毁大宗查获的毒品。此阶段因山东省内战事不断,各当政者时间都很短,政令下达后实施情况均不乐观。直到1930年代韩复榘主鲁后,山东省内才得一较长时间的安定。韩复榘上任之初便提出要"严禁毒品",声称对于禁毒要"密查严搜,有犯必获,依法惩治,期速肃清,以挽政风,而救民命"。③ 韩复榘当政第一个月便"迭次布告严禁,并将捕获之白丸犯枪决示众",④并先后颁布了《山东省取缔吸食鸦片人犯暂行办法》《山东省取缔贩卖鸦片暂行办法》等法令法规,三令五申地教育民众戒烟戒毒限期取缔禁绝,"凡吸食毒品者,限国历年前由该各吸户家长切实查明具报,以备届时戒治。如有徇情隐匿逾期不报情事,其家长、村长、县长均应连带负责。须知此次通令,为最后贯彻铲除毒品办法,该市长及有关系人倘敢视为具文,仍如前虚应故事,一经查实,定当执法以绳,绝不宽宥……""吸户应由家长、村长检举,违者连坐惩罚;专供吸食毒品之器具,一概不准收藏,违者处罚;有吸食毒品者,统限尽国历年前查明具报,逾年不报,查出吸者立予重惩,家长、村长、县长均应连带负

---

① 《山东禁毒》,《上海民国日报》1928年11月13日。
② 《济南禁烟纪念》,《山东民国日报》1930年6月7日。
③ 《韩复榘公布治鲁纲领》,《中央日报》1930年9月19日。
④ 《韩复榘规定肃清毒品暂行办法》,《山东民国日报》1930年10月31日。

责。"①韩复榘还专门成立了"山东省肃清毒品委员会",对吸毒贩毒者进行严厉整治和打击。1932年青岛市社会局还实行烟赌连坐,督促邻居之间的互相监督,②利用民众的力量对吸毒贩毒进行打击。一系列政策的下达及实施,可见当时山东省政府对毒品之害的认识及打击。

除对吸食者进行严厉打击外,山东省内各地也加大对毒品贩卖者的打击力度。在省内的毒品贩卖者中,国内毒品贩卖占少数,大部分毒品由日本、朝鲜等外国人在山东省内贩运,其中,日本人又占大多数。韩复榘主鲁时,则对日本毒贩予以严厉打击。济南商埠纬一路等地的几家日本贩毒洋行,在全省各地设有贩卖毒品网络,为了遏制日本对中国的毒害,韩复榘首先派出便衣警察对其进行严密监视,堵住毒品来源,同时调兵三千人,组成特别侦缉队,配合警察沿街缉查贩毒、吸毒分子。而外国人因有治外法权庇护,使其免受中国法律制裁,因此他们贩毒更加肆无忌惮。虽然当时世界各国对毒品都加以严厉打击,日本驻济南总领事也于1929年济南召开的各界拒毒运动大会前一天将毒品公开销毁,然而,对于毒贩仍采取纵容的政策,"仅予以罚款(仅罚钱五元)即时释放"。③济南等地的日本警察对其本国侨民的非法贩制毒品活动,更是实行"密切保护"。④因此,虽然韩复榘对日本毒贩打击力度较大,但效果并不明显。1934年以前,青岛有日韩人开设的毒品店约二百家,至1935年春天,竟增至"不下四百余家"。⑤日本在山东这种大肆走私进口、贩卖和制售毒品活动,一直持续到1937年日本发动全面侵华战争之前。

除在政策上严厉禁毒之外,山东省内各地还成立了戒毒所(或称戒烟所、戒瘾所等)。1930年,山东省政府于第三路总指挥部按察司街成立

---

① 《韩复榘规定肃清毒品暂行办法》,《山东民国日报》1930年10月31日。
② 青岛市社会局编:《一年来之社会行政》,青岛市档案馆馆藏档案 A000524。
③ 《申报》1935年3月16日。
④ 《申报》1931年11月6日。
⑤ 《申报》1935年3月16日。

了戒瘾所,有房80余间,分犯人住处、警卫住室、习艺工厂等,其中犯人住室空气流通,极其清洁。所内犯人有强制带入戒烟所内戒瘾的,也有市民自动来戒烟的。其戒瘾办法是迫其远离毒品,普通戒瘾者以20天为期限,瘾大者则延至一或两个月。犯人每天两餐,白天做工。有职业或家产的人瘾戒绝后可出所。无职业的学习手艺,学成才可出所。戒瘾所取得了较好成绩,开办后仅两年间就有2782人戒瘾出所。① 1932年,青岛市则于团岛开设毒品戒验所,直隶青岛市公安局管辖。主要收容公安局所获毒品人犯,以及"本身厌极毒品,自愿投请戒除者"。1932年一年之间,入所验戒者达1900余人,戒绝出所者,亦在半数以上。② 并于1936年时计划扩充,将收容人数由130名扩充到500名。③ 除设置戒毒所外,各医院也都有专门的戒毒科室。仅济南1934年就戒除吸毒1370人,其中省政府戒瘾所戒烟1141人,私立各医院戒166人。据1935年统计,在全国二十省市中,山东拥有戒烟所和戒烟医院89所,仅次于河北和山西,居第三位。④ 1934年5月,山东省政府政务会议通过《山东各市县立戒烟所办事通则》,对省内各戒毒所进行规范。对所内职员、入所瘾犯等相关人员都有严格要求,如该《通则》规定,入所瘾犯应由医师随时用药诊治,期满经检验确定系完全除戒者始令出所。⑤ 戒毒所的设置,为吸毒者提供戒毒的场所和机会,减少社会上吸毒人员,能够从根本上抵制毒品,然而从上文中的数据可以看出,虽然戒毒所中戒毒人数不少,但相较于城内吸毒人数而言,能戒毒的人并不占多数,没能达到其预期的效果。

民国时期,山东省内历任主政者对毒品都采取禁止的政策,但效果

---

① 《戒瘾所访问记》,《山东民国日报》1933年2月21日。
② 魏镜编:《青岛指南》,平原书店1933年版,第73页。
③ 青岛市社会局编:《青岛市政府二十四年度行政计划》,青岛市档案馆馆藏档案 A000475/476。
④ 《禁烟纪念特刊》1935年6月3日。
⑤ 张研、孙燕京主编:《民国史料丛刊·政治、法律法规》,大象出版社2009年版,第168页。

均不理想,究其原因,除烟瘾难以戒除外,省内各地政府贫弱的现状则影响更大。而烟毒对山东省内的危害又加重了政府的这种贫弱现象,因此,除非能够建立强大而有力的政权,否则山东省内烟毒难除。

(三) 禁赌力度的加强

赌博是我国长期存在的一个社会问题,历届政府对赌博都持严禁的态度,但由于清末民初动荡的社会环境、不稳定的政局等方面原因的影响,政府对赌博的打击松弛,民国前期社会上赌博风气盛行,虽然民国时政府对赌博的打击都十分严厉,但直到南京国民政府统治时期,全国禁赌在实施上才有所加强,并取得一定成效。

南京临时政府时期,就已颁布大总统《严禁赌博令》,《临时政府公报》中也有对禁赌的相关报告。[①] 北洋政府时期颁布《大理院判决例全书·暂行刑律》,其中对赌博罪分情况加以说明,《大理院判决例全书·民法》第一编总则第五章法律行为、第二编债权第二章契约、第四编亲属第三章婚姻,以及《大理院解释例全文》等法律文件中都有对赌博罪的介绍及惩处办法。民国四年(1915)颁布的《违警罚法》第四十五条中,规定于道路或公共处所,为类似赌博之行为者,处五日以下之拘留或五元以下之罚金。[②] 南京国民政府时期的《中华民国刑法》中第二十章《赌博罪》,其中第二百六十六条、第二百六十七条、第二百六十八条、第二百六十九条、第二百七十条,分别对:普通赌博罪与没收之特例、常业赌博罪、图利供给赌场或聚众赌博罪、图利办理有奖储蓄或发行彩票罪、媒介买卖彩票罪、公务员包庇赌博罪等项违犯内容处罚办法作出详细介绍,并对应有相关的司法院解释。此外,历次颁布的《违警罚法》也都对赌博有相关规定,如民国三十二年(1943)公布施行的《违警罚法》中第六十四条(妨害风俗之违警行为及其处罚)规定:第六十四条有左列各款行为之一

---

① 李交发著:《治赌史鉴》附录:历代禁赌法令,岳麓书社 1997 年版,第 303—305 页。
② 李交发著:《治赌史鉴》附录:历代禁赌法令,岳麓书社 1997 年版,第 305—310 页。

者,处七日以下拘留或五十元以下罚款,或罚役。……七、于道路公共场所或公众得出入之场所,为类似赌博之行为者。八,于非公共场所或公众得出入场所,赌博财物者。① 上述法律条文可以看出,历届政府对打击赌博都采取了一定的措施。

山东省内,按照国民政府颁布的法律法规对赌博也是持禁止态度的,但因省内动荡不安,且主鲁者也不乏好赌之徒,各地禁赌情况各有不同,但多不乐观。直到韩复榘主鲁时,省内较为安定,同时,韩复榘对禁赌也格外重视,尤其是在新生活运动开始以后,韩更是竭力禁赌,此后全省范围的禁赌才有了一定的成效。韩曾经明确表示:"赌博之为害,倾家荡产,耗钱丧志。"②不仅如此,赌徒往往"设局立会",③容易导致赌徒聚众闹事。而赌博常使赌徒"荡尽财产",而他们可能因此"不顾法纪,铤而走险","影响社会治安",故而禁赌能够"纳人民于轨物之中,俾闾阎有安堵之象"。④ 除有法律法规的明确规定之外,韩复榘还经常派侦缉队或令各县派县警下去侦探,遇有赌博者,轻者罚金,重者科苦役。据省民政厅统计,仅1936年8月一个月,各县即查获许多赌案,其中莱阳县79起、恒台县28起、招远县23起、福山县24起、历城县18起、文登县23起等等。⑤韩复榘对禁赌的考虑尽管有为巩固其统治之嫌,但维护社会治安,则利于民众、利于社会。除济南外,省内其他城市对赌博也是严厉打击的。为打击市内赌博,1932年青岛市社会局实行连坐法,对于窝赌聚赌之户,"邻居住户应负秘密报告之责,如有随同隐匿者,一经查获,即将左右邻户分别连坐惩办,俾知警戒"。⑥ 对于查获的赌具,山东省公安局采取当众焚毁的办法以示禁赌的决心。1934年12月7日,《山东民国日报》上

---

① 李交发著:《治赌史鉴》附录:历代禁赌法令,岳麓书社1997年版,第310—315页。
② 山东省会警察局编:《山东省会警察概况》,山东省会警察局1937年,第291页。
③ 《山东省政府公报》第305期,1934年10月14日。
④ 《山东省政府公报》第318期,1935年1月18日。
⑤ 《山东省政府公报》第407期,1936年10月11日。
⑥ 青岛市社会局编:《一年来之社会行政》,青岛市档案馆馆藏档案A000524。

报道山东省公安局将于 12 月 15 日在南圩门外运动场附近空地,将赌具公开焚毁,其中赌具有:雀牌共 205 付,牌九共 112 付,纸牌共 222 把,骰子共 564 个,庄子共 47 个,抽码共 290 根。① 可见,山东省内各地,对赌博均采用比较强硬的手法进行打击。

相较于对普通赌博的禁止,对于官吏赌博韩复榘尤其反对,惩治也更为严厉。《山东民国日报》上有多篇关于韩复榘严禁官吏赌博的报道。1934 年 11 月 12 日《山东民国日报》登载《严禁官吏赌博》一文,报道民政厅奉《省政府民字第八四七五号训令》通令各县严禁官吏赌博,《训令》中称:"查赌博一项,流毒社会,贻害人心至深且巨,大之则荡产倾家,小之亦废时失业。呼卢喝雉,耗精神于无形之中,废寝忘餐,掷资材于无用之地。甚或一局之负,累巨万金,一注之资,半中人产,穷其流弊,实有不忍言者。本主席有鉴于此,除设立进德会随时劝戒外,关于禁赌一事,不管三令五申,惟恐日久玩生,仍有自甘暴弃之徒,视法令如弁髦,见赌场而技痒,合再重申禁令。所有各机关大小官吏,务须自行检束,互相砥砺,有则改之,无则加勉,以期奇奴为犬戎,切勿浪掷金钱,效陶士行之成规,自可先投博具。自此次通令之后,如再有聚赌行为,一经查出,或被告发,定行惩处,决不宽贷。仰即转饬所属一体凛遵,毋违,切切此令。"②其后,《山东民国日报》又于 12 月 18 日报道《韩主席重申禁令戒赌》一文,明确指出,"各机关官吏违者查出严惩,公安局训令所属一体遵照,省政府主席韩复榘,对于禁止赌博不啻三令五申,现恐日久玩生,特又重申禁令,各机关大小官吏,概不准聚赌,倘有违者,查出严惩"。③因聚赌被他申戒或撤职的公务员不计其数。

禁赌不仅是国家、政府的行为,家庭、宗族通过"家训""族规"及家人的规劝,社会团体、社会组织通过对赌徒的救济、帮助,以及社会舆论的

---

① 《山东民国日报》1934 年 12 月 7 日。
② 《山东民国日报》1934 年 11 月 12 日。
③ 《山东民国日报》1934 年 12 月 18 日。

监督,都对赌博行为有一定的限制。同时城市下层社会由于其娱乐项目缺乏,而容易为赌博所吸引,但多数情况下,赌博又令他们倾家荡产,生活更为贫苦,也容易因此引发诸如盗窃、抢劫等社会问题,危害社会治安,因而赌博之禁对他们的生活以及社会地位的改善,是有一定帮助的。然而,禁赌与废娼、禁毒一样,政策实施情况多有不利,且受战乱影响禁赌措施中断,故而山东省内赌博之风从未禁绝。

二、城市风俗的改变

经济发展,社会进步,则社会风俗亦应随之变化,传统风俗有值得继承与发展的精华,但也有糟粕应当禁绝。民国时期,城市发展,诸多旧风俗于社会所不容,故而城市社会风俗走上了变迁之路。但风俗植根于民众生活,做出改变较其他方面更为困难,有些风俗改变是民众自发的选择,有些则是在政府强制力的推动下发生的。民国社会风俗改变的主要方面有剪辫放足、婚丧礼仪、服饰变化,以及迷信、蓄奴等。

(一)剪辫放足

缠足是长久以来残害中国妇女,尤其是汉族妇女的一大陋俗,放足则始于传教士来华后的推动。在全国范围内传教士发起反缠足活动的背景下,作为传教士较早深入的地区,山东的放足运动也随之而起。清末,天足会的活动在不缠足运动中有较大影响,但是直到民国前期,放足的妇女大多是教徒妇女,而对其他非教徒妇女,尤其是城市社会下层中的妇女影响较小。清末新政时,就曾下达禁止缠足的命令,但由于新政并未真正开展,以及随后辛亥革命的爆发,这项命令也并未真正实施,民国时期,放足全面展开。

1912年3月13日,南京临时政府就已针对缠足下发了《令内务部通饬各省劝禁缠足文》,文中规定"缠足之俗……恶习流传,历千百岁,害家凶国,莫此为甚。夫将欲图国力之坚强,必先图国民体力之发达。至缠足一事,残毁肢体,阻阏血脉,害虽加于一人,病实施于子姓,生理所证,岂得云误？至因缠足之故，动作竭蹶，深居简出，教育莫施，世事罔问，遑能独立谋生，共服世务？以上二者，特其大端，若他弊害，更仆难数。当此除旧布新之际，此等恶俗，尤宜先事革除，以培国本……"①北洋政府时期也大力提倡妇女放足，但因该时期内，山东省一直处于动乱的环境下，所下政令多难以实施，但省内城市妇女放足则未中断，这主要是受到经济方面因素的影响。城市经济发展，妇女已开始走出家庭，进入社会，为家庭经济状况的改善作出努力。小脚对于妇女工作是极为不利的，因而大多城市下层社会的妇女选择了放足。

南京国民政府时期，山东省内城市的放足已大多取得了很大的成效。1929 年，济南当局调查发现，"未放者仍占十分之二三"。② 到 1930 年，济南市内 10 岁以下女孩中"未解放者已不多见"。③ 此后，山东省政府继续大力推行放足政策。1928 年 5 月，南京国民政府发布《内政部禁止妇女缠足条例》，在此基础上，济南市公安局于 1929 年 7 月颁布了《禁止妇女缠足条例》，规定：自颁布之日起，前三个月为劝导期，三个月为解放期，到期未放者即处罚其家长。同时，济南市公安局协同妇女协会职员，按户调查缠足妇女竭力劝导，限期两月，一律放齐，否则即按章处罚。④ 除济南外，青岛市政府则将放足纳入到了社会行政和建设的范畴，表示"除旧布新，改过迁善，社会行政，亦不外此"。⑤ 此外，社会舆论对放足运动的开展也有一定的帮助，1930 年第 2 期的《青岛社会》上刊登过一幅号召女性放足的宣传画，对放足运动表示支持。除济南、青岛等经济较发达的城市外，其他地区放足运动尽管效果略差，但也都有一定的发展。

---

① 中国人民大学法律系法制史教研室编：《中国近代法制史资料选编》第 1 分册，中国人民大学法律系法制史教研室 1980 年版，第 701 页。
② 《计划：本局十八年度行政计划》，《济南市政月刊》第 1 卷第 1 期，1929 年 9 月。
③ 《公牍公函·济南市风俗调查表》，《公安月刊》第 1 卷第 3 期，1930 年 3 月，第 25 页。
④ 《山东民国日报》1929 年 11 月 10 日。
⑤ 《行政计划》，《青岛社会》1929 年，创刊号，第 18 页。

山东省内放足运动的高潮是韩复榘主鲁期间,除该段时间内省内社会稳定、政策执行有力之外,也与南京国民政府实施的"新生活运动"有一定的关系。1931年10月,山东省政府颁布了《禁止妇女缠足办法》,对缠足进行限制。1934年11月2日,韩复榘发布《放足告示》,就放足的原因加以说明,"照得人身肤发,受之父母,不可损伤,古有明训。而妇女缠足,虽为古道,实极矛盾。要知足虽残物,然同受于父母则一。古人将大好天足,用布纠缠,裹成小脚,不满三寸,既碍健康,又发奇臭,可笑亦复可恨。故革命以来,本主席即以解放小脚为唯一要图。良以解放小脚,可以除去妇女之束缚,可以促进国民之健康,可以省却数丈裹脚布,实有百利而无一弊"。随后韩还表明自己的决心,"凡尔妇女,即日起实行放足,不得有违。倘有不法之徒,仍以小脚为妖艳,不愿解除裹脚布者,概以军法治罪"。[1] 1936年6月26日,在《禁止妇女缠足办法》的基础上,山东省政府正式颁布了《山东省取缔妇女缠足办法》,规定:女子在20岁以下者不准缠足,已缠者,立即解放,违者处家长两个月拘役或1至10元之罚锾;男子不得同20岁以下之缠足女子结婚,违多处两个月拘役或200元以下之罚锾;各乡、镇、坊长乃辖内新婚女子要厉行检查,并于1月之内上报,违令处以100元内之罚锾。[2] 此外各县还成立了"放足会",主要负责督促检查。一系列法律法规的颁布及实施,体现了山东省政府开展放足运动的决心,对开展省内放足运动有很大的推动作用。

韩复榘主鲁期间,山东省内放足运动取得了很大的成功。从1934年8月至1935年5月,济南市初查各区缠足者1934人,其中经劝告已解放者有1660人,未解放的183人,也由该分局将其家长照章处罚并勒令其解放。[3] 到1934年时,临清"城市青年女子则一律解放矣"。[4] 据《山东

---

[1] 姚灵犀:《采菲录》,上海书店出版社1998年版,第67页。
[2] 《山东省政府公报》第395期,1936年7月19日。
[3] 山东省会警察局编:《山东省会警察概况》,山东省会警察局1937年,第13页。
[4] 张自清修,张树梅、王贵笙纂:《临清县志·礼俗志》,1934年铅印本影印,第31页。

民国日报》记载,仅1934年1月,全省放足者就有3297名。① 为保证放足之事能够彻底执行,防止放足再缠的情况发生,1932年,青岛市社会局按照之前各局会查市乡缠足妇女名册,对缠足妇女再行派员抽查,如系尚未解放,即按规定加倍处罚,其年龄幼稚者尤须处分家长,从严办理。②尽管该阶段放足运动的重心在乡村,但城市内放足成果也十分显著。

  禁止蓄发也是民国政府开展的一项重要运动,其开展难度较放足要容易得多。男子蓄发始自顺治二年(1645),一纸剃发令命除道士、和尚、喇嘛外的全国男子均照满族习俗剃发蓄辫。在命令开始推行时,遭到了众多百姓的反对,但两百多年过去后,男子蓄发这一规定却成为百姓遵从的一项重要习俗。1912年3月,南京临时政府便颁布了《命内务部晓示人民一律剪辫令》,称"满虏窃国,……强行编发之制,悉从腥膻之俗。……嗣是而后,习焉安之,腾笑五洲,恬不为怪。矧兹缕缕,易萃霉菌,足兹疾疠之媒,殊为伤生工具。……凡我同胞允宜涤旧染之污,作新国之民。……以除虏俗而壮观瞻"。③ 然而,这一政令在山东省内并未真正实施,直到30年代,男子蓄发的情况依然十分严重,《山东政俗视察记》中记载:"仅莘县,男子蓄发辫者约十分之四。"④韩复榘主鲁后,即禁止男子蓄发。新生活运动开始后,韩将其与女子放足放在同一位置,成为山东省新生活运动的一项重要内容,令各地区政府会同公安局劝导解决。针对青岛市内辫发"迭经禁止,然尚未彻底改革"的情况,青岛市社会局于1932年,"拟即先行布告严禁,如再遇有辫发之人即予勒令剪除,并酌罚充苦工一二日,以示惩戒"。⑤ 1934年8月,韩复榘在去谷阳的途中,见行人中有四个男人留有晚清时代的发辫,乃停车当即令其剪除。

---

① 《山东民国日报》1934年4月19日。
② 青岛市社会局编:《一年来之社会行政》,青岛市档案馆馆藏档案A000524。
③ 中国社会科学院近代史研究所中华民国史研究室、中山大学历史系孙中山研究室:《孙中山全集(第二卷)》,中华书局1985年版,第177页。
④ 张育曾、刘敬之编:《山东政俗视察记》,1934年,第256页。
⑤ 青岛市社会局编:《一年来之社会行政》,青岛市档案馆馆藏档案A000524。

在韩复渠的严令下,各地认真执行,"莒县男子蓄发多已剪除",①"冠县城乡民众已均无蓄发等等"。② 可以看出,在政府的大力推动下,山东省这项措施得到了很好的效果。

(二) 婚丧礼俗的改进

民国时期,随着大量传教士来华、留学生归国,西方对中国的影响逐渐加深,对一些国外的风俗也逐渐为国人所了解,其中婚丧礼仪的改变尤为惹人关注。但传统婚丧礼仪因其受到儒家传统观念的支持,且流传时间久远,在人们观念中已根深蒂固,故婚丧礼仪的改变并非易事,传播阻力重重。民国前期,新式婚丧礼仪仍仅在经济较为发达的城市中流行。贯穿整个民国时期,山东省内的婚丧礼仪都是新旧并存的,大体可以分为:新式、旧式、新旧杂糅式。

北洋政府及南京国民政府均对婚丧礼仪的改变作出努力。面对国内纷乱复杂的婚丧礼仪形式,1914 年,北洋政府教育总长汤化龙就曾发表关于同意婚礼的言论:"自民国以来,所有婚丧礼节,旧日之仪式既不适用,而仿行外国之仪式亦多有隔阂,而不能通……宜采取世界现行之通式,参照中国历来之风俗习惯,厘定民国婚丧通行礼节,颁行全国,以资适用。"③而 1919 年 6 月的《大总统教令》中则明确指出:"吾国为文明之邦,礼教攸尚……民国以来,草创经营,典章未备。虽经前礼制馆规拟草案,亦多议而不行。思婚姻为人伦之始,丧葬为人事之终。若不厘析礼则,昭示崇模,海内士民,靡所适从。臆为规行,益乖礼意。将何以范围群伦,纳于轨物。"④北洋时期对婚丧礼仪的整顿只是存留在一些政策中,并未在全国范围内付诸行动,但此阶段相关政策的制定及推行,为南京国民政府对婚丧礼仪的进一步规定奠定了基础。

---

① 张育曾、刘敬之编:《山东政俗视察记》,1934 年,第 343 页。
② 张育曾、刘敬之编:《山东政俗视察记》,1934 年,第 465 页。
③ 《申报》1914 年 1 月 13 日。
④ 《申报》1919 年 6 月 20 日。

结婚礼仪方面,1928年,国民党礼制服章审定委员会及大学院长蔡元培、内政部长薛笃弼,以各地行礼自为风气,或仍延满清旧习,或滥用繁文缛节,新旧庞杂,漫无标准,将所拟婚姻草案上呈国民政府,请求核定颁行全国。同年,南京国民政府颁布了《婚礼草案》。《草案》对结婚礼仪进行的过程做了详细的规定,其具体步骤分为:订婚、通告、结婚、谒见。《草案》中规定"各种聘礼一概免除","所有礼品一概革除",在程序上与传统婚礼相近,但结婚礼仪上,则尽量简化,除去了原有的繁文缛节,基本上与西式婚礼相似。1929年南京国民政府立法院设立民法起草委员会,着手起草新的民法典。从1929年开始至1930年,《中华民国民法》先后公布了总则、债权、物权、亲属、继承各编,其中《民法亲属编》共七章,第一章通则,第二章婚姻,第三章父母子女,第四章监护,第五章抚养,第六章家,第七章亲属会议。其中的第二章婚姻主要包括婚约、结婚、婚姻之普通效力、夫妻财产制和离婚五个小节。在各小节中,《民法亲属编》都做出了详细的规定及解释,其中有"婚约不得请求强迫履行""依前条规定,婚约解除时,无过失之一方得向有过失之他方请求赔偿其因此所受之损害""有配偶者不得重婚"。① 上述规定仅是一小部分,但这些规定可以表明《民法亲属编》对婚姻的规定是进步的,它体现了男女平等、保障了婚姻双方的权利等先进思想,对国内婚姻习俗的改进有一定的指引作用。然而,具体实施上,并未得到认真的落实。从山东省各府县志中的记载情况来看,民国时期,传统婚俗依然是民国山东婚俗的主流,尤其是农村地区,男女订婚仍然讲究"父母之命,媒妁之言",婚姻缔结一般也是因循"六礼"。《婚礼草案》中规定所有聘礼、礼品一概免除,但实际情况却并不是如此,且其他如"禁止重婚"等规定并没有得到落实。城市中,婚俗改良情况较好,但新式婚俗也仍未得到普及。

新生活运动开展后,城市中新式婚礼得到进一步的发展,同时还出

---

① 中国法规刊行社编审委员会编:《六法全书》,上海书店出版社1991年版。

现了一种更新式更简化的婚礼形式,即"集团结婚"。这种结婚方式在冲击旧式婚姻的烦琐礼俗、抵制婚礼铺张浪费方面起到了积极的引导作用,在政府的大力提倡下,这种形式很快在各大中城市得到推广,青岛、烟台、济南等城市也都曾出现。针对新式婚礼的推广,青岛市政府在行政计划中还有专门的规定。《青岛市政府二十四年度行政计划》中规定,自本年七月份其陆续办理改良婚丧礼仪及仪仗。① 然而,这些新式的婚礼形式虽然对城市下层社会民众的婚姻程序有一定的影响,但下层社会受其自身的知识、认知水平的限制,因而新式婚俗在下层民众中的推广程度并不高。

　　丧葬礼仪方面,清末西式风俗即已开始传入,这与传教士在华的推广有很大的关系。西式葬礼在教徒中早已开始推广,在非教徒中也有一定的影响,但为非教徒广泛接受是在民国时期。随着国内传统信仰的衰弱、新式教育的推广以及科学知识的推行,传统的丧葬习俗开始随之发生变化。晚清时,清政府已经开始对丧葬礼俗进行变革。民国初年,国民政府在此基础上,制订了新的丧礼,从丧服、丧具、场所、仪式等方面进行了初步改革。在南京国民政府时期,也出现了西式风俗,尤其是在城市中,丧礼变化更为明显,火葬、公墓已比较明显。1929 年 2 月有人在《社会月刊》上大声疾呼,号召国人应该"不信堪舆的邪说,打破择地而葬以谋不可恃的仗风水而兴隆子孙家宅的陋习",要效仿西人"立刻起来举办公墓。现在的坟墓制度,耗费土地。增加负担,是损己不利人的、风水之说全不可信。大家看全地球富强的国家,谁不是用公墓制度。只有我国信风水之说,中国人反贫困得不得了"。这些观念的宣传,对民众接受较为简单的西式葬礼也有一定的帮助。

　　新生活运动中,将丧礼改革也作为运动中的一项,制订了关于丧礼

---

① 青岛市社会局编:《青岛市政府二十四年度行政计划》,青岛市档案馆馆藏档案 A000475/476。

改革的规定,其内容主要有:一、往吊之时间宜在上午,须以丧家通知之时间为准;二、丧家不设酒食(办事人员待以便餐);三、讣告不得滥发,以亲旧知交为限;四、讣告不得列叙清官衔及无谓之像赞;五、如有宗教关系须诵经斋莫者,时日不得过长;六、举殡时应废除不必要之仪仗。① 到1935年3月,国民党中央民众训练部制定了《倡导民间善良习俗实施办法》,其中关于丧葬部分,它提倡以哀敬为主,革除一切无谓虚文;以鞠躬为限,废除跪拜礼节;设立公墓,破除封建迷信;提倡速殓速葬,深葬火葬等。② 这些政策的下发,无疑对各地的丧葬礼仪规范有一定的指导作用,但其实施的具体情况却不尽相同。

山东省内各城市均有新式丧葬礼仪的出现,其中以青岛最为典型。民国二十一年(1932)时,青岛市政府在改良婚丧礼仪及仪仗的同时,开始筹设殡仪馆,③鼓励西式丧礼的发展。青岛市民国时期已有古山公墓、万国公墓以及李村、阴岛区的两座乡区公墓,共计4处。各公墓中对埋葬者都有一定的规定,其中古山公墓:"规定埋葬者不得为凸起坟冢,须与地面相平,俾墓地上可以种植花草或农作物,每一墓穴,成年者以二公尺五公寸长一公尺二公寸宽为限,未成年者以一公尺长九公寸宽为限,深度需在二公尺以上,置有看守工人,司看管及预掘坟穴等事……公墓用地一律免费,贫者并由公家发给墓碑。"④从上述规定中可以看出,青岛地区的丧葬习俗已经较传统的"深埋大葬"简单,向西式丧礼转化。为使城市下层社会能够接受这种新式的丧葬礼仪,政府对他们提出了相应的优惠政策,这较传统的丧葬习俗而言,对下层社会更具有吸引力。可以想见,这种新式的丧葬礼仪在推广上较新式婚姻更为容易。

---

① 萧继宗主编:《新生活运动史料》,国民党中央委员会党史委员会1975年版,第242—243页。
② 中国第二历史档案馆编:《中华民国史档案资料汇编》第五辑第一编文化(一),江苏古籍出版社1999年版,第444页。
③ 青岛市社会局编:《一年来之社会行政》,青岛市档案馆馆藏档案A000524。
④ 《青岛市政要览》,1937年影印版,第45—46页。

(三) 服饰衣着的改变

民国时期,来华的外国妇女以及归国女留学生日益增多,她们不仅带来了新的思想、行为,在装束上也将西式服装引入中国,受她们的影响,国内妇女在服装上发生了很大的变化。受西方服饰的影响,服装也越来越开放,这与国内传统观念相悖,被认为"有伤风化",受到了统治者的严厉反对。自南京临时政府开始,各界政府对服饰均有一定的规定,至南京国民政府统治时期,尤其是新生活运动开始之后,对服饰的要求更为严格,严厉取缔奇装异服。1934年2月,新生活运动发端,提倡节约和服用国货,得到各地方政府的积极响应,山东省政府也开展了厉行布衣运动,但其效果并不显著。1934年6月,在蒋介石的授意下,江西省制定了《取缔妇女奇装异服办法》,对妇女衣着等方面均有要求。其后于1934年11月,南京国民政府内政部颁布了《取缔奇装异服办法》,其文主要要求有:长袍不得拖靠脚背,领高不得靠颊骨,袖长最短齐肘,衣叉须近膝盖,短衣须着裙,胸腰臀不得绷紧,裤裙长须过膝,短发不得垂过衣领,女公务员禁止烫发、染指甲,禁着睡衣拖鞋上街。妇女衣着不遵守办法者,由岗警干涉,如有反抗,拘局罚办。①

山东省内推行新生活运动力度较大,而韩复榘深受传统观念的影响,对取缔奇装异服一项更为支持。参酌江西省《取缔妇女奇装异服办法》,1934年9月18日,济南市公布了《济南市取缔奇装异服暂行办法》,规定:衣裤、袖口长短须以肘、膝为标准,袖、裤口在肘、膝以上者即为"奇""异",并规定了各种女装的式样,令所有女子一律照此裁制。② 山东省政府于同年9月28日颁布山东省府会议通过的《取缔奇装异服办法》十条,并公布实施。《办法》规定衣着长短,标准如下:一,旗袍最长须离脚背一寸;二,衣领最高须离颚骨一寸半;三,袖长最短,须齐肘关节;四,

---
① 《益世报》1934年11月16日。
② 张研、孙燕京主编:《民国史料丛刊·政治、法律法规》第47册,大象出版社,2009年版。

左右开叉旗袍,不得过膝盖以上三寸;五,凡着短衣者,均须着裙,不着裙者衣服须过臀部三寸;六,腰身不得绷紧贴体,须稍宽松;七,裤长最短须过膝四寸,不得露腿赤足,但从事劳动工作时不在此限;八,裙子最短须过膝四寸。对妇女装束规定:头发须自脑后贴垂,长度不得垂过衣领口以下,其长发梳髻者听;禁止缠足束乳;禁止着睡衣及衬衣或拖鞋赤足行走街市。上述衣服材料,以国货为准。该《办法》规定其推行时间如下:一,女公务员、女教职员及女学生,自布告后一个月施行;二,其他各界妇女,自布告后两个月施行。该《办法》由公安局查照严厉执行,对于违抗者得以《违警罚法》处理。① 此外,韩复榘还通令所有妓女一律烫发、着"奇"装、穿高跟鞋,以与良人相区别,并布告全省,一体周知。此令一下,时髦女子害怕被人误认为妓女,再不敢趋时"摩登","奇装异服"一时绝迹。1936 年 5 月 30 日,韩复榘向全省发出"布告",取缔女子短袖赤足,规定:"自 6 月 1 日起,凡民众穿着衣裤,须以肘、腕为标准,其穿短袖、大小裤或短裤者,不准在街上行走,倘有无故违犯者,定行抓办。"② 他认为"奇装异服,有伤风化,亟应严加取缔"。③ 他还亲自召集执勤警长训话,要他们"毫不殉情、毫不客气、很勇敢"地去抓"露肘露膝在街上行走的妇女"。④ 韩复榘本人也亲自出动,亲自在大街上抓违禁女子。

  韩复榘在山东取缔奇装异服成效较为显著的城市是省会济南,其他地区如青岛、烟台等地也取得了一定的效果。但取缔奇装异服于社会进步并无益处,只是在传统观念的影响下,对较为开放的衣着习惯的管制。

  城市中服饰变化最为明显的是城市中的中上层阶级,社会下层民众的服饰虽也有一定的变化,但与上层追求奢华、西化不同,下层民众的服装日趋实用化,且处于逐渐摆脱传统衣着习惯影响的过程中。在《济南

---

① 《山东民国日报》1934 年 9 月 28 日。
② 《山东民国日报》1936 年 5 月 31 日。
③ 《山东民国日报》1936 年 5 月 31 日。
④ 《山东民国日报》1936 年 6 月 3 日。

市取缔奇装异服暂行办法》《取缔奇装异服办法》等条文中主要针对的是上层社会妇女的服饰问题,但也涉及下层社会民众穿着的长度。但针对下层社会民众衣着的规定更多涉及的是改善固有的衣着习惯。民国二十三年(1934)6月的《青岛市社会问题——最近施政方针》中对"衣的问题"有较为详细的规定:第二条规定市民服装均须整齐清洁,并将应由各办事处,会同各公安分局,随时督促改良,以便矫正此种恶习;第三条规定成人不准赤身露体,认为"一般劳工及平民,因多来自田间,习惯未改,一至天热时期,往往赤身露体,不但妨碍卫生;且属不成体统!"该项也由公安局加以取缔。第四条规定男孩不准脱裤,女孩不准赤膊,"贫困人家之儿童,于夏季时,每多赤裸不穿衣服,男孩且有不穿裤者,于观瞻及卫生上,极有妨碍。以后应切实禁止,至小限度"。①

衣着服饰的变化是社会风俗变化的一个方面,也是民众观念转变的具体表现之一。山东城市下层社会在上层社会的带动下,衣着也发生一定的变化,新生活运动中对奇装异服的取缔,以及各地政府对该地区下层民众衣着的进一步规定,都对民众衣着的变化产生影响,他们的衣着在新式与传统的共同作用下发生着变化。

(四)其他社会风俗的转变

民国时期社会风俗改良,除上文中所述各项外,改进的社会风俗仍不在少数,大多也都与民众生活息息相关。其中,与城市下层社会关系较为密切的主要有:迷信问题、蓄奴蓄婢问题以及一些日常生活行为及习惯问题等。

迷信问题在我国社会尤其是下层社会中有很深的思想基础,其影响十分恶劣,人们生活中的很多事情均与迷信活动相关联,如上文提到的传统的婚丧习俗等。民国时期,随着新式思想的不断传入,科学思想逐

---

① 青岛市社会局编:《青岛市区社会问题最近施政方针》民国二十三年六月,青岛市档案馆馆藏档案 A000487。

渐为人们所接受，山东省政府也发起了"破除迷信，打倒偶像"的运动，各地开展如取缔涉嫌迷信的组织、将庙宇改为学校、推广破除封建迷信的教育等活动。1932年，青岛市社会局面对"本市乡区淫祠妖祀所在，多有迷信之风，尚未泯灭"这一情况，"派员经派员遍往各区，详细调查，计全市寺庙一百另二处"，将这些寺庙按照"中央颁布之寺庙存废标准，将所供神像，分别取缔保留，并列表备查"。① 以期达到取缔淫祀的功效。然而，各地对封建迷信活动的破除，仅靠拆除庙宇神像等措施是难以将其根除的，只有依靠民众自身思想的进步，主动认识到封建迷信的危害，才能使其无立足之地，从根本上废除迷信。

民国时期，尽管在辛亥革命胜利后，南京临时参议院通过的《中华民国临时约法》中明确提出禁止"蓄奴"的恶习，但因南京临时政府存在时间短，政策并未得到执行。1922年2月24日，北洋政府颁布《禁止蓄婢令》，该令规定：蓄婢之风，前清末，造已悬为厉禁，凡买卖人口者科重刑。民国刑律，人民一律平等载在约法，所有专制时代之阶级制度，经完全废除，乃查私家蓄婢至今未已，甚至买卖典质视同物品，贱视虐待不如牛马。既乖人道又犯刑章，兹特明分严行禁止，嗣后如再有买卖典质人口为婢及蓄婢者一，经发觉立即依法治罪，着内务部、大理院分别咨令各省行政司法长官分饬所属一体奉行，并着内务部通行各省妥筹贫女教养办法，以资救济此令。② 其后，南京国民政府也于1928年6月通令查禁蓄奴养婢情况，规定"凡婢女未成年者，改为雇佣，已成年者令其择配或由救济机关抚养"。对于那些"蓄奴养婢者经劝告限期解放而不遵守或新有蓄养者"，要求"各市县政府依刑法第313条使人为奴隶之罪，送由司法机关办理，除将所蓄养之奴婢立时强制解放外，并得处以300元以下

---

① 青岛市社会局编：《一年来之社会行政》，青岛市档案馆馆藏档案A000524。
② 王尹孚编：《国民政府颁行法令大全》（上册），上海法学编译社1929年版，第887页。

之罚锾,作为当地救济院或其它慈善团体救济失业奴婢之用"。① 山东省按照国民政府对废除蓄奴养婢的规定,对省内的蓄奴蓄婢情况加以检查并废除。1932年,青岛市社会局规定:蓄养婢女为旧时不良习惯,本市近仍有此风,经本局提出风俗改良委员会,通过呈准市府严禁,当即会同公安局布告禁止,限令续婢各户,成年即为择配,未择配期间,不得虐待,并令受相当教育,以重人道,复随时派员查察,期收实效。② 韩复榘主鲁时期,也曾下达禁止蓄婢的指令。蓄奴、蓄婢的情况,在民国时期有所好转,"奴""婢"作为城市下层社会中的一部分,这些禁令的下达及实施保障了他们的基本人权,维护了他们的利益。同时作为社会陋习中的一部分,"奴""婢"制度的废除,对社会进步有一定的促进作用。

在民众生活中的一些细节上,民国时期山东政府也作出相关的规定。青岛市城市内公共设施建筑较其他城市要好,因此对民众在公共场所中的行为作出相关规定。1923年,青岛市就曾颁布《胶澳商埠警察厅取缔海水浴办法》,其中规定,对那些于道路或公共处所高声放歌不听禁止者、酗酒喧噪或醉卧者、口角纷争不听禁止者、赤身露体及为放荡之姿势者、为狎亵之言语举动者,③警察厅均取缔这些人于海水浴场中游玩。同年,青岛市政府核准了《青岛市公安局取缔各公园维持秩序风俗简则》,对民众在公园及其他公共处所的行为作出规范。《简则》规定于公园及其他公共处所不得鸣吹警笛、不得放声高歌、不得酗酒滋事或醉卧吐酒等事、不得口角纷争及斗殴等事、不得设有类似赌博性质之玩具、不得赤身露体及放荡之行为、不得为狎义之言语举动,凡道路及公园内之树木花草游戏机具不得任意攀折及损害,凡在公园或马路不得有调笑妇

---

① 中国第二历史档案馆编:《中华民国史档案资料汇编·第五辑·第一编·文化》,江苏古籍出版社1999年版,第477页。
② 青岛市社会局编:《一年来之社会行政》,青岛市档案馆馆藏档案 A000524。
③ 《胶澳商埠警察厅取缔海水浴办法(十二年六月十六日公布)》,胶澳商埠局编:《胶澳商埠现行法令汇纂》,胶澳商埠局1926年。

女或淫词滥曲之举动,凡违犯以上各条而不听警察之劝导或禁止者,得带局讯办,处以一日以上十日以下之拘留或一元以上十元以下之罚金。① 此外,韩复榘在新生活运动中,也曾针对济南市做出过相类似的规定。这些规定都对民众在公共场所的行为进行了一定的规范,有助于改善他们日常生活的行为及习惯,提高民众的整体素质。

第四节 民国时期山东城市下层社会的公共卫生与市容

清末,烟台、青岛、济南等地先后开埠,省内经济发展迅速,各主要城市也逐渐转向近代化。随着城市经济的发展,其对人口的吸附能力逐渐增强,而随着铁路等新式交通不断延伸到省内各地,省内人口的流动性增强,尤其是农村地区的人口逐渐向城市迁移,再加上市内人口的自然繁衍,省内各城市人口数量急剧上升。烟台"自辟商埠后,工商业日盛,人口亦因之顿繁,五方杂处,转徙频仍,但人数则有增无已"②。青岛自1901年的14000人,到1932年人口已增长至145500人,数量增长10倍,可见城市人口在这30年间的增长速度。作为省会城市的济南,因其政治地位,人口本来较其他城市就多,其后商埠开辟,由于经济原因吸引更多的人迁移至此。1914年济南人口共计245978人,其中城内16574人,城郭70174人,商埠11159人;至1933年,济南人口总数已达427772人,城内71543人,城郭105618人,商埠80233人。③ 在20年内,济南市人口总数增长了近20万,其中流动人口仍不在统计范围之内。截至1891年,烟台从业人口已达35000人,而1909年则增长到95000人,18

---

① 《青岛市公安局取缔各公园维持秩序风俗简则(十二年七月二十四日公布,二十年一月呈奉市政府核准)》,《青岛市市政法规汇编·第三编·公安》,二十五年四月,青岛市档案馆馆藏档案 A000480/481/482。
② 何炳贤主编:《中国实业志·山东省》(丁),实业部国际贸易局1934年版,第56页。
③ 何炳贤主编:《中国实业志·山东省》(丁),实业部国际贸易局1934年版,第9页。

年间增长了60000人,平均每年增长3000多人。民国以后,尤其是进入20年代以后,烟台定居人口的增长速度更快。如1921年为83272人,1931年达到131000人,平均每年增长5000人。① 威海卫自英国租借后,随着市内工商经济的发展,人口亦逐渐增加。据英公署调查,1911年威海卫人口为146840人,1921年为154416人。1930年中国收回威海卫后,人口仍呈增长趋势,到1932年达到195630人。② 除上述省内几个主要城市人口增长速度令人惊叹外,其他城市人口也有较大幅度的增长。

城市人口的急剧增多,城市规模随之不断扩大,但城市人口增长速度过快也带来了很多问题,原有的城市从各方面都难以满足市民的需要,城市内部矛盾日益增多并复杂化,各城市情况虽各有不同,但这种突如其来并强烈的变化,对城市的统治者以及居住于城内的各阶层的民众都是一种挑战。面对诸多挑战,城市统治者积极地做出反应,为适应城市近代化的要求,采取了一系列的应对措施。同时,促进民国时期省内市政机构对城市卫生与市容改造的另外一个原因是,南京国民政府时期,蒋介石于1930年代大力推行"新生活运动",当时主鲁的省主席韩复榘在省内更是极力推广。总之,在多项原因的共同影响下,城市公共卫生与市容建设逐渐提上日程,并积极开展。

一、民国时期山东城市市容市貌的改善

城市人口的迅猛增长,原有的城市建设不能满足日益增长的人口的需求,是统治者急需解决的众多问题中的一个,因此各个城市的城市规划也逐渐提上日程。作为新兴的开埠城市,烟台、青岛等城市在列强统治时期即已开始对城市的发展进行规划。民国时期,国民政府在原有规划的基础上对各城市进行进一步的规划和建设,其中青岛市的城市规划

---

① 丁抒明主编:《烟台港史》(古、近代部分),人民交通出版社1988年版,第177—178页。
② 何炳贤主编:《中国实业志·山东省》(丙),实业部国际贸易局1934年版,第64页。

最为典型。殖民统治时期,德国人于1898年初作"胶澳青岛区总体规划方案",5月,又进行了部分修改调整;1900年正式推出《青岛城市规划》,6月开始实施《德属之境分为内外两界章程》;1910年重新编制《青岛市区扩展规划》。自1922年民国政府接管青岛后,改"胶澳租借地"为胶澳商埠,成立胶澳督办公署,后又改为胶澳商埠局,成立了中国人自己的规划管理机构——工程处,由胶澳商埠督办公署直接管辖。在沈鸿烈任青岛市长时期,专门成立"青岛市市区工程设计委员会""建筑审美委员会";并分别于1932年颁布《青岛市暂行建筑规则》,1935年,工务局颁布《青岛市施行都市计划案(初稿)》,以及后来的《大青岛市发展计划》等法律法规,对青岛市城市建设进行系列规划。除青岛等新兴城市之外,山东省内的老城也随着经济的发展,及开埠的实行而开始城市规划的进程。省会济南市的城市面貌,自市内商埠的开设起有了极大的变化。商埠的建设及拓展,南、北新市区规划与建设,均在清末至抗战爆发前的几十年内规划并实施。抗战爆发后,日伪统治时期亦有对济南市东、西部工业区规划与建设和城市整体规划的设想,但因其伪政权的特殊性质及转乱的影响,设想并未转变为现实。至1914年,青岛已经形成了"红色的瓦屋顶、黄色的拉毛墙、老虎窗以及粗犷的石材基"的城市风貌。[①] 博山、周村等市的城市建设虽不及青岛、烟台、济南等市的变化幅度大,但各城市的风貌均有很大的变化。省内各个城市在该市城市规划的基础上,有序开展本市的各项建设。

由于社会资源分配问题的存在,各个城市开展各项城市建设中与城市下层社会联系较为密切的项目较少,其中修建平民住宅、改建道路、铺设给排水管道、开办平民医院等均与民众生活息息相关。本书将从建设及维护等角度对城市建设中与城市下层社会相关的各项进行探讨。

[①] 李百浩、李彩:《青岛近代城市规划历史研究(1891—1949)》,《城市规划学刊》2005年第6期,第84页。

1. 城市基础建设的修建

城市道路建设是城市经济发展、市容改善的一个基础条件,各市在进行规划时都十分重视城市道路的修建及改善,使城市道路建设迈向现代化。青岛开埠之初及至1930年代,市内道路的修建都是政府关注的重点之一。《胶海关十年报告》中明确指出:德人租借胶澳时期,所有区内道路,均以碎石铺筑,所有街道都有照明路灯并且严格保持清洁;迨日人占据之后,对于旧路竭力维护,并复增筑新路;而中国收回青岛以来,市政当局,修养旧路,固属不遗余力,而于展拓新路,亦更锐意进行。因此,到30年代初,青岛埠内,路政优良,所有商业中心及居住区域之街道,均系沥青敷筑,而市区以内之僻静道路,亦以碎石铺砌,行旅称便。① 可见,随着时间的推移,青岛市内交通亦随之前进,不仅道路铺设、修整较好,同时路边还设有路灯用以照明,方便行人出行。济南市的道路新修、改建工作主要开始于开埠之初,当局从德国购置新式蒸汽压路机,开始修筑碎石路面。1909—1911年济南城内的主要路面,也用大石块重新进行了铺设,主要马路都装上了路灯。② 但是济南城本身的交通问题却远未得到解决,商埠内道路宽阔、铺设良好,但其他地区的好路却为数不多,很多街道仍然狭窄,交通拥挤,连接旧城和商埠的主要长街,交通拥挤现象尤为严重。③ 民国时期,济南的道路也是不断加以修整、改筑,到30年代初,济南城及商埠内各马路均为柏油路,自正觉寺街至经五路为金刚石马路,其余之各小街巷胡同多为青石修建,风不扬尘便利往来。④ 修路的同时,济南的路灯照明设施也随之兴建,写于1924年的《济南社

---

① 《胶海关十年报告》(1922—1931),青岛市档案馆编:《帝国主义与胶海关》,档案出版社1986年版,第220页。
② 《胶海关十年报告》(1902—1911),青岛市档案馆编:《帝国主义与胶海关》,档案出版社1986年版,第137页。
③ [美]A·G·帕克指导、齐鲁大学社会学系调查编著,郭大松译、庄惠娟校:《济南社会一瞥(1924年)》(上),《民国档案》1993年第2期,第49页。
④ 罗腾霄主编:《济南大观》,济南大观出版社1934年版,第292页。

会一瞥》一文中称济南"街道照明情况相当好"。到1934年时济南市区有路灯2715盏,1935年济南市更设立了路灯专线,整顿路灯设施,新添路灯889盏。① 除青岛、济南外,道路修整情况较好的城市还有烟台、威海卫、博山等开埠城市,其余各市虽情况较青岛、济南等市乐观,但新式道路建设也均有所发展。

给排水管道的铺设主要由两部分组成,即自来水管道、排污管道。自来水管道在省内各城市中修建并不完善,对民众生活影响较大。至抗日战争爆发前,省内仅有青岛、济南、潍县三市设有自来水厂。青岛市内的自来水厂创建于1899年,即海泊河水厂,日供水量达到400万立方米,②其后又建成李村河水源地、白沙河水源地,至1932年,市内全年供水量达5580733吨。③ 除青岛外,济南、潍县自来水厂创办时间均在1930年代初。济南自来水厂创办于1931年,在趵突泉打了直径0.3米深井5眼,1933年开工,由日商三菱、三井公司承包。剪子巷设直径0.4米的干管,上盖花岗石板,宽1.2米,以资保护,另一干管从围屏街、西青龙街、杆石桥街经七路向西,在经七路纬四路修建容量500吨的蓄水塔,后于1936年改为官办。④ 济南市自来水的供水区域是城关和商埠部分地区,而且还主要是官府、军队和工商用户,一般老百姓用不上自来水。潍县于1932年在城墙内装设钢筋混凝土水柜两个,可储水120余吨,汲取白浪河水,加以清滤,城内设有龙头数十。⑤ 日供水万余吨,以供城厢内外居民饮用。除上述三地外,其余各城均无公共供水系统,居民饮用水多取自井水或泉水,这对城市公共卫生、居民身体健康都极为不利。至于

---

① 党明德、林吉玲主编:《济南百年城市发展史:开埠以来的济南》,齐鲁书社2004年版,第164页。
② 陆安著:《青岛近现代史》,青岛出版社2001年版,第30页。
③ 胶济铁路车务处:《胶济铁路经济调查报告分编·青岛市》,胶济铁路车务处1933年,第57页。
④ 赵文伯:《济南市城市建设历史资料》(1904—1948),载济南市志编纂委员会编印:《济南市志资料》第四辑,1983年版,第140—141页。
⑤ 胶济铁路车务处:《胶济铁路经济调查报告分编·潍县》,胶济铁路车务处1933年,第27页。

排水系统,各城市除青岛铺设有较完善的下水管道之外,其他各市均有欠缺。济南的下水道设施主要是道路排水沟,1904年济南开埠后进行道路建设时,排水排污之用。但下水道排水性极差,"夏季每场大雨过后,城郊和旧城里的街道没有不淌水的,在水流完之前,交通暂时中断"①。排污机构不系统,"枝枝节节,不相委属。是以大雨时降,则冲毁路面,或停积为患。"1929年济南市政府成立后,济南市工务局即提出整理全市下水沟渠计划,"通盘筹划规定水道所由出分划水量所宣泄",改善原来"枝枝节节,不相委属"的排水系统,②改造后的排水系统排水排污能力明显提高。而工业废水和居民污水的排放除青岛铺设管道外,其它各地均未设置。这种条件下的排污系统,根本不能满足工业、居民的排污需求。城市给、排水系统均不能满足市民的日常生活需要,而城市下层社会的生活状况较一般市民更为恶劣,给排水系统的不完善对他们的生活环境及身体健康等方面的不利影响更为明显。

2. 下层民众居住条件的改善

随着城市人口数量的增加,住房问题就成为一项急需解决的难题。大量外地人口涌进市区,"住"是他们进城后需要面对的主要问题之一,由于下层社会群体资金的匮乏,他们的住所一般都十分简陋。德国人占领青岛时期,青岛市内平民的住所一般都是沿街道布局,围合成天井式街坊的房屋建造形式,且建筑密度很高,甚至有些地方几乎是房屋在街道间的堆砌,有些大院式房屋则直接商住混杂或在临街人行道上搭设简易棚式销售点。而前文中提到的给水、排污设备水平也非常低,"大都采用以院落为单位合用一处水龙头,以及几乎或全院共用一处厕所的生活模式,条件极其简陋"。③ 烟台地区作为省内最早开埠的城市,因其规划

---

① [美]A·G·帕克指导、齐鲁大学社会学系调查编著、郭大松译、庄惠娟校:《济南社会一瞥(1924年)》(上),《民国档案》1993年第2期,第49页。
② 《本市商埠下水沟渠计划》,《市政月刊》1930年2月,第2卷(2)。
③ 曹胜:《德占时期青岛城市建设研究》,山东师范大学2003年硕士论文,第44页。

未能符合城市经济建设的需要,故而,烟台市内社会下层的居住环境较青岛地区更为糟糕。烟台市内华人大多居住于烟台山以西以南地区,这里居住十分狭窄拥挤,再加上街道两旁的叫卖摊贩,因此有的地方连骡马车都难以通过。而且基础建设方面,"华人居住区没有任何排水系统,道路没有整修",①致使这些地区的卫生环境都十分的恶劣。省会济南也存在这种居住环境恶劣的情况。济南的房屋多为一层建筑屋墙用干砖坯或正规烧制的砖块垒砌而成。即使用好砖块垒砌的墙,抹墙的灰泥也主要是泥浆。屋顶是灰色瓦片,地面铺砖或是泥地。济南最粗劣的住宅有1000多所,这些住宅中最好的叫土草席屋。这种屋子很零散,这儿靠一面墙建几所,那儿在墙角、空地或路边搭几间。土草席屋几乎既不防寒,也不防雨,屋子通身是缝隙,一场大雨或许就会把它们毁掉。这些屋子大部分是用土砖坯、旧梁杆、几百片瓦和一些旧席子建起来的,费用为几元钱,济南有数千人住在这样的住宅里。还有一些背离街道的院落,在这些院落里,每个家庭仅有一间或两间屋子。这些屋子大约12平米,由于通常只有一面透光,因而尽管有些房间后墙有高高的窗户,但都很昏暗,维修也极差。济南有一半以上的人口住在这种条件下的房屋中。②居住在上述条件中的居民是城市下层民众中的一部分,他们拥有自己的家庭以及用以居住的房屋,比他们条件更差的是那些没有能力组成家庭并有自己居住地的民众。那些居住于工作地的劳工们,他们的居住条件更为恶劣。在工厂做工的大多数男工住在他们工作的工厂,一般来说,他们睡觉的地方管理得不好,且很拥挤,但即便如此,工厂工人的条件很可能比大多数店铺要好些。那些小型家庭店铺,在大多数情况下都十分

---

① 曹胜:《德占时期青岛城市建设研究》,山东师范大学2003年硕士论文,第48页。
② [美]A·G·帕克指导、齐鲁大学社会学系调查编著、郭大松译:《济南社会一瞥(1924年)》(下),《民国档案》1993年第3期,第56页。

拥挤、肮脏、昏暗、潮湿、充满灰尘,而且冬天很冷。① 各地平民的居住条件都非常恶劣,对他们的健康、城市市容的改善都十分有害。

为了改善上述城市中平民居住条件,民国时期,以青岛市为代表的省内各城市均采取相应的行政手段加以改善。青岛市内棚户居民大多是一个家族,混住于一席棚之内,冬冷夏热,过着非人的生活。② 为改善这种居住情况,青岛市以修建平民住所为主要办法以改善平民居住条件,至1934年先后修建(公建及自建共计)有第一至第十一平民住所,共计建有房间数3007间,吸纳平民住户3680户,这些平民住所均为平房,每间12平方米,一间一窗,条件较以前大有改善。平民住所中,公建住所每月租金1元,自建者由公家施给地皮,不收租金,免除地租地税。同时,对于公建平民住所,青岛市还制订了管理办法,由社会、财政、公安三局指派人员,将原有平民住所上下水道安设修理,以重卫生,编定门牌。以清户口,添设各种公共设备,供平民使用。至各自建平民住所,也派定专员管理,办理清洁卫生等事宜,加强改善平民居住环境。③ 青岛市每年都修建有一定数量的平民住所,到1934年,青岛市内居住于棚户中的平民已有所减少,但仍有不少存留,较之从前初办的时代,约还有三分之一。④ 平民居住环境得到一定程度的改善,但不论是租住公建平民住所每月所需的租金数,还是自建平民住所所需要的资金数,尽管已经对他们有较大的照顾,但是对于城市下层民众来说仍是一笔不小的负担,他们中还是有一部分人难以支付这笔费用,致使他们仍无力改善自身的居住条件。而作为城市发展中的被牺牲者,政府对于棚户的取缔又在一定

---

① [美]A·G·帕克指导、齐鲁大学社会学系调查编著,郭大松译:《济南社会一瞥(1924年)》(下),《民国档案》1993年第3期,第55页。
② 青岛市社会局编:《青岛市区社会问题最近施政方针》(民国二十三年六月),青岛市档案馆馆藏档案A0000487。
③ 《青岛市政府三年来行政摘要》,青岛市档案馆馆藏档案A000479。
④ 青岛市社会局编:《青岛市区社会问题最近施政方针》(民国二十三年六月),青岛市档案馆馆藏档案A0000487。

程度上增加了他们的负担。

对于那些本无力居住于棚户的城市下层民众,青岛市也有相应的政策来改善他们的生存状况,其中较为突出的是对妓女和工人居住条件的改善。平康里中不同等级的妓女居住条件不一,但均十分简陋,三四等妓女的条件较一二等更差,她们的住房都很狭窄,不但污秽不堪,并吸收空气之窗户亦无之。青岛市政府对于妓女聚居的平康里中的住宅进行了详细的规定:一、其中房屋破烂,非根本改造不可者则改之;若可仍就修理者,则应继续修理。二、所有厕所、厨房、楼梯等,均需全部翻修。三、其门洞不但不准陈设货摊,院内不但不准乱堆什物。① 改建之后,平康里中妓女的居住条件及环境均得到一定程度的改善。对于改善那些居住于工厂的工人的居住条件,青岛市亦有相关规定。青岛市要求各工厂要建有工人宿舍,以满足工人的居住要求,对于那些流动工人,尽量纳入平民住所,定近郊之地,令其搭盖小房。② 此外,青岛市还筹办了人力车夫宿舍,并兴建多处劳动休息厅。这些改善城市下层工作、居住条件的措施的推行,对城市下层社会生活水平的提高、城市环境及风貌的改善均有很好的效应。

二、医疗防疫事业的开展

医疗防疫事业关乎民众身体健康,同时也与民众身体素质的提升有很大关系,为城市发展提供保障。由于城市人口的增加和城市的扩展,以及西方近代医学观念及设备的引进,民国时期,山东省内的城市医疗防疫事业有了一定的发展。

(一)医疗机构的建设

山东地区与我国其他地区一样,近代医疗机构的筹设也是伴随着传

---

① 青岛市社会局编:《青岛市区社会问题最近施政方针》(民国二十三年六月),青岛市档案馆馆藏档案 A0000487。
② 青岛市社会局编:《青岛市区社会问题最近施政方针》(民国二十三年六月),青岛市档案馆馆藏档案 A0000487。

教士来华传教后创办的。山东省内最早的近代意义上的医院创办于烟台,随后医院随着山东各地逐渐开埠,传教士在省内活动范围日益扩大,带有传教背景的医院也逐渐在省内各地开办。在外国教会医院的影响下,省内公立、私立医院也都开始兴办,改善了省内医疗机构不足的状况,为民众身体健康提供保障。而众多医院,对城市下层社会都有一定的优惠政策,以保证他们能够有医可求。

山东省内开办较早、规模较大的医院大多是开埠地区,其他地区也有医院开设。烟台是山东省内首先开办医院的地区,第一所医院是1860年开办的天主堂施医院(亦称法国医院)。据《烟台要览》记载,"其性质纯以爱人为本","医院宗旨专事救治一般贫病平民,不收诊费,每年施诊男女达两万余人","一切书药概不收资"。① 烟台地区最负盛名的医院即为毓璜顶医院,这所医院是由1890年开设的医疗诊疗所(也称关国医院)扩建而成。该院是"当时烟台唯一一所科室齐全、设备完善的现代化医院,直至三四十年代,仍然是烟台市和胶东最大和最先进的医院"。② 这所医院还附设有护士学校,是烟台第一所培训护士的机构。除烟台地区外,美国美以美会于1897年在泰安创建了博济医院(Priseilla Benneth Hospital)。该医院的女传教士医生除了诊治来自周围乡村的病人外,同时也接治到泰山进香的香客,该院的女传教医生还负责泰安城内寄宿女校的学生们的医疗检查。③ 德国同善会为了纪念已故花之安博士于1901年在青岛创建的华德医院,等等,都对该地区医疗条件的改善有很大帮助。到1901年山东省教会医院公开办有15所,有记载的接诊的病人达10.8万人。④ 除较大城市外,一些小城市如即墨等,也多开办有小

---

① 刘精一著:《烟台概览》,复兴印刷书局1937年版,第71页。
② 烟台市人民政府民族宗教事务处:《烟台市民族宗教志》,1993年版,第229—230页。
③ 于建波:《近代基督教在山东的传教史研究(1860—1937)》,山东大学2009年硕士学位论文,第31页。
④ 青岛市档案馆编:《帝国主义与胶海关》,档案出版社1986年版,第96页。

型医院。

20世纪初年到抗日战争全面爆发的这段时间,是山东省内医院发展较为迅速的时期,其中尤其是教会学校发展更为迅速,国内公立及私立医院亦有所发展。在1920年间,山东省内最负盛名的为齐鲁大学医科及济南共和医院,此外另有十二差会各自设立医药事业,九差会在三十个宣教师驻在地设有医院二十所。十差会设药房于各大医院设施地区。此数在全国各省中为数最多。本省28所,医院中有外国医生39人,中国医生49人,外国护士21人,毕业中国护士32人共同执行任务。而当时整个山东省仅有两所国立医院,一个在济南,另一个在威海卫。这一阶段山东省仅基督教教会所办的医院就有27所,住院人数达118920人。① 值得一提的是,天主教于民国六年(1917)于烟台开设了麻风病院,"专司救济患有麻风病者",②尽管受当时医疗技术和设备的制约,这所麻风病院"其治疗方法,迄无收效成方。只可服攻毒药剂,以减轻患者痛苦。再传用隔离及消毒等法,防避传染外人",③这所麻风病院的设立对烟台和胶东地区麻风病的防治起了重要作用。济南地区医疗机构的创办较开埠前也有所增长,其中规模较大的有华美医院、山东中西医医院、共和医道学堂、德华医院、红卍字会慈善医院等。1929年时,济南市共有医院46处,其中规模较大、设施较完善的同仁会济南医院、齐鲁大学附属医院、省立医专附属医院、若瑟医院等。1934年全市设有病床的医院26家。抗日战争爆发后,全省医疗事业均在不同程度上受到影响,但尽管省内的医疗事业仍有所发展,到1946年,济南市医院、诊所达220多家,1948年济南市内仅医院就有40家。④

---

① 中华续行委办会调查特委会编:《中华归主——中国基督教事业统计1901—1920》第二卷,中国社会科学出版社1987年版,第429页。
② 刘精一著:《烟台概览》,复兴印刷书局1937年版,第71页。
③ 刘精一著:《烟台概览》,复兴印刷书局1937年版,第71页。
④ 党明德、林吉玲主编:《济南百年城市发展史:开埠以来的济南》,齐鲁书社2004年版,第176页。

民国时期,尽管中医发展速度不及西医,但中医药业也较以前有所提高。以济南市为例,前文提到的山东中西医医院于1900年开设分院,该院设中医、内、外、花柳病科及中西两个药房,病床20张,并开始使用病历。1927年,慈善机构将其改为国民慈善医院,是济南第一所专门的中医医院。① 此外,传统的中药商店也有所发展,1914年济南市中药店发展到90余家,到1934年济南市的国药药店发展到162家。② 药店不仅在数量上增长迅猛,且外地人在济南开设的药店发展较快,但从总体上看,中药业的经营虽在户数上有所增长,但营业情况较西医差。医疗事业的发展,由于受政局变动影响较大,因此,民国时期,省内的医疗事业由于战乱的影响,一直处于在曲折中前进的状态。

民国时期,不仅医疗机构发展较快,而且各地也加强了对医疗机构的监管。1924年,烟台公安局特设卫生科,该科"除办理卫生事项外,并规定中医考试章程,所有中医须经考试合格方可悬壶",③ 此举推动了烟台中医市场逐渐步入正轨,杜绝了庸医和江湖郎中混迹传统中医界的局面。1929年《济南市政计划大纲》中曾有取缔"不良医院"的规定,国民党山东政府转发国民政府卫生部《管理药品规则》,并训令济南市政府执行。1929年济南市公安局卫生科制定《药品之管理》条款,被视为济南市药政管理的开端。同时在威海卫等地区也开展了整顿公立医院,预防疾病等行动,此外,威海卫政府还发行单行法规管理食品、医药等。尽管由于民国时期政局动荡不安,很多政策大多不能真正落实,达不到应有的效果,但政策的制定及推行,已表明当时政府已有整顿省内医疗事业的动议,为日后山东省内医疗事业的发展奠定了基础。

---

① 党明德、林吉玲主编:《济南百年城市发展史:开埠以来的济南》,齐鲁书社2004年版,第176页。
② 党明德、林吉玲主编:《济南百年城市发展史:开埠以来的济南》,齐鲁书社2004年版,第177页。
③ 王守中、郭大松著:《近代山东城市变迁史》,山东教育出版社2002年版,第571页。

(二)防疫事业的开展

民国时期,山东省内近代卫生防疫事业的开展并无专门负责主管的部门。1911年为扑灭传入山东境内的鼠疫,曾于中西医院设立全省防治公所,派委专人负责其事,并于省内铁路干线重要城市及与东北交往密切的烟台等地,设留验所、养病院、防病院等机构。但鼠疫肃清之后,全省防疫公所及各附设机构亦随之撤销,此后即未再兴办公共卫生防疫机构。民国成立后,山东省内主管城市卫生防疫事业主要是由该城警察或公安局负责。济南市警察"执行一些市政管理部门的普通职能"。① 警察厅设有卫生科,其主要职责在于"监督清扫街道、清除粪便和垃圾,检测一般环境卫生及流行病",同时"登记疾病和死亡",他们"雇用了约70名男人清扫旧城和城关的街道",主要和例行做法是用水喷洒街道,并定期清除公厕和垃圾。② 1932年成立济南市卫生委员会,规划全市卫生建设。青岛市的城市卫生防疫事业起步于德日占领期间,并建立起一套城市卫生防疫管理制度,1922年民国政府接收后仍延续这些制度、措施。1924年,烟台市公安局特设卫生科,亦主要负责烟台市内的医疗卫生防疫事业,并于1926年"派遣卫生专员分驻各区公安局分所,专司该区卫生行政事宜,并执行各项卫生章程",关于防疫事项,公安局随时制定各类"检疫章程",并于1920年代末在西沙旺设"防疫医院",对预防流行病起到了一定作用。而山东省内诸城市虽直到抗战前都未设立专门卫生行政机构,均由该地警察局管理,卫生防疫事业也有一定的发展。

各地卫生防疫机构虽不健全,但在警察局的管理下防疫注射、公共卫生等事项都在相关规定的指引下有序地开展。《山东省政府公报》中对各县内卫生院的执掌有详细的介绍:一、拟具全县卫生事业计划;二、承办全县卫生行政事务;三、造报全县卫生经费预算及决算;四、指导视

---

① [美]鲍德威著,张汉等译:《中国的城市变迁:山东济南的政治与发展(1890—1949)》,北京大学出版社2010年版,第148页。
② 王守中、郭大松著:《近代山东城市变迁史》,山东教育出版社2002年版,第418页。

察,并协助各卫生分院及卫生所之技术及设施事项;五、训练初级卫生人员;六、实施医疗工作;七、推行种痘及预防注射,并办理关于传染病之预防及遏止事项。八、办理全县学校卫生及妇婴卫生。九、改善全县环境卫生,及街道房屋之清洁事项;十、管理全县医药事项;十一、办理全县生命统计;十二、研究及预防全县之地方病;十三、编制卫生宣传材料,并推广民众卫生急救知识;十四、办理其他有关卫生事项。同时还在工作实施纲领中要求卫生院"对预防与治疗应同时并重",①可见各市对所辖内卫生防疫事业的重视。除此以外,对卫生稽查人员也有严格的要求,民国政府内政部卫生署,"为训练卫生技术助理人员,以资推行卫生事业起见,特举办卫生稽查训练班"。民国二十三年(1934)十二月准备举办第四届,并规定"各学员分别由保送机关及本署举行入学试验,及格后方准入班训练"。同时训练班还订有章程,以保证学员通过训练增加卫生防疫知识及技能,为毕业后能够在地方更好地推广卫生防疫事业打下基础。

  卫生防疫事业在民国时期有很大的发展,其中对各种传染病的预防是其工作中一项重要内容。各地预防疫病工作进展不同,但大多采取积极措施预防。1928年9月,山东省政府颁布《传染病预防条例》。规定伤寒或类伤寒、斑疹伤寒、赤痢、天花、鼠疫、霍乱、白喉、流行性脑脊髓膜炎及猩红热为急性传染病,"当有传染病流行或有流行之虞时,在人口稠密之区域,设立传染病院或隔离病舍"。② 为预防疫病的流行,1929年济南市政府规定每年夏秋成立临时防疫委员会。1930年7月,在济南市公安局卫生科成立临时防疫委员会,告诫民众注意夏季饮食卫生,以防疫病发生。要求警察对天花、霍乱等急性传染疾病有常识,应一看便知,做到早发现及时送院就诊,避免传染他人。1932年在济南市公安局布置下,

---

① 《县卫生工作实施纲领(二十九年十二月九日卫生署公布行政院备案)》,《山东省政府公报》第六期,第8页。
② 济南市志编纂委员会编:《济南市志》第6册,中华书局1997年版,第554页。

开始对民众进行预防注射。1935年省立医院设隔离病房,专门收治白喉、伤寒痢疾等传染病人。① 烟台市公安局随时制定各类"检疫章程",并于1920年代末在西沙旺设"防疫医院"。此外,1927年,基督教青年会还"发起公众种牛痘",很快为群众所接受,渐次推行全市。② 青岛市对疫病也有十分严格的控制,举办有预防牛痘、霍乱等疫病的注射。青岛市政府要求市内"中外各工厂一律实施种痘,并报局备查",民国十九年(1930)共举办两次种痘,各厂种痘总人数达2427人,③ 1934年市内两次预防霍乱注射的总人数均为1780人,并于1934年筹设癫病院。④ 省内各地预防疫病的全面展开,对预防疫病起到了一定作用。

(三)民众卫生习惯的改进

民国前期,山东省内民众大多缺乏基本的卫生常识,各地"垃圾和粪便堆积在大街小巷,住户门前"。⑤ 随着各地医疗机构建立、卫生管理机构设置,各地道路、住房等基础设施得到一定程度的改善,以及各项卫生、防疫制度不断完善并实施,民众的卫生意识随之提高,卫生习惯也逐渐养成。

对于城市卫生方面,各地都有详细的规定,同时还安排有专人负责。青岛市在殖民统治时期已逐步建立起了一套城市卫生、防病管理制度。规定凡公私住户,各自负责扫除住处近前地面、街道,扫除集中的污物及垃圾,则由当局分区派定专人负责组织运送,沿街公有空地和市场通衢,派定专门清洁人员每日清扫一次或数次;自来水源以及进口各类食品,设有专门机构检验,对市内制造出售饮食品各厂商,每年定期巡视检验

---

① 王守中、郭大松著:《近代山东城市变迁史》,山东教育出版社2002年版,第174页。
② 海关总税务司署统计科:《最近十年各埠海关报告》(1921—1931),1934年版,第563页。
③ 《青岛市社会局行政纪要(十九年份)》,第135—167页,青岛市档案馆馆藏档案A000529。
④ 《青岛市政府行政纪要·第三辑·社会(中华民国二十三年)》,第52—53页,青岛市档案馆馆藏档案A000473。
⑤ 《1911年从医学角度看山东》(译文),载山东省卫生史志办公室、济南市卫生志编纂办公室编印:《山东卫生历史报刊资料选编·第三辑(济南市专辑)》,1986年版,第14页。

两次,以防疾病。① 民国政府接收青岛后,继续推行并强化有关城市卫生的制度,规定"每年于五、十两月之十五日,举行清洁运动。所有居民,均须照章洒扫庭除,暴晒器物,以重卫生。如不遵章办理,或阳奉阴违者,除责令重行扫除外,并须科以罚金,以示整齐"。② 1930年代,山东省政府开始关注全省卫生防疫事业。春秋季,发布大扫除训令,并于省会济南组织市民大扫除,发布训令,告诫民众,注意饮食卫生。③ 济南市卫生科"雇用了约70名男人清扫旧城和城关的街道",主要和例行做法是用水喷洒街道,并定期清除公厕和垃圾。④ 在卫生管理机构的监督执行下,城市卫生环境有了很大的提高,改善了居民的生活环境。

在城市居住环境改善的同时,民众的个人卫生也较以前有很大进步。民众个人卫生意识的提高,促进了市内浴室、理发馆的发展,民国初期,威海卫地区,每天平均进出浴池者即达300多人次;而理发馆更是在一年之内即增加27家。⑤ 至1924年,省城济南公共浴池的数量也由民初的4家增长到13家,且新建浴池不但设备先进,配有淋浴,一改往昔所谓浴池仅备一共用大池堂旧观,且还设有女浴室。⑥ 在青岛,政府将筹建平民浴室作为一项施政方针,1936年《青岛市区社会问题——最近施政方针》中规定:本市浴室甚多,凡杂院平民住所,及劳工聚集之处,欲求一洗浴之机会,殊不易得,实与人民卫生妨害甚大。亟应设法多设简单浴室,以期贫困人家,亦常有洗浴之机会。⑦ 政府甚至对一些特殊群体的个人卫生提出要求,如民国十二年(1923)六月呈准的《胶澳商埠警察厅

---

① 王守中、郭大松著:《近代山东城市变迁史》,山东教育出版社2002年版,第498页。
② 《胶海关十年报告》(1922—1931),见青岛市档案馆编:《帝国主义与胶海关》,档案出版社1986年版,第237页。
③ 山东省卫生史志编纂委员会编:《山东省卫生志》,山东人民出版社1991年版,第5页。
④ 王守中、郭大松著:《近代山东城市变迁史》,山东教育出版社2002年版,第418页。
⑤ 蒋桐生、王恭守编撰,徐祖善监修:《威海卫指南》,《地方政府之治绩》,威海商会,1933年版。
⑥ [美]A·G·帕克指导,齐鲁大学社会学系调查编著、郭大松译:《济南社会一瞥(1924年)》(上),《民国档案》1993年第2期。
⑦ 《青岛市区社会问题最近施政方针(民国二十三年六月)》,青岛市档案馆馆藏档案A000487。

取缔负贩商规则》中规定,"负贩商衣服身体务须清洁"。① 可见,民国时期,不仅民众个人对自身卫生问题更加重视,同时各地政府也有解决城市下层社会民众的个人卫生问题的相关措施。

除对民众生活卫生的关注外,各市对工厂、市场等场所的卫生也比较重视。青岛市自 1930 年 12 月 22 日起,由卫生局派员会同工务、公安两局调查工厂卫生状况,并经制定工厂卫生现状调查表格两种发交该局所派各员,按日期前往调查。如发现有不合卫生之处,除临时切实指导外,并将关于建筑或设备应如何改良各点陈述意见,填列表格,报由卫生局汇核转知工务、公安两局查照。② 青岛市还于 1932 年开始于工厂内设置工人卫生委员会,该会主要负责:工人环境卫生之设计与执行,工人宿舍之检查,卫生常识之讲演,政府及工厂交办之卫生清洁事宜等事项,对维护工厂卫生有很大帮助。于 1932 年夏季,青岛市社会局开展劳工卫生运动,并于 1933 年,由 1932 年成立的劳工生活改进委员会负责该年度劳工卫生运动事宜,主要项目有:(一)卫生讲演。自五月至七月,特约专门人员,分往工人宿舍,工人居住之杂院,及劳工密集地点,讲演时令卫生要点。(二)取缔小贩售卖不洁果物。凡靠近工人之贩摊,其陈售之物品,统责限设备纱罩,以维清洁。(三)会同公安局卫生股,于卫生讲演后,检查各工人宿舍清洁。(四)防疫注射一项,已有准备,因事实不需要,未督促施行。③ 青岛市社会局为改善各厂安全卫生情况,还特订定《安全卫生注意事项》七十五条,以使各厂开展安全卫生有所依据。除青岛外,济南、烟台等地区对工厂卫生也有相关的措施进行治理。

除工厂外,对其他市内特殊场所也有相关规定。1934 年 6 月青岛发布的施政方针中规定要"整理市场及杂货摆摊",整顿市场卫生。《青岛

---

① 《胶澳商埠警察厅取缔负贩商规则(十二年六月二十二日呈准)》,胶澳商埠局编:《胶澳商埠现行法令汇纂》,胶澳商埠局 1926 年版。
② 《青岛市社会局行政纪要(十九年度)》,第 135—167 页,青岛市档案馆馆藏档案 A000529。
③ 《青岛市政府行政纪要》(中华民国二十二年),青岛市档案馆馆藏档案 A000473。

市政府二十四年度行政计划》中明确规定了关于整理商业市场的各方法：一、房屋应每年粉刷油漆一次；二、门洞商摊以及遮檐与支盖之板棚均需分别撤除；三、凡空间房屋太多之市场应使其营业集中；四、人行通道不得堆置什物；五、各商店门窗以外不得陈列或悬挂物品；六、其它关于卫生清洁事项分别按照实际情形督促整理。除市场外，平康里也是卫生整顿的重点地区。民国二十三年（1934）六月公布的《青岛市区社会问题——最近施政方针》中"整理平康里"一项，指出平康里"所有厕所、厨房、楼梯等，均需全部翻修。其门洞不但不准陈设货摊，院内不但不准乱堆什物。必须各加以修饰布置，使其美观，此其大凡也"①，对平康里卫生提出进一步的要求。除上述地区外，各地对舞厅、茶馆等娱乐场所也有明确的卫生规定。在威海卫、济南等地区，亦定期举行清洁运动，对市内环境卫生有严格的要求。

  上述种种社会改良，总体来看，仅限于措施者多，真正实施者少，至于惠及城市下层社会者更是微不足道。城市下层社会一直生活在水深火热之中，社会改良对于他们来说，自始至终是不乐观的。

---

① 《青岛市区社会问题最近施政方针（民国二十三年六月）》，青岛市档案馆藏档案 A000487。

第五章 民国时期山东城市下层社会变迁对社会发展的影响

与衣食无忧、掌握大量社会资源的城市中上层社会相比,城市下层社会属于无产阶级,贫困交加,过着非常艰苦的日子,仅仅是为了基本的生存而挣扎,本身无法掌握自己的命运。但是就在这种条件下,城市下层社会作为整个社会不可或缺的组成部分,其本身的发展变迁对民国社会的发展也有着不可低估的影响。

第一节 民国时期山东城市下层社会对社会经济发展的作用

民国时期城市经济发展是以现代化为指向的,但近代中国的特殊国情决定了中国不可能具备常态的经济发展环境,也难以走上正常的发展道路,因而近代以来中国城市经济发展主要是在外力推动下启动的。民国时期山东的经济从整体构成上看仍处于半殖民地半封建社会和帝国主义侵略势力的阴影之中,即使政权掌握在国人手中的时期,经济上的殖民地色彩也非常浓厚,一些重要的工业部门被外国资本把持,民族经济遭到帝国主义的掠夺和排挤,又受到北洋政府、国民党政府的压榨和束缚,经济虽有发展但是艰难而又缓慢。因而这一阶段城市下层社会(主要是劳工阶层)对社会经济发展的作用也是在艰难中缓慢推进。

一、北洋军阀统治时期山东城市经济缓慢发展

自甲午战争以来,整个中国的经济结构向着半殖民地半封建的经济形式深化。战争的惨败,使帝国主义进一步打开对华输出的大门,逐渐控制中国的经济命脉。

山东地处中国东部沿海,不仅物产丰富,而且有青岛、烟台、龙口等港口,水陆交通方便,因此,成为帝国主义掠夺的主要目标之一。北洋军阀统治山东的十几年里,山东的经济状况,从总体上看经历了一个由缓慢发展到停滞不前的过程。同时,由于帝国主义经济侵略的不断深化,山东的工业、手工业在其缓慢的发展过程中,则更加依赖于帝国主义市场。

民国建立后,第一次世界大战爆发直至五四运动结束,是山东城市经济发展历程中一个较重要的发展时期。特别是1914年以后,帝国主义各国由于忙于欧洲战争,而暂时放松了对中国的经济掠夺,使我国整个经济状态有了明显好转,民族工商业乘机扩展自己的实力,在全国出现了所谓资本主义发展的"黄金时代"。这一时期山东的经济形势与全国一样,资本主义工商业及手工业都得到一定程度的发展,并形成一定规模。"民国初年,济南、青岛、烟台三埠,工业勃兴",[①]设厂数目大为增加。

但是,就山东具体情况看,与全国整体的经济形势又有所不同。山东为德国的"势力范围",一战爆发后,德国在战争中疲于奔命,无暇顾及对山东的经济侵略,但日本却趁机而入,攫取了德国的在华权益,侵略胶澳并驻兵济南车站,企图在武力的保护下,乘欧战之机,在中国大捞一把。一时间,日货充斥了整个山东市场,帝国主义的经济侵略又有局部深化。于是五四运动期间,便爆发了轰轰烈烈的抵制日货运动。

[①] 何炳贤主编:《中国实业志·山东省》(辛),民国实业部国际贸易局1934年版,第637页。

总的来看,这一时期山东经济处在一个上升阶段,特别是资本主义工商业、手工业有了较明显的发展,其中制造业的发展尤为突出。

1. 工业与手工业的发展

民国时期的山东城市工商业发展并举,便利的陆上、海上交通使以济南、青岛为代表的城市成为山东乃至华北、华东地区重要的商品集散地,进出口贸易相对内陆城市来说比较活跃。工业方面以纺织业为代表,形成以轻工业为主的工业格局,其次是机器铁工业,再次是化学及饮食工业,其他一些行业亦有所发展。

山东是重要的产棉区,产量名列全国前列,并且"山东洋棉,就品质而言……为国内优良之棉花"。① 这就为纺织业的产生和发展创造了极其有利的条件。1915 年,全省第一家华商纱厂济南鲁丰纱厂开始筹建,1919 年投产,资金 185 万元,占地 230 余亩,有纱锭 2.8 万余枚。② 同年,青岛华新纱厂建立,资本 270 万元,纱锭 1.5 万枚。③ 随后,在济南、青岛等地相继出现了许多规模大小不等的纱厂。同时,纺纱业的发展也带动了染织业的进步。1914 年,济南一地有染坊三四十户,都是手工操作。其中创办于光绪末年的济南东元盛漂染厂于 1918 年改用机器染色,为山东第一家采用机器染色的厂家。同年,昌邑人董希尧去日本大阪购买了整套印染设备十几台,在青岛开设了双盛潍染厂,聘济南公立工专学校染织科毕业的王舜卿任染色技师,专门从事新印染。1920 年,济南隆记机器绸绫染坊成立,亦专门从事机器染业,虽然刚开业时,规模较小,仅有资金 500 元、几台机器,但发展的速度很快。

机器铁工业也是民初以后发展较快的行业之一。其中可分为两种,即机器制造业和机器修理业。1910 年,上海人黄金才在济南开办了金启太铁工厂,有车床 4 部,能制造水车等机件;1912 年,郎洪升又在济南开

---

① 何炳贤主编:《中国实业志·山东省》(甲),民国实业部国际贸易局 1934 年版,第 1 页。
② 济南市志编纂委员会编印:《济南市志资料》第三辑,1982 年,第 18 页。
③ 何炳贤主编:《中国实业志·山东省》(辛),民国实业部国际贸易局 1934 年版,第 8 页。

设了洪升铁工厂,有旋床1部;同年,从事翻砂业的晋太铁工厂也在济南成立;1919年,兴顺福、日新、顺兴、郭天成、郭天利等几家铁工厂也相继开业,制造零星部件、铁柜以及轧花机、切面机等。据统计,1912—1920年,济南设立的各种铁工厂有8家,青岛9家,潍县3家,博山5家,威海4家,济宁4家,全省共33家。①

面粉业是一战期间在山东新出现的工业部门。"山东洋粉市场,据胶州关报告,民国元年已有八零六八零担面粉之进口,民三欧战发生,洋粉来源断绝,民四胶州进口之洋粉,减至二四七担,山东面粉厂亦应运而生。"②在济南,1915年设立了丰年面粉厂,资本751900元;1919年设立了惠丰面粉厂,资本50万元。同年还设立了茂新面粉厂,资本25万元。③ 除济南外,青岛、烟台、济宁、泰安等地亦均有面粉厂设立。

在化学工业中,此时发展最快的是玻璃业。玻璃业在山东有着较早的历史,但清末以前多是用土法制造的家庭手工业。1903年,山东第一家玻璃厂——博山玻璃有限公司成立,但由于经营不善于1911年停办。1914年,博山启明玻璃公司成立,从此玻璃业开始迅速发展。"欧战期内,新厂之设立如雨后春笋,迄民十左右,全省玻璃厂家,都二百余处,分布博山、济南、青岛、芝罘等处,尤以博山为多……不下一百五十余家……此为山东玻璃业之鼎盛时。"④产品远销上海、北京、天津、汕头等地。

火柴业是山东化学工业中的新兴行业,发展也较快。1911年以前,山东使用的火柴大部分是瑞典火柴。1913年,丛良弼在济南创立了第一家火柴厂——振业火柴总公司。在以后的1914—1922年又有几家火柴

---

① 何炳贤主编:《中国实业志·山东省》(辛),民国实业部国际贸易局1934年版,第643—656页。
② 何炳贤主编:《中国实业志·山东省》(辛),民国实业部国际贸易局1934年版,第422页。
③ 杨大金编:《现代中国实业志》,商务印书馆1940年版,第629页。
④ 何炳贤主编:《中国实业志·山东省》(辛),民国实业部国际贸易局1934年版,第511页。

厂设立。振业火柴总公司的发展较有代表性,"资本五十万元,机器技师均聘自日本,规模甚大,雇佣工人达数千名",①投产后业务很多,遂在1917年扩建,1919年在济宁设分厂,成为山东的大公司之一。

除上述行业外,像制革业、造纸业、颜料业、制胰业等也都发展很快,初具规模。其中有的是在原有基础上得到进一步扩大,有的则是新创行业。如地毯业,民初以前,全省境内无一家。1912年,济南和广饶各成立了一家地毯厂。造钟业,1915年,山东省第一家造钟厂——德顺兴造钟工厂在烟台成立。以前的制革业是传统的手工作坊,1918年,即墨人傅明宸创办山东第一家机器制革企业——济南胶东制革厂,成为全省新式制革业的开端。

在民族工业发展的同时,山东手工业也处在上升阶段。特别是手工织染业的发展最为突出,在1915年反对"二十一条"、抵制日货期间,发展更是迅速,织带、织袜、织布、毛巾等行业均获得较快发展。有些在欧战前濒于破产的小手工作坊也得到复兴。如潍县的"小布""丈五弦子"等土布,曾因洋布输入而"几至绝迹",民初时,"有人自天津购机数架,回乡推广传习技术……不数年间而潍县东乡潍河沿岸各村庄……无不以织布为业,一入其村即闻轧轧机声,通宵达旦,在民国四、五年间约有布机五百台左右,民国十二年间又由东乡而侵入南乡、北乡,乃至西乡而遍及全县,布机台数达五万以上"。② 据统计,此时全省"织造土布之县,共约七十余县"。③

蚕丝业在此期间发展也很快。山东的蚕丝业在清末时就已较发达,"至民国七八年时为最盛。当是时烟台一埠,有缫丝工厂四十二家,附近

---

① 何炳贤主编:《中国实业志·山东省》(辛),民国实业部国际贸易局1934年版,第604页。
② 彭泽益编:《中国近代手工业史资料(1840—1949)》第三卷,三联书店1957年版,第210—211页。
③ 何炳贤主编:《中国实业志·山东省》(辛),民国实业部国际贸易局1934年版,第48页。

之文登、牟平、栖霞、莱阳、海阳一带,共有缫丝工厂百余家"。① 其中烟台的缫丝工人多用机械,其他则多是手工业工厂。

除一些旧有的手工业得到较快发展外,此时山东境内还出现了一些新兴的手工行业。如发网业,1909 年德国商人携带发网式样来到中国,因德国的"势力范围"在山东,所以山东便首先成为全国的发网业中心。民国初年全省发网的出口量为每月 2000 罗,到 1921 年时猛增到每月 60 万罗之多,②为民国初年的 300 倍。发网业区域由济南、青岛、烟台等几个主要的大城市发展到章丘、邹平、齐河、胶县、高密、即墨、诸城、益都、寿光、牟平、掖县等十几个县,以此为业者全省有 10 万人左右。③ 发网的出口也剧增,据烟台商界统计,1920 年山东发网经烟台出口为 2858000 两,1921 年陡增至 7175000 两。④ 一年之间增长了 2 倍之多。毛巾业也出现于 1909 年,开始只济南有一家手工工厂,后来烟台、单县、高唐等地又出现了数家毛巾手工作坊。⑤

由此可见,第一次世界大战期间,就全省的民族经济状况而言,无论是工业,还是手工业,都处在一个上升阶段,有了一定发展。

2. 运输业的发展

正因为民国以后,山东经济得到了较快的发展,所以也形成了贯穿山东各主要地区的商路网络。这一网络以济南、青岛、烟台为主体,几乎与全省所有的县道、镇道相连。据统计,这一时期全省较为繁华的商路主要有 6 条:

① 烟潍贸易线,线路大致为烟台—福山—黄县(今龙口市)—掖县(今莱州市)—沙河镇—昌邑—潍县;

---

① 何炳贤主编:《中国实业志·山东省》(辛),民国实业部国际贸易局 1934 年版,第 59 页。
② 何炳贤主编:《中国实业志·山东省》(辛),民国实业部国际贸易局 1934 年版,第 117 页。
③ 何炳贤主编:《中国实业志·山东省》(辛),民国实业部国际贸易局 1934 年版,第 118 页。
④ 彭泽益编:《中国近代手工业史资料(1840—1949)》第三卷,三联书店 1957 年版,第 187 页。
⑤ 何炳贤主编:《中国实业志·山东省》(辛),民国实业部国际贸易局 1934 年版,第 147 页。

② 胶济铁路线,主要是济南、周村、潍县至青岛各地;

③ 津浦路山东段,由北而南将山东境内的德州、平原、禹城、济南、泰安、曲阜、兖州、济宁、邹县、峄县等市场连结在一起;

④ 济铜路,线路为济南—长清—肥城—泰安—宁阳—兖州—曲阜—邹县—滕县(今滕州市)—韩庄—利国—铜山;

⑤ 青沂商路,货运路线为青岛—高密—诸城—莒州(今莒县)—忻州(今临沂);

⑥ 青烟商路,线路为青岛—即墨—海阳—烟台或青岛—即墨—平度—掖县(今莱州市)—烟台。

这6条商路,以胶济铁路和津浦路山东段最为活跃。

胶济铁路1904年全线通车,成为连接山东两大城市的运脉,使山东一些主要的城镇市场如济南、潍县、青岛等通过铁路在商品流通上连为一体。自此以后,胶济铁路的货运量历年增长。据统计,1904年胶济铁路货运量为12.9万吨,1910年达到76万吨,而1920年更达到190万吨,比10年前增长1.5倍,同期青岛港贸易增长59%。① 表5-1是胶济铁路的历年货运量统计表。

表5-1 胶济铁路的历年货运量统计表

年份	旅客人数	货运吨数
1915	1117760	874896
1916	1666860	1074196
1917	2065654	1287902
1918	2159945	1511057
1919	2545268	1733373
1920	2945132	1904229
1921	3451165	1971304

(资料来源:中共青岛铁路地区工委、中科院山东分院历史所、山东大学历史系编:《胶济铁路史》,山东人民出版社1961年版,第44页)

---

① 庄维民:《近代山东的陆运商路》,《山东史志丛刊》1988年第1期。

津浦路以济南为中心,北可与天津相通,南可与徐州、蚌埠、南京相连,并可通过沪宁线与上海相接。在山东段共有三个大的集散市场,即德州、济南、兖州(包括济宁)三个市场。

商路的形成,充分证明了这一时期山东的经济状况确实处在一个相对繁荣的时期,这与全国形势是一致的。但与全国形势不同的是日本帝国主义乘欧战之机,夺取了德国在山东的权益,对山东的经济侵略在某些方面还有所加重。日本以青岛为中心,变本加厉地进行经济扩张,采用山东廉价的原料和劳动力,以高于华厂的生产率生产工业品,再倾销于山东市场,从而排挤、打击山东的民族工业和手工业。"日货来华倾销,华北最甚,而青岛尤甚。……店肆中所陈列者,触目皆为日货。"[①]在丝业中,日本人造丝大量涌进,周村丝业"洎乎民八年以后,外国人造丝大事进口……以其价贱可以赢利,争相采用……为山东销售日本人造丝之冠军"。[②]

可见,在近代山东民族经济发展的过程中,从来也未曾完全摆脱帝国主义经济入侵的打击,这就使近代山东经济的发展,具有了某些地方特点和半殖民地色彩。当然,日本人在山东投资办厂,在客观上也诱使山东的企业家向他们效仿,学习他们先进的科学技术和先进的经营方式。但是,在当时中国部分主权丧失,国家无法对外资企业进行全面控制的情况下,这方面的作用则不能明显地表现出来,因而这方面的作用也不是主要的。

二、国民党统治时期山东城市经济曲折发展

国民党统治时期,山东的社会经济有所发展,同时也存在着很大危机。首先是帝国主义势力特别是日本帝国主义对山东的侵略与渗透越

---

① 彭泽益编:《中国近代手工业史资料(1840—1949)》第三卷,三联书店 1957 年版,第 407 页。
② 彭泽益编:《中国近代手工业史资料(1840—1949)》第三卷,三联书店 1957 年版,第 14 页。

来越严重;其次是国民党官僚资本对经济的垄断趋势越来越明显。就这一时期山东城市、农村经济的整体情况而言:工商业经济在"五三惨案"的废墟上复苏后,有较大的发展,但由于受国内外政治、经济局势变化的影响,1935年后,又出现了衰败的趋势。而农村经济则一直在走向破败。

1. 中原大战结束后山东城市工商业经济的发展

1930年中原大战之后,韩复榘出任山东省政府主席。山东的社会秩序进入一个相对稳定的时期,稳定的政局为工商业经济的复苏与发展提供了较好的环境。因战争原因梗阻的铁路交通复又畅通了,同时公路建设也取得了一定进展,1935年全省公路通车里程达6640余公里,比1930年增加1418公里。① 交通运输的恢复与发展,加强了山东与外地、城市之间、城乡之间的联系,为工商业的发展提供了便利条件。全国风起云涌的爱国政治运动,对山东工商业的发展产生了一定积极影响。"九一八"事变后,"振兴实业""提倡国货"的浪潮席卷全国。"抵制日货"运动,在一定程度上刺激了民族工商业的发展。山东省政府为了维护其军阀统治,也采取了一些有利于经济发展的措施。由于政局稳定等原因,1930—1935年,山东社会经济有较大的恢复与发展。

山东工业主要分布于济南、青岛、周村、烟台、济宁等地。主要工业是纺织(纺纱、棉织、丝织)、漂染、化学颜料、机器、酿造、玻璃、陶瓷、造纸、印刷、火柴、制烟、面粉、榨油、精盐、制革、水泥、制糖、罐头、电气、自来水等工业。这一时期工业的发展情况以济南为例,1930年工厂64个,资金5768580元,年总产值8123033元,工人5843人。到1934年,发展到工业户137户,资金10033000元,职工11967人。② 设立的规模较大的工厂有成通(1933年)、仁丰(1934年)、成大(1936年)等纱厂,五福成

---

① 《全国公路建设情形》,《申报月刊》第4卷第9期,1935年9月15日。
② 济南市志编纂委员会编印:《济南市志资料》第三辑,1982年,第57、59页。

等棉织厂(1933年)、利民漂染厂(1933年)、德和永、中兴诚两染厂(1936年)、道义制碱厂(1932年)、东源、洪泰两火柴厂(1931年)。济南几大烟厂全在此时期设立,有东裕隆(1931年)、铭昌(1931年)、鲁安(1933年)、华通(1934年)、成安(1934年)等。可见这一时期城市工业发展是比较迅速的。

山东的手工业一向较为发达,种类繁多,计有棉织、丝织、发网、花边、绣花、榨油、酿造、陶瓷、玻璃、造纸、五金、地毯、阿胶、烛皂、鞭炮、木石雕刻、皮胶、色纸、鞋帽等三四十种。韩复榘主鲁后,曾设立蚕业改良场、盐业改良场;下令对发网、花边等业免征营业税;对丝业等手工业发救济券。加上时局稳定,某些手工业,如造纸、鞋帽、制革、造酒、颜料等都有不同程度的恢复与发展。

山东矿产资源非常丰富,在全国占有很重要的地位。1930年前,因战争破坏,矿业凋敝,呈请矿业权者较少,1929年仅有26处。① 1930年韩复榘主鲁后,为发展自己的实力,对矿业也很重视。1931年,山东省政府设立了第一、二两个矿务局,积极提倡村民营矿业,并加强矿业管理,取缔矿权外让、私行租矿越采和欠税等私弊行为,一旦发现,立予封井处置。对于贵重矿藏,省政府则加强控制,甚至改为官办,加以垄断。由于政府提倡和促进,加之时局较稳,1930年以后,呈请矿业权者逐渐增多。1930年36处,1931年129处,1932年60处,1933年130处,1934年174处,1935年146处,其中包括各种矿产。② 截至1934年,全省矿产领照者已达760处。③ 矿产中主要是煤炭,约占全部矿产的95%以上。历年产量如表5-2所示。

---

① 山东省政府建设厅编:《山东矿业报告(第五次)》,1936年12月。
② 山东省政府建设厅编:《山东矿业报告(第五次)》,1936年12月。
③ 《山东民国日报》1934年9月10日。

表 5-2　山东省历年矿产产量表

时间	1930	1931	1932	1933	1934	1935
产量（吨）	2315498	3162173	3223429	3655413	4019860	3949369

（资料来源：山东省政府建设厅编：《山东矿业报告（第五次）》，1936年12月）

由上表可以看出，1930年以后山东煤炭产量增长幅度较大。

山东城市工商业在"五三惨案"前后萎缩的情况下，在这一时期出现一定程度的复苏与发展，这是由于：第一，社会秩序较安定，货运比较通畅，商品流转量较大。济南从1932—1935年，商品输入量每年达108万吨，比1927年增加一倍以上，输出量达56.6万吨，比1927年增加25%强。① 第二，城市人口增长，消费量相应上升，促进了工商业繁荣。济南市1929年人口379549人，1930年392053人，1931年402982人，1932年421584人，1933年427772人。② 青岛市1932年426417人，1933年436772万人。③ 人口增长，消费粮食、煤炭及其他日用品就自然增多，输入量就增大。第三，工业、手工业的发展，对原料供应的需求和提供的商品品种与数量都要增加，从而带动了商业的发展。第四，交通的便利也为商品流通提供了条件。山东商业中心有济南、青岛、烟台、威海卫、济宁、周村、潍县等地。济南1934年新开张商业户720家，歇业商户108家，实增612家。④ 1937年全省市镇有856处，有商店22000家。⑤

2. 交通运输业的发展

山东省政府为便利其统治和发展经济，对交通运输等事业积极推行。总的看来，这个时期交通运输业得到了发展。

山东境内有津浦、胶济两大干线，1930年前，时常因战乱而堵塞，1930年后，政局较稳，铁路运输畅通，业务发展。胶济铁路1923年收回

---

① 济南市志编纂委员会编印：《济南市志资料》第三辑，1982年，第68页。
② 何炳贤主编：《中国实业志·山东省》（丁），民国实业部国际贸易局1934年版，第8页。
③ 何炳贤主编：《中国实业志·山东省》（丙），民国实业部国际贸易局1934年版，第9、13页。
④ 济南市志编纂委员会编印：《济南市志资料》第三辑，1982年，第68页。
⑤ 何炳贤主编：《中国实业志·山东省》（乙），民国实业部国际贸易局1934年版，第124页。

的全年营业总收入为8796237元,而到1932年即增到13572508元,十年间增加54%还强。① 两大铁路干线为山东货物的外运及外地、外国货物的输入发挥了重要作用。

山东的公路建设在这个时期发展很迅速。据山东实业厅统计,从1930—1934年历年通车里程及车辆数如表5-3所示。

表5-3 1930—1934年山东省历年通车里程及车辆数

年份	1930	1931	1932	1933	1934
公里数	5222	5679	5868	5884	6042
官车(辆)	93	100	150	177	252
商车(辆)	81	115	129	129	220

(资料来源:张鸿烈:《山东省建设厅各项事业概况》,《东方杂志》第32卷第19号,1935年10月1日)

截至1935年9月,公路里程又达到6640余公里,其长度除广东外为全国之冠。1935年的里数同1930年相比,要多1418公里,②发展速度是很快的。除新修公路外,还修复一部分公路,到1934年,新修和修复的公路总里程为2779公里,其中完成桥梁105座,涵洞252座。③ 以上是省道,至于各县所修道路里程更多。到1934年止,县道情况如表5-4所示。

表5-4 县道情况表

已修县道	已修镇道	已修村道	新建桥梁	新建涵洞
16025	16642	24782	539	518

(资料来源:张鸿烈:《山东省建设厅各项事业概况》,《东方杂志》第32卷第19号,1935年10月1日)

---

① 何炳贤主编:《中国实业志·山东省》(子),民国实业部国际贸易局1934年版,第14—15页。
② 《全国公路建设情形》,《申报月刊》第4卷第9期,1935年9月15日。
③ 张鸿烈:《山东省建设厅各项事业概况》,《东方杂志》第32卷第19号,1935年10月1日。

三、抗战(日伪)时期山东城市经济的艰难发展

抗战期间,省内主要城市和主要交通线附近的城乡均由日伪政权占据,因此这一时期山东城市的经济体现为日伪统治区的经济。日本帝国主义经济侵略的本质和企图控制中国经济并为其侵略战争服务的目的,为日伪统治区的经济活动定下了基调。由于战争的影响和日本的侵略,大多数工商业或陷入停顿,或被日军强行霸占,山东城市经济被日本军事强力垄断。经济秩序被打乱,战前发展起来的城市经济遭受重创。尽管如此,广大劳工阶层在被日本奴役的情况下,凭借辛勤的劳动,对城市经济的艰难发展作出了贡献。

1. 总体来看,抗战期间山东城市工业处于非正常状态,大多数企业被日伪严厉控制,时时受到战争和日伪掠夺的威胁。据国民党政府经济部调查,山东民族工业资本损失总额有 13492212 元。[①] 日伪的控制,以有关军事和民生的煤炭、电力、棉织、面粉各业为主。

山东煤炭资源丰富且煤质上乘,因此便成为日军首先掠夺的对象。日军对山东煤炭的开采、经营完全是掠夺式的。近八年间,山东煤炭产量达数千万吨,1942 年最高,年产达到 515 万吨。这些煤炭大多落入日人之手,被运送到日本。仅 1940 年运到青岛地区的煤即达 1548734 吨,其中 123 万吨被运往日本。此年青岛港的煤炭输出量比 1935 年增加了 13 倍。太平洋战争爆发后的 1942 年,山东煤炭对日输出量,比 1939 年增长了 83%,1943 年比 1939 年增长 70%。[②]

山东是产棉区,战前,济南已成为全国主要的棉花市场之一,并以青岛、济南为中心形成较大的棉纱生产规模。抗战爆发后,山东棉纺业经历了一次大衰落。日军侵入山东后,日伪通过各种手段控制或强占了山

---

① 朱玉湘主编:《山东革命根据地财政史稿》,山东人民出版社 1989 年版,第 12 页。
② 朱玉湘主编:《山东革命根据地财政史稿》,山东人民出版社 1989 年版,第 12 页。

东的棉纺业,利用原有生产设备野蛮经营,攫取了巨大的利润。据推算,"日人在其统治的近八年里,从山东棉纺业榨取的利润当在数千万元之上"。①

1915年后,济南、济宁等地出现了机制面粉工业。经过十几年的发展,逐渐形成了以济南为中心的山东面粉工业基地和销售市场。日军侵入山东后,强迫各厂实施"中日合办",使山东面粉业基本上处于日军的控制之下。所生产的面粉大多供应日军及日伪政权,余者销往胶济、津浦路沿线及省内各地。

火柴是日伪统制、配给的主要物资之一,他们将火柴生产及销售纳入统制之下,严格限制火柴生产原料,防止外流而利军火制造。因而,日伪时期火柴制造业受到严格控制,加剧了火柴业的困境,以致各火柴厂多数亏损而不能维持。从属于火柴工业的制杆工厂也受到牵连,加之原料木材被控制,使经营更加固难,多数厂家被迫停工或倒闭。1938年前后,济南计有锯木制杆厂6家,但至日本投降时仅剩下2家。②

其余如机械制造业、印刷业、卷烟、钟表、酿酒、食品等业,也大多都处于受压制和日趋萧条的局面。抗战时期,日伪凭借军事、政治强权,采用霸占、收买、"合办"等手法,极力渗入和控制山东原有的工业经济部门,实行垄断经营。这是对山东资源、设备的变相劫掠。同时,日商还在山东大量设厂,利用原料、运输、销售等方面的便利和特权,压迫山东民族工业。日本的殖民式垄断政策,严重影响了山东工业的正常发展。使本来就薄弱的山东工业经济受到很大摧残,日趋衰落凋零。这便是这一时期山东一般工业的基本情形。

2. 包括铁路、公路、水运的山东交通业,战前已初具规模,战争爆发后受到不同程度的破坏。日军侵占山东后,这一切基本被日伪接收和

---

① 吕伟俊主编:《民国山东史》,山东人民出版社1995年版,第850页。
② 济南市志编纂委员会编印:《济南市志资料》第三辑,1982年,第109—110页。

控制。

　　山东省内铁路为胶济、津浦两大干线及其支线。济南沦陷前,胶济路全部104期机车、1400辆货车已悉数转调至省外后方各地,重点桥梁亦遭破坏,运营停顿。日军于1936年1月打通了胶济全线,经过一个多月的修复,至2月勉强全线通车。津浦路则是在徐州失陷后才逐步通车的。胶济及津浦路山东段初由伪"满铁"接收经营。日军对铁路的经营主要是为其军事侵略和物资掠夺服务,铁路经常受到抗日军民的破坏和扰袭。日伪除实行经常性的修复外没有进行过大的建设,只铺设了几十公里的运煤专用线。

　　公路作为连接主要城镇的重要交通线,自然是日伪控制的重点。至1940年底,日伪控制了将近5000公里的公路干线,沿公路修建了大大小小数千个星罗棋布的据点,形成对广大城乡抗日根据地的控制网和封锁网。为扩大控制区和经济掠夺,日伪很注重公路的修建。据伪山东省公署工作报告统计,1940年计修国道1177公里、省道1425公里、县道6508公里;1941年动支公路、桥梁等修筑费用约50万元。1939—1942年,日伪控制的干线公路及县镇公路合计里程分别为:1939年6307公里,1940年14573公里,1941年18595公里,1942年22294公里。①

　　3.商业。工农业生产的衰落必然影响到商业,再加上战争的破坏与影响,更使日伪统治区的商业在日趋凋敝与畸形发展中挣扎。日军入侵山东造成社会秩序的混乱,使山东商业遭受了第一次严重打击。韩复榘政权和军队撤退前的大劫掠,使各商户备受其害,商业陷入停顿、半停顿状态。日军侵占山东之初,各地烽火遍燃,秩序混乱,商业之景况更加惨淡。日军入城后,商户多半不开门营业。物价上涨、统制价格和黑市商业投机的猖獗,使山东商业遭受了第二次严重打击,原有的商业渠道和秩序被打乱,许多商户因之陷入困境乃至破产,商业流通市场极度混乱,

---

① 《山东省公署三十一年工作报告》建设部分,1942年。

畸形发展。日伪的物资统制、物资配给,特别是查"囤积"、查"暴利",实是公开的抢掠,第三次严重打击了山东商业。在三次严重打击下,山东商业受到了极大的摧残,日趋衰败、凋零。

但是,也有少数行业得到发展。这主要有两类:一类是土产货栈业;一类是适应日伪腐化生活需要的服务业,如妓院、大烟馆、戏场、电影院、酒楼、澡堂等。

土产货栈业发展的原因是主要工农业产品被日伪控制,商业资本被迫向统制物资以外的农副产品的购销经营转移,因而促进了山果、黑枣市场的发展。江南汪伪统治区使用"储备银行"钞票,"华北政务委员会"属下的山东使用"联银"票,两地货币不能直接流通,再加上变化不定的通货膨胀,因而使主要运销江南的黑枣渐渐成为江南与山东地区"以货易货"的主要物资。江南竹茶绸及杂货等商品的输进,均依靠黑枣来交流,黑枣成为平衡贸易的重要物品,每年平均进销量约四五千万斤。[①]

妓院主要设于日伪集中的济南、青岛等大中城市。战争灾难、物价上涨,给人民生活带来极大的困难。许多青年女子迫于生计,沦落风尘,妓院、妓馆恶性膨胀。妓院、妓女皆分为甲、乙、丙、丁 4 个等级,按等级收费和纳捐。以济南为例,1939 年,日伪政权列出 26 处地点开设妓院,按规定甲、乙、丙、丁各等妓院每月要分别交纳捐费 6 元、4 元、2 元、1 元,妓女每人每月分别纳捐 2 元、1 元、0.5 元、0.2 元。[②] 妓业的发达是日伪统治腐败的结果,也是商业畸形发展的典型表现。除妓院外,像烟馆、戏院、澡堂、酒楼等,都设有所谓的"女招待",实是编外的妓女,常被"叫条子",即陪酒、陪赌、陪宿,许多艺人亦难幸免。这是商业服务业畸形化的又一表现。据伪济南公署警察署统计,1939 年济南从业人数最多的是服务业,达 113719 人,占全市居民总数的 36.6%(其次为商业,只占

[①] 济南市志编纂委员会编印:《济南市志资料》第三辑,1982 年,第 122 页。
[②] 济南市公署秘书处编:《市民须知》,1939 年 6 月,第 83 页。

19.7%),其中女性为 82259 人,①不少人大概就是此类"女招待"。

四、解放战争时期山东城市经济的萧条

日本帝国主义投降后,山东的一些主要城市济南、青岛、烟台等均被国民党军队占领。这一时期是国民党统治在大陆逐渐覆灭时期,城市政局动荡,其经济发展的特点是官僚资本对山东的经济掠夺和工商业的凋敝。

北洋军阀统治时期,官僚资本在山东工业界的势力并不大,蒋家王朝建立后,四大家族官僚资本还未来得及深入山东,其垄断山东工业的计划就被日本侵华战争打乱了。抗日战争胜利后,四大家族官僚资本在美帝国主义的帮助下,很快闯进山东,日本在山东经营的工业企业很快被其瓜分。

1945 年 8 月,日本一宣布投降,国民党政府即派出大批军政委员到沦陷区接收。他们每到一地,便明抢暗夺,争发接收财。在办理移交、接收的过程中,国民党的各派官员之间、四大家族的中央与地方势力之间,明争暗斗,互相攻讦,你抢我夺,闹得乌烟瘴气。在一再重复的"劫收"过程中,官商勾结,狼狈为奸,将大量敌产化为私有。四大家族之一的宋子文通过中国银行支配了接收后的中国纺织建筑公司青岛分公司下属的 13 个单位。四大家族中的孔祥熙则插手青岛水产公司,从中分利。他还通过中国银行投资 5 亿法币在青岛建立榨油厂,与宋子文控制的青岛榨油业争利。国民党政府资源委员会接收了青岛的电厂、钢厂以及辛店的铝厂,接收了鲁大矿业公司,并把抗战时期中日合办的博大煤矿、利大煤矿、东大煤矿、悦升矿业公司等,归为"公有"。

所有的敌伪企业或"中日合作"的工厂,几乎无一处完整地保存下

---

① 《山东省会居民职业统计》(1939 年 8 月),载山东省会警察署编印之《山东省会警察事务》(1939 年)。

来,大量的物资、财产被贪污盗卖,许多机器、设备也被破坏,甚至有些企业在"劫收"过程中完全毁灭。如济南兵站被服厂,所有的旧布匹、棉花、军服被褥和其他物资,均被盗卖净尽。山东制糖厂先由党政接收委员会接收,内部资产被盗卖一空,后为建设厅接管,准备恢复生产。但机器设备又被拆卸盗卖而残缺不全,无法开工。济南东源火柴厂和洪泰火柴厂,先由民政厅接收,又为建设厅接管,原材物料被大批盗卖,最后经处理局批准发还原主时,只剩空荡的厂房及残缺的机器,无法恢复生产。①

经过国民党的"劫收",山东的社会生产能力大为削弱,生产萎缩,商业停滞,物价飞涨,市场一片混乱,经济危机日益加深。由于官僚资本的排挤,国民党统治当局的掠夺和美国商品的倾销,工业生产总的趋势是动荡之中逐渐下降,此时期的山东民族工业面临悲惨的命运。工业生产在1945年秋至1948年秋三年中,大多数行业都日趋凋敝,生产下降。如济南的毛巾产量,战前年产量约3.9万打,此时只有2.4万打。线袜产量为6.9万打,较战前的8.1万打减少1.2万打。② 山东城市的面粉工业,此时期在全国仍占重要地位,据民国面粉工业同业工会全国联合会所属9个区统计,面粉工厂共219家,青岛有25家,济南有7家。③ 山东省日产面粉5.5万包,占全国每日总生产能力的11.5%,仅次于江苏与河北,在全国排名第三。④ 但战后大量进口美国面粉,加上国民党的限制政策,民族工业处境十分困难,生产日渐萎缩。济南的面粉业生产能力仅及战前的33%至45%,产量减少50%以上。⑤ 其他行业亦与上述行业有着同样的命运。如济南的火柴业,年产量仅是战前的27%左右;化工染

---

① 济南市志编纂委员会编印:《济南市志资料》第三辑,1982年,第143—144页。
② 济南市志编纂委员会编印:《济南市志资料》第三辑,1982年,第147页。
③ 陈真编:《中国近代工业史资料》第四辑,三联书店1961年版,第411页。
④ 陈真编:《中国近代工业史资料》第四辑,三联书店1961年版,第413页。
⑤ 济南市志编纂委员会编印:《济南市志资料》第二辑,1981年,第14页。

料业的一般染料厂全年开工率不足 60 天;卷烟业除大中、众年两个官僚资本厂获得发展外,其余各厂每年开工也平均不到三个月;榨油业在战后曾一度复兴,但不久就因原料不足、交通不便、电力不充足及豆饼、食油受禁运限制,也先后有半数歇业;砖瓦业的情况更惨,几乎所有的产品都被国民党军队构筑防御工事"征用",仅裕丰窑厂一家被勒索去的砖就达 120 余万块,企业损失达 1000 多万块。有的窑厂产品被抢光,连大窑也被拆除。① 1948 年初,青岛市 1400 余家工厂,除 1/4 尚在半开工状态下苟延残喘外,其余大部分停工。② 全市 200 多家民族资本染织厂开工和半开工的只有 60 家左右。

总之,在国民党退出大陆前的最后几年里,由于国民党和四大家族的"劫收",对山东的生产能力造成了严重破坏。对经济的掠夺和搜刮,扰乱了市场,致使山东的工商业经济一蹶不振,生产萎缩,商业凋敝。随着人民解放战争的蓬勃发展,解放区日益由广大农村向城市发展不断扩大,使国民党占据的几座中心城市成为孤岛,生产原料、燃料及各种物资极其缺乏,更加剧了国统区经济的崩溃。

民国时期整个山东城市社会经济的发展经历了起起伏伏,在不同阶段表现出不同的特点,有发展也有倒退。就山东城市社会下层社会来说,他们生活在下层,是苦力,是生产力的主体。据统计,民国时期山东产业工人数量 1915 年为 24774 人,③1930 年达到了约 15 万人(其中矿工 2.5 万人,纺织工 3 万人,码头工 1.5 万人,铁路工 5000 人,面粉工 3000 人,卷烟、火柴工 5000 人,铁厂工 5000 人,邮电、汽车、自来水、电气工等约 1 万人,其他车夫、市政等工人约 5 万人以上)。④ 他们为了生存,在工

---

① 济南市志编纂委员会:《济南市志资料》第三辑,1982 年,第 147—149 页。
② 《天津民国日报》1948 年 2 月 1 日。
③ 陈真编:《中国近代工业史资料》第一辑,三联书店 1961 年版,第 16 页。
④ 山东省档案馆、山东省社科院历史研究所编:《山东革命历史档案资料选编》第二辑,山东人民出版社 1981 年版,第 143 页。

厂、作坊、矿山、码头、铁路线上辛勤劳动,付出了极大的、甚至生命的代价,对社会经济的发展起了推动作用。这一时期山东城市社会经济进步也好、倒退也罢,无不渗透着城市下层社会(尤其是劳工阶层)的血汗。他们始终生活在悲惨的境遇里,经济进步的成果直接为社会上层所占有,他们无福消受;但经济倒退的恶果却直接影响了他们,使下层社会群体陷入更悲惨的境地。

第二节 民国时期山东城市下层社会对革命运动的推动作用

民国时期也是中国共产党领导的新民主主义革命蓬勃发展的时期,各地革命运动风起云涌,波澜壮阔。山东作为革命老区,在历次革命运动中都扮演了重要角色。山东城市下层社会是山东革命力量的重要来源,在中国共产党的争取、教育和正确领导下,作为城市下层社会重要组成部分的工人阶级不屈不挠、前仆后继,经历了从自发到自觉的斗争过程,在革命中逐渐锻炼成长,在运动中不断提高思想觉悟,最终成为新民主主义革命的领导阶级,为革命谱写了壮丽篇章。

一、辛亥革命到第一次国内革命战争时期的山东工人运动

1. 辛亥革命到"五四"运动前期

1911年10月10日,武昌起义暴发,各省纷纷响应,形成了中国资产阶级民主革命高潮。当时已初步形成的山东工人阶级,对资产阶级民主革命给以坚决的支持。1912年9月,当孙中山先生自北京回上海途经青岛时,受到青岛人民的热烈欢迎。青岛船坞工厂的百余名工人,不畏德国殖民当局禁令,毅然举行了一次罢工,以示支持与响应。

1913年八、九月间,德营淄川煤矿的工人为增加工资而发动了"哄班"(即罢工)斗争,参加人数有六七百人。结果迫使矿方给工人增加了工资,井下搬运工由原来的450文涨到500文,采煤工由原来的500文涨

到600文,①罢工取得了胜利。

在北洋军阀统治时期,德县兵工厂的工人举行了一次大规模的要求增加工资的罢工。1916年,北洋政府迫令该厂工人加班加点赶制枪弹,却不增加班费。对此,全厂工人极为愤慨,举行了总罢工,使全厂陷于瘫痪状态。工人派出代表同厂方进行谈判,要求补发加班工资,并坚决表示不圆满答复工人的要求,决不复工。厂方慑于罢工的强大威力,被迫给工人补发了加班工资,罢工斗争暂时取得了胜利。但在工人复工后不久,厂方突然抓捕了工人代表陶文明并押往北京杀害,参加罢工的大部分工人被厂方开除。这是山东工人运动史上首次大规模的自发经济罢工,虽然最终失败,但是显示了工人运动的力量。

在五四运动之前,山东工人阶级尚处于"自在阶级"的历史阶段,既无自己的政党,亦无自己的工会组织。其意识与观念仍较多地保留着小生产者的种种痕迹,其目光与追求所及,往往是暂时的局部性的利益。初期的山东工人运动大多数是经济斗争,一方面多是被动的、自发的、松散的;另一方面,斗争的目的主要是要求增加工资、缩短工时及改善劳动条件等暂时利益,较少反映本阶级的根本利益。这一时期,山东工人阶级曾进行过一些政治斗争,但并非作为独立的政治力量,而是作为资产阶级和小资产阶级的追随者加入斗争行列的。初期的山东工人阶级还没有把一切剥削者与压迫者做为一个整体阶级去反对并进而将其推翻的意识和觉悟,这就决定了早期工人运动的局限性。

2. 五四运动时期

第一次世界大战期间,日本帝国主义在协约国的支持下,取代德国侵占山东权益,从而触发了中国人民以反帝反封建为主要内容的五四运动。这一时期,在俄国十月革命胜利的鼓舞下,山东的一些先进知识分子开始接受马克思列宁主义学说,并在工人群众中开展马克思主义的宣

---

① 淄博矿务局展览馆馆藏资料。

传教育,以启发工人群众的觉悟,使之组织起来为阶级和民族的解放而斗争,从而实现了马克思主义与工人运动的初步结合,为山东共产党组织的成立打下了基础。

1919月4月,巴黎和会中国外交失败的消息传来,4月20日省城济南各界群众万余人举行了空前规模的国民请愿大会,工人代表侯丹峰等数十人相继演说。演说者"沉痛激昂,声泪俱下……工界人士侯君丹峰直捷痛快,其刺激力尤大"。① 这次大会响亮地喊出了"外争国权、内惩国贼、废除卖国条约"的口号,成为"五四"爱国运动的先声,引起全国各阶层人民对国家主权危机的普遍关注,对激发全国人民投入反帝反封建的爱国斗争具有较大影响。

五四运动爆发后,山东工人阶级积极投身其中。5月6日,山东国货维持会组织召开大会,到会者达万余人,其中绝大多数是工人。各界代表都进行了悲愤激昂的演说,其中工人团体代表的演说最为激动人心。5月22日,济南劳动群众数万人在南门外召开大会。工人轮番登台演讲,列举劳动阶级受日人侮辱情形,大声疾呼收回青岛、收回山东主权。6月10日,济南举行"三罢"斗争,济南面粉业工人率先响应,举行了罢工,济南津浦铁路大厂工人得知军阀马良派驻辛庄的马队进城镇压学生的消息后,自动组织起来前去阻拦。6月14日,济南工人群众千余人又在普利门外青年会召开演说大会,工人代表纷纷登台演讲,痛数日帝在鲁的罪行。

五四运动作为中国新民主主义革命的开端,一个鲜明的标志就是工人阶级开始作为一支独立的政治力量登上了历史舞台。在五四运动高潮过后,群众性的反帝爱国斗争仍在继续发展,作为运动主体的山东工人阶级处于一种跃跃欲试、待机而动的状态,随时准备寻找时机,显示自身力量。

---

① 《申报》1919年4月25日。

山东工人阶级由于深受封建主义和帝国主义的双重压迫,对德、日帝国主义又有切肤之痛,所以,是中国工人阶级队伍中觉悟较早的一支力量。在"五四"运动中,它表现了强烈的反帝激情和顽强的斗争精神,使许多初步接受了马克思主义影响的先进分子,从工人阶级表现出的反帝、反封建的坚定性和彻底性中,找到了改造中国社会的基本力量。工人阶级在政治舞台上的出现,说明其正在从一个自在的阶级开始向一个自为阶级转化。山东工人阶级的觉醒,为山东共产主义小组的产生奠定了阶级基础,同时也为山东工人运动与马克思主义的结合创造了条件。

3. 中国共产党成立到第一次国内革命战争时期

1920年,山东早期共产主义者王尽美、邓恩铭在济南成立了共产主义小组。小组成员深入工厂企业进行宣传活动,并主办《济南劳动周刊》等刊物。《济南劳动周刊》报道济南及全国各地工人运动的消息,还介绍马克思列宁主义。它是山东的第一份工人报纸,在传播马克思主义、指导推动山东工人运动的发展方面,作出了巨大的贡献。

1921年1月,北京共产主义小组在长辛店(今二七机车车辆厂)开办劳动补习学校,并组织工人俱乐部。俱乐部很快就得到广大工人群众的拥护,影响遍及南北。津浦铁路济南大槐树机车厂的李宝臣、黄锦荣等,曾受工友们的委托前往学习。在王尽美等人的指导下,依照长辛店的经验,山东的第一个工会组织——济南大槐树机车厂工人俱乐部于1921年夏正式成立。后来还建立了职工夜校,在夜校学文化的同时对工人进行革命宣传和阶级教育。工人俱乐部和职工夜校虽然活动不到一年就被北洋政府强行封闭了,但它为以后该厂工人运动的深入开展奠定了良好的基础。

1921年7月,中国共产党在上海宣告成立,明确提出党成立后的中心工作是集中力量领导工人运动。王尽美、邓恩铭9月回到济南,立即按照"一大"决议着手开展工作。他们组织起王翔千、王复元、王象午、鲁伯峻等一批革命知识分子和工人建立了"马克思学说研究会",会址设在济南贡院墙根街的山东教育会内。这是一个公开的学术组织,会员很快发展到五六十人,他们大都成为早期山东工运的骨干分子。

1921年8月,在上海成立了领导全国工运的机关——中国劳动组合书记部,并于1922年5月1日在广州召开了第一次全国劳动大会,中共山东地方组织选派王用章作为山东印刷工会代表、滕培昌作为济南纱厂工会代表赴穗参加了大会。大会之后,中国劳动组合书记部山东分部于6月正式成立,王尽美任支部主任,作为山东共产党组织公开领导工人运动的机关,使正在兴起的山东工人运动开始得到统一的领导。此后半年时间里,在中国劳动组合书记部山东分部的指导下,山东各城市的工会组织陆续成立,山东分部完成了自身的历史使命,至1923年春便停止工作。比较著名的工会组织有济南大槐树津浦铁路机车厂工会、淄博煤矿工人矿业工会、青岛四方机厂工会"圣诞会"等。劳动组合书记部山东分部虽然实际活动了仅半年多的时间,但它的存在标志着山东工人运动第一次获得了无产阶级政党的统一领导,这对山东工运的未来发展产生了深刻的政治影响,山东工人运动开始蓬勃发展。

1923年7月,济南发生理发工人抗捐罢工斗争。旧社会,理发工人处于社会的最底层,不仅社会上没有地位,而且经济上也极端困苦。1920年代初,北洋政府横征暴敛,不仅政府征收名目繁多的苛捐杂税,就连山东省警察厅厅长高延文也巧立名目,强行在济南理发业征收"卫生执照捐",以图自肥。这引起了理发工人的强烈反对。1923年7月15日开始,济南理发业工人连续举行抗捐集会、示威、罢工,还有一些支持理发工人的其他行业的工人和学生共计数千人参加了活动。警察厅慑于几千名工人的联合斗争和社会舆论的压力,不得不宣布取消卫生执照捐,答应理发工人的5项要求,济南理发工人经过5天的罢工斗争,终于取得了胜利。理发工人的抗捐斗争得到中共山东党组织的关注和支持,王尽美适时地派党员王用章到理发工人中去,团结了一批骨干分子。罢工胜利之后,理发工人情绪高涨,认识到工人阶级团结起来的力量。经过一个阶段的筹备工作,建立了济南市理发工会,对外称"济南理发业联合会"。工会委员会的组织发展很快,数日之间,在济南周围的10多个县都参加了"济南理发业联合会"。在党的领导下,是年10月,"济南理发业联合会"宣布"山东理发业联合总会"成立,并发表了成立宣言。理发业工人的斗争,对山东工人运动的迅速发展起了带头作用。

1922年底,中国政府接收青岛主权之后,中共中央及山东地方组织便立即着手在这个重要港城开展工运工作。山东党组织派邓恩铭来到青岛,对原四方机厂的"圣诞会"改造做了许多工作。在党的帮助教育下,这个带有迷信色彩的行会组织,成为党领导下青岛市最早的工会组织。1923年8月,"圣诞会"带领机厂工人举行了一次罢工,迫使厂方答应了增加工资等项条件。这是青岛工人运动史上在党影响下进行的第一次大罢工。1924年1月,四方机厂工人在"圣诞会"的领导下,为厂方迟迟不发年终双薪和红利,再次举行了罢工。胶济路各站闻风而动,积极响应,路局被迫照发了年终双薪和红利,罢工又一次取得了胜利。

"圣诞会"的发展,引起胶济铁路当局的恐慌,他们千方百计寻机破坏,于1924年9月强行解散了"圣诞会"。1925年2月8日,党利用胶济铁路当权者南北派之间争权夺利的内讧,发动了胶济铁路工人的全路大罢工,"罢工场面非常壮大"。① 在邓恩铭的具体领导下,罢工坚持了9天,取得了胜利,"工人们每人每天都增加了工资7分"。② 并于同年3月成立了胶济铁路总工会及青岛、高密、坊子、张店、济南、四方机厂等6个分会。

胶济铁路总工会的建立,有力地推动了山东工人运动的发展。中国工人运动领导人邓中夏高度赞扬说:二七失败后,中国工人运动暂时进入消沉期,"此时有一新生势力为'二七'时所没有的,就是异军突起的胶

---

① 《申报》1925年2月14日。
② 中共青岛铁路地区工委、中科院山东分院历史所、山东大学历史系编:《胶济铁路史》,山东人民出版社1961年版,第78页。

济路工会,该会在中国工人阶级大受打击之后,居然能起来组织工会,会员发展到一千五百余人,不能不算是难能可贵"。①

铁路工人的罢工斗争对青岛日本纱厂工人影响很大。日本商人在青岛经营的大康、内外棉、隆兴和钟渊、富士、宝来等6大纱厂,共雇用中国工人近2万名,约占青岛产业工人的60%。为最大限度获得高额利润,日本资本家采取种种超经济的强制手段榨取工人的血汗。胶济铁路全路罢工胜利后,党的工人运动的重点便转向青岛四方一带日本垄断资本家所开办的纱厂,领导纱厂工人向资本家展开斗争,其中有较大影响的有三次纱厂同盟大罢工。

1925年4月19日,青岛日本大康纱厂工人举行罢工,向日方提出承认工会、增加工资、改善待遇、保护童工和女工等21条内容。此后几天,其他纱厂工人纷纷响应,一时罢工风潮席卷全市,参加罢工者达万余人,实现了同盟罢工。这次罢工斗争由于党的正确领导,坚持了22天之久,最后取得了胜利。工人的胜利,使日本人大为恼火,与工人的矛盾进一步加深,由此引发了5月25日开始的第二次同盟大罢工。日本帝国主义向北洋政府施压,要求镇压罢工。5月29日凌晨,军警冲进工厂,向抵抗的工人开枪,造成数十名工人伤亡,这便是震惊中外的"五二九惨案"。5月30日,上海发生"五卅惨案",因两起惨案接连发生,时称"青沪惨案"。7月23日,大康纱厂厂主无故将一名12岁童工打成重伤,昏倒在地,引起全厂工人义愤。经大家酝酿后,遂向厂方提出几项要求,限在4小时内答复,否则举行全厂罢工。厂主置若罔闻,大康纱厂工人于限时过后立即举行了全厂罢工。内外棉、隆兴工厂工人闻讯响应,遂掀起了青岛纱厂工人第三次同盟大罢工。这次罢工也遭到北洋政府的武装镇压,并波及全省,整个山东陷于北洋政府严厉压迫之下,群众反帝爱国运动转入低潮。

---

① 邓中夏著:《中国职工运动简史》,人民出版社1953年版,第116页。

青岛日本纱厂工人三次同盟大罢工,经历了波折起伏的 100 余天。这三次罢工表明,在全国性的革命运动蓬勃发展的形势下,山东工人阶级表现出坚忍顽强和特别能战斗的精神,山东工人阶级的觉悟迅速提高,斗争的目标已从单纯的经济要求而转向以反帝反军阀为主要目的的政治斗争。这标志着山东工人阶级在中国共产党的领导下已登上了政治舞台,全省各界群众在工人阶级领导下的联合斗争也显示出巨大威力。

淄博是山东煤矿工人比较集中的地方,中共"一大"以后,山东党组织十分重视该地区的工作,派王尽美、邓恩铭等人到这里开展和指导工人运动。他们深入矿区进行调查研究,在煤矿工人中宣传革命道理,于 1922 年 6 月建立了"矿业工会淄博部发起会",这是中共山东党组织在淄博建立工人群众组织的开端。山东矿业工会淄博部是继济南大槐树津浦铁路机车厂工会之后,山东较早的工会组织之一。虽然不久因日本宪兵镇压,王尽美等离开矿区,工会被迫停止活动,但它却是山东煤矿工人由自在阶级走向自为阶级的标志,唤起了广大矿工团结斗争的意识,对推动以后山东煤矿工人运动起到了奠基石的作用。

二、第二次国内革命战争时期的山东工人运动

第二次国内革命战争时期,山东工人阶级在中国共产党的领导下,为自身的解放事业进行了艰苦卓绝的斗争,成为当时反帝反封建的重要力量。

1. 1927 年大革命失败至 1929 年"济案"解决,是第二次国内革命战争时期山东工人运动的第一阶段。

大革命失败后,全国革命斗争特别是工人运动受到影响,在贯彻"八七"会议精神之后,中共山东地方党组织清除了陈独秀右倾错误路线的影响,积极领导山东工人阶级对日本帝国主义及新旧军阀进行斗争,山东工人运动摆脱了"五卅"以后的消沉状态,而逐渐发展起来。

1928年2月20日,津浦铁路济南工厂全体工人罢工,要求厂方立即发薪,并表示:"若不按期开支,纵全体开除,也是罢工。"①2月22日,济南兵工第二厂工人因要求加薪全体罢工。4月29日,济南新城兵工厂工人自动组织起来,包围了厂长办公室,要求发放四月下半月工资。这几次罢工都有党组织参与其中进行领导,最后都取得了成功。

1928年2月,周村邮电工人在中共党组织的发动和领导下举行了第一次罢工。同月,周村恒兴德、裕厚堂、同丰、元丰四家主要纱厂1400多名工人,为增加工资、改善劳动条件,成立了工会组织,并举行了联合罢工,经过三天的斗争,终于迫使资方接受了工会提出的条件。同年4月,周村各纱厂工会因反对资方勾结官府,逮捕和开除工人而又一次举行大罢工,迫使反动当局答应了"释放被捕工人""恢复被开除的工友的工作""不再镇压工人运动"等条件。与此同时,青岛、潍县、烟台、济宁等地工人的斗争也此起彼伏。

1928年5月3日,"五三"惨案发生。在中日矛盾激化和中共党组织的号召组织下,山东工人运动蓬勃开展,逐渐走向高潮,成为反帝斗争中的一股巨大力量。

5月10日,胶济铁路总工会发出《告全路工友书》,号召全路工友不再为日本运送军火武器,并向日本帝国主义提出"一星期内日兵全体退出山东"等6项"最后通牒",并限日本当局于48小时内答复,"否则以全路总罢工的手段对付"。②同日,青岛各界人民组织了反对"五三"惨案示威大游行,工人参加甚众。

6月24日,淄博炭矿工会为反对鲁大公司日本资方裁人,组织发动了全矿4000多名工人的大罢工,向鲁大公司提出了22项条件,并限令6小时答复。工人纠察队与前去镇压的日军展开了激烈搏斗,并夺下了日

---

① 山东省档案馆、山东省社科院历史研究所编:《山东革命历史档案资料选编》第一辑,山东人民出版社1981年版,第263页。
② 山东省档案馆馆藏档案1-037。

军部分枪支,日军抓去9名工人。罢工斗争坚持了数日,鲁大公司与日军被迫释放工人,并答应了工人提出的部分条件,工资平均提高一成左右。①

"五三"惨案之后,山东工人阶级同日本帝国主义进行了英勇的斗争,同时也面临着国民党政府对工人运动的破坏。国民党成立了由国民党党部直接控制的"工会整理委员会"(简称"工整会"),对旧有的工会组织进行所谓整顿,开始镇压工人的活动。1928年7月,我党领导的枣庄煤矿工会(亦称外工会)正式成立,不久即以工会名义要求资方速发工资,否则将举行罢工。惧于枣庄煤矿工人即将掀起的罢工风潮,国民党枣庄矿区"工整会"在取消"外工会"的主张未能奏效之后,即将工人领袖抓捕,强行解散了"外工会",从而使枣庄煤矿工人运动受到了严重破坏。

2.1929年春至1933年,为第二次国内革命战争时期山东工人运动的第二阶段。

"济案"解决后国民党完全控制了山东,在其统治渐趋稳定的同时,开始了对工人运动的摧残镇压。山东工人阶级在共产党的领导下,与国民党反动派进行了坚决斗争。但由于这一时期党内出现了两次严重的"左"倾错误,在这种错综复杂的政治斗争形势下,山东工人运动呈现曲折发展的状况。1929年青岛纱厂爆发的"民国十八年大罢工"是这一时期的典型代表。

1929年7月青岛日本六大纱厂工人宣布同盟大罢工,争取自己的合法利益。工人们在中共党组织的领导下,开始了一场声势浩大的反帝斗争。华资的华新纱厂工人为了支持日本纱厂工人的斗争也举行了同情罢工。在七大纱厂同盟罢工期间全市各界纷纷募捐支持纱厂工人的斗争,青岛纺织工人在各地援助下进行了长期的斗争。11月27日,坚持四个月之久的"民国十八年"大罢工结束,工人虽然在经济上得到了一点实

---

① 山东大学、淄博矿务局编:《淄博煤矿史》,山东人民出版社1986年版,第246页。

惠,但在日本帝国主义与国民党的联合镇压下未能取得全部的胜利。与此同时,青岛大英烟草公司、四方机厂等处工人及人力车夫进行的一系列罢工斗争,也多遭到失败。

这一时期青岛工人的罢工斗争虽然未获全胜,但给帝国主义以沉重的打击,山东其它地区的工人运动,自1929年年中开始,也逐渐发展起来。

1929年6月,淄博鲁大公司连续发生工人死亡事故,中日资本家仅给抚恤金40元,而包工头在井下运煤的马死一匹要偿价100元。① 这种人不如牲畜的待遇激起工人的愤怒,矿工们于7月15日起举行罢工。斗争坚持了一个多月,整个矿区生产几乎完全停顿,资方损失惨重。鲁大公司勾结官方镇压无济于事,最后被迫于8月27日同意了罢工工人提出的各项条件,罢工斗争取得胜利。

1929年7月,枣庄煤矿经过一年多的修复正式开工。工人们利用资方开矿之初害怕罢工的心理,提出了增加工资的要求,经过一段时间的交涉,工人最低工资由9元增加到9元5角。② 12月,济南齐鲁大学工人举行罢工,要求各级职工一律增加工资3元,最低月工资不少于12元。③ 1930年1月,济南搬运工会工人向各公司、商号要求增加运费,经过一个多月交涉,达到目的。同年2月,烟台印刷工人召开大会决定总罢工,会后举行了游行示威,全市各行业纷纷表示支持。据中共山东省委1930年2月的不完全统计,"半年来,工人阶级的斗争约有五六十次,参加斗争者达六万人以上"。④

---

① 《山东民国日报》1929年7月8日。
② 中共枣庄矿务局委员会、山东大学历史系、中科院山东分院历史研究所编:《枣庄煤矿史》,山东人民出版社1959年版,第90页。
③ 山东省档案馆、山东省社科院历史研究所编:《山东革命历史档案资料选编》第二辑,山东人民出版社1981年版,第146页。
④ 山东省档案馆、山东省社科院历史研究所编:《山东革命历史档案资料选编》第二辑,山东人民出版社1981年版,第141页。

正当山东工人运动方兴未艾之际,1930年6月,中共中央政治局在李立三主持下召开了会议,通过了《新的革命高潮与一省或几省的首先胜利》的决议,标志着"左"倾冒险主义错误在党中央占据了统治地位。在"左"倾错误领导下,山东各地特别是青岛党组织,在领导工人运动方面,不顾客观条件进行过一些过激、冒险的斗争,造成了一些不必要的损失,如青岛市委书记马恒德因暴露身份而被捕。[①] 1930年12月,山东省委作出了《关于反对立三路线和调和主义的决定》,纠正"左"倾冒险主义的影响,促使山东工人运动出现了一定转机。"九一八"事变后,中华民族与日本帝国主义的矛盾更加激化,全国各地普遍掀起了抗日救亡的浪潮。青岛、济南、淄博、枣庄等城市工人阶级纷纷举行游行示威、罢工等运动,如1932年相继发生了济南、德州津浦铁路工人大罢工、青岛日本纱厂工人大罢工、淄博、枣庄煤矿工人大罢工,与日本帝国主义进行顽强斗争。

3. 1934年至1937年抗战前为第二次国内革命战争时期山东工人运动的第三阶段。

1933年之后,国民党反动派的白色恐怖十分严重。山东各地党组织吸取了过去的经验教训,采取了更加切合实际的斗争策略,领导工人进行了规模较小的斗争,使山东工人阶级重新集结力量以迎接新的革命高潮。

1934年8月,青岛市党组织发动大康纱厂工人为争取改善待遇而进行斗争。11月,青岛大英烟草公司因开除工人激起罢工风潮。同年党在码头工人中成立了200余人的反日组织,进行了打击日本走狗的斗争。1935年7月,青岛华新纱厂工人为反对资方减薪而举行罢工。1936年2月,青岛市各纱厂工人响应中央"停止内战,一致抗日"的号召,举行全体罢工。

---

① 《申报》1930年10月23日。

1935年1月,济南鲁兴火柴公司200余名装盒工人因待料停工9天,公司不发工资,工人推派代表索要饭费,同时宣布罢工。5月,淄博鲁大公司北大井发生严重透水事故,致使矿工多人丧生。事故发生后工人家属500余人包围事务所,要求追究事故责任,并举行罢工。8月,博山琉璃、玻璃业工人为反对资本家与日人勾结控制硝、磺等生产原料举行游行示威,并捣毁了国民党"硝磺管理局"。

总之,这一时期山东各地的党组织在工人中开展工作,大部以宣传教育为主,采取小规模、短时间、多样化的斗争方式,没有出现前期工人运动大起大落的情况。1935年底山东党组织恢复了同上级的联系,1936年5月在济南恢复了山东省委。山东各地党组织重新有了统一的领导机构,从此山东工人阶级便在中国共产党领导下,以新的姿态投入了伟大的抗日民族解放战争。

三、抗日战争时期的山东工人运动

抗日战争时期,山东主要的城市均被日军占领,成为沦陷区,因此这一时期的山东工人运动从地理位置上分为两部分:一部分是敌后抗日根据地的工人运动,一部分是被日军占领的沦陷区的工人运动。这里重点论述山东城市"沦陷区"的工人运动。

1. 从1937年到1940年,是山东工人运动的重心由城市转向农村,参与开创发展根据地的时期。这一时期由于各地党组织致力于抗日武装的组织、起义的发动和根据地的建立,大批党的工运骨干力量投入武装抗日斗争,在山东各中心城市和重要交通线、工矿区仅留下少量同志,党对沦陷区工人运动的领导暂时减弱。这一阶段沦陷区工人运动主要表现为工人不堪忍受压迫而自发起来斗争。

抗战爆发后,由于国民党军队的溃逃,山东各大城市、主要交通要道、重要工矿区,均沦入敌手。日本占领山东之后,便加紧了掠夺的步伐。除了大肆掠夺山东的矿产资源之外,还采取各种手段吞并、控制山东的民族工业及其产品。日本帝国主义对山东沦陷区工人残酷的经济剥削和政治压迫,激起了工人群众极大的民族仇恨。沦陷区工人采取怠工、破坏、罢工等多种斗争形式,给日本帝国主义以沉重打击,显示了山东工人阶级不畏强暴、勇于斗争的民族气节。

1938年山东大部沦陷后,各城区、工矿区工人,在"不当汉奸,不出卖国土"的口号下,纷纷自动弃工撤走,拒不为敌人卖命。1937年12月胶济铁路失陷在即,铁路工人连同设备大批南迁。没有撤走的工人便躲在家中宁可饿肚子也不上工。济南各厂工人,在沦陷后多不出工,使敌人较长时间不能恢复生产,不得不挨家挨户去"请"工人。淄博矿区工人,一方面不为敌人卖命,另一方面自挖小井,以维持生活。工人们还经常采用逃跑、消极怠工、暗偷敌人物资、虚报产量、破坏机器等手段与日本侵略者进行顽强的斗争。随着日本侵华战争规模的扩大,沦陷区工人自发斗争的规模和形式也不断上升发展,先由个别人,之后发展到十几人、几十人;起初是悄悄地怠工,偷偷地破坏,最后发展到群起罢工,公开同日本侵略者展开面对面的斗争,给日本的统治以沉重打击。

2.1940年9月,中共中央连续发出了《关于加强敌后地市工作的指示》的两个通知。通知要求各地党组织纠正忽视敌后城市工作,消除与敌后城市和工业区工人脱离的现状。1941年4月,依照"隐蔽精干,长期埋伏,积蓄力量,以待时机"的敌占区十六字工作方针,中央专门就敌后城市工作,特别是工运工作如何组织、领导、采取什么方式、注意什么问题,提出了三项六条要求,为敌后工作的开展指出了方向。

自从党提出敌占区"十六字"工作方针和发出中央关于城市工作的指示后,中共山东分局即以城工部为主,加强了对沦陷区工人抗日活动的领导。恢复建立了包括各中心城市、重点矿区和重要铁路干线等工人集中区的工作委员会,从工人中培养发展积极分子入党,有的还建立了秘密工会。依照"十六字"工作方针,组织发动群众展开了多种形式的斗争。山东沦陷区工人抗日活动开始转向了由自发到有组织、由点线到普遍的斗争道路上来。

各地党组织根据中央指示精神,领导工人采取了怠工、罢工的斗争方式。做法是工人们按时上班后,机器照常运转,但只见设备运转,不见产品出来。有的是轮流站岗,监视敌人,大家睡觉。如新汶矿区安仙矿在党的地下工会秘密组织下,上班后就派一个工人在巷道站岗,其余人睡觉,当敌人来时,站岗的老远瞅见发个暗号,工人便干一阵子。敌人走后就再睡觉,如此往复,搞得敌人毫无办法。当敌人压榨非常凶狠的时候,各地党组织就瞅准机会,发动工人展开罢工。"据不完全统计,从1940年起,山东沦陷区党领导的规模较大的工人罢工斗争就有13起。"[①]工人有组织的怠工、罢工,一方面锻炼了沦陷区工人的斗争意志,另一方面使敌人的掠夺计划受到严重破坏。以日本对山东掠夺的主要资源煤炭为例,枣庄煤矿1942年产煤为250余万吨,1943年就降到220余万吨,1944年降到190余万吨,[②]比掠夺最高峰的1942年下降了24%。淄博煤矿1942年产煤为408万吨,1944年下降到327万吨,[③]比最高峰的1942年下降20%。

各地党组织根据行业的不同和工作特点,经常进行毁坏机器设备,制造生产事故的斗争,以破坏敌人的生产。如青岛码头工人经常深夜趁敌戒备松懈时,将船上、岸上放置的货物掀入大海,其中有日军从各地掠来的生铁、钢管、煤炭,还有成箱的子弹。铁路工人则以破坏机车车辆为主要斗争方式,司机经常违章运行,有时还往机件里放石头、铁屑,故意毁坏设备。修车工人检修时,往往越修越坏。

1940年以后,日军对各抗战根据地开始了疯狂"扫荡"和经济封锁,进行了五次"治安强化"运动,对根据地的生活、生产物资造成很大困难。

---

① 山东省总工会编:《山东工人运动史》,山东人民出版社1988年版,第315页。
② 中共枣庄矿务局委员会、山东大学历史系、中科院山东分院历史研究所编:《枣庄煤矿史》,山东人民出版社1959年版,第132页。
③ 山东大学、淄博矿务局编:《淄博煤矿史》,山东人民出版社1986年版,第294页。

为了打破敌人的封锁,山东各城区、工矿区党组织领导沦陷区各业工人开展了大规模从敌人手中"窃取"物资的活动以支援前方抗战。淄博、枣庄、新汶矿区的工人在党和地下工会组织下,冒着生命危险,盗取敌人的雷管、炸药、引信、钢轨、煤油等物支援我抗日部队。

组织沦陷区工人利用各种方式搜集敌人的军事情报,铲除汉奸,是沦陷区工人抗日活动的主要任务之一。1940年冬,鲁南军区被服厂遭到日军严重破坏,给部队过冬造成很大困难,军区党委决定从敌人身上想办法。在临枣铁路工人内线的帮助下,部队很快获得敌人运送军用物资车辆的时间、路线的情报,在预定地点截取了敌人的军车,缴获了大宗的衣物药品,补充了军需。各地党委还从工人出身和熟悉城市、工矿区情况的干部、战士中选拔了一部分精干力量,组成武工队,深入敌占城区、工矿区和铁路线,开展宣传抗日、镇压汉奸的工作。

3. 沦陷区工人里应外合,迎接抗战胜利。1945年8月9日,中共中央发出了《对日寇的最后一战》的声明,宣布了中国抗日战争全面反攻的开始。为配合正面进攻,山东省总工会向全省各级工会、各产业工人发出了紧急号召,号召前后方的工人紧急动员起来,投入到大反攻的斗争中去。枣庄矿区工人组成了工人纠察队,在消灭伪军王继美的战斗中,有3000多名工人自动参战。济南市区的工人,用怠工、罢工、逃跑的方式配合斗争,严重破坏敌人的运输供应。新汶矿区华丰矿的工人,当八路军攻打华丰时,首先关掉了电厂的电闸,打开了电厂的大门迎接八路军。铁路工人,当八路军发起反攻之后,除配合收复铁路线外,还承担了武器和物资的运转任务,保证八路军顺利完成向胶济路西段、津浦路兖济段及其他各段的进攻。从8月中旬山东八路军向各敌占城市、矿区、铁路线总攻开始后,在山东各地工人的积极配合下,很快收复了淄博、枣庄、新汶等矿区、胶济、津浦等铁路各大站和大部分中小县城,将敌困于济南、青岛、徐州等几个孤城之中,并创造了铁路游击队临枣受降,淄博工人奋起收复矿区,烟台工人武装起义等光辉业绩。日本宣布无条件投降后,山东敌后战场的八路军立即全线出击,大举收复失地,为山东工人运动的进一步发展创造了条件。

四、解放战争时期的山东工人运动

抗日战争胜利后,山东各大城市被国民党接收,由"沦陷区"变为"国统区"。国民党为了巩固在山东"国统区"的政权,除了采取高压手段镇压工人斗争以外,还在城市与工矿区扶植成立黄色工会,以欺骗瓦解工人阶级队伍,消磨工人群众的斗争意志,这是国民党拼凑扶植黄色工会的真实用意。黄色工会的主要特点是"官办工会",这就决定了它必然脱离广大工人群众,不可能反映工人群众的政治和经济要求。同时,因其以"反对阶级斗争,促进劳资合作"为宗旨,在劳资纠纷中总是或明或暗地袒护资方,也必然得不到工人群众的信任与支持。山东"国统区"的工人运动,在中共山东党组织的领导下,大体可分为三个阶段:

1. 抗战胜利到 1946 年 6 月内战爆发前,这一阶段工人运动的主要内容是向资本家讨还欠薪,要求改善生活和复工就业。1946 年 2 月,渤海工委铁路机务段党支部借国民党交通部巡查团到济南调查交通情况和原国民党省府主席沈鸿烈来济南之机,组织 1000 余名失业工人举行了三次复工斗争。失业工人和饥民曾奋不顾身冲进济南站货场抢夺粮食和物资。由于斗争是在统一领导下进行,措施得当,有理有节,取得了一定成果,使 100 多人得以复工。1946 年 5 月,青岛青纺一厂 1000 余名失业工人因厂方长期不发救济物资,生活陷于绝境,便乘选举青岛市"国大"代表的时机,一起到市政府请愿,要求当局给工人选举权和工作权。该厂资本家又无故裁减了多名工人,激起工人的愤怒,工人举行罢工,抗议无故解雇工人并要求增加工资。经过斗争,"迫使厂方撤销了裁判令,并给工人每月增加工资 1 万元,玉米 20 斤",[①]罢工取得胜利。

---

① 山东省总工会编:《山东工人运动史》,山东人民出版社 1988 年版,第 393 页。

2. 从 1946 年 7 月内战全面爆发到 1947 年 6 月解放军战略反攻前，这一时期工人运动的方针是反内战、反饥饿、求生存。在解放战争防御阶段，国民党政府冻结生活费指数，用饥饿政策摧残工人运动，使工人阶级反对美蒋的斗争不断高涨。1946 年 10 月起，国民党政府出于进攻胶东与鲁中解放区的需要，加紧了对铁路的控制，他们取消了铁路工人的休假与探家制度，延长了劳动时间，不服从者即予开除。1947 年 2 月，济南站张店籍工人愤而举行罢工，喊出了"要求探家""反对无故开除工人"的口号。铁路当局怕引起更大的工潮，被迫应允了工人的条件。

1947 年春，青岛港六号码头杂货部工人也掀起了"伙食风潮"，要求立即取消沿用了几十年的"把头包饭制"。最终罢工取得胜利，吸吮工人血汗的"把头包饭制"被一举粉碎，工人工资也由工人出纳委员直接从码头运输管理处领取，避免了把头的中间克扣。随后，运搬、行李二部的工人也行动起来，经过斗争取得胜利，实现了伙食和工资的自理。杂货、运搬、行李三部取缔"把头包饭制"后，地下党开始考虑如何使约占全港工人半数的煤盐部工人也能实现这一目标。在地下党的精心准备下，煤盐部工人开始罢工，并最终取得了胜利。像这种直接针对国民党港务当局、黄色工会以及封建把头的罢工斗争，在青岛港历史上是前所未有的，青岛码头工人在党的领导下，把反独裁反迫害的斗争推向了一个新阶段。

1946 年 10 月，枣庄矿工为了打击驻枣国民党军队，收复矿区，在鲁南区党委和鲁南军区的领导下成立了"枣庄工人支队"。这支队伍是在我党领导的原护矿队的基础上，又吸收了大批工人骨干组成的。枣庄工人支队建立以后，队员的战斗热情很高，在枣庄周围开展游击战。后来，根据形势的发展，这支矿工武装和以枣庄回族工人为主体组成的"回民大队"，一起编入我军主力部队，在解放战争中转战南北。

3. 从 1947 年 7 月解放军由战略防御转入战略反攻到全国解放，这一时期，山东"国统区"工人运动的主要任务是反迫害、争民主。在解放战争战略反攻阶段,国民党当局不甘心失败,在"国统区"抓丁征税,残酷剥削工人,实行法西斯恐怖政策,在斗争过程中,工人阶级与国民党的御用工具黄色工会进行了坚决的斗争,使工人运动发展到了一个新的高度,在"国统区"形成了反对美蒋统治的第二条战线。

国民党接收铁路后不久,就开始裁减铁路员工。1947年6月,济南铁路局发布《非常时期铁路紧缩办法》,按此法执行,将有很多职工被裁。7月4日,一场反裁员、求生存的斗争在铁路职工中间爆发了。同日,济南机车工厂工人为支持反裁员斗争也举行了联合罢工。"七四"事件轰动了胶济路全线,数日间,参加罢工人数就达万余名,最后迫使当局只得暂缓执行裁员办法。1947年10月,青岛港务局机械修配所工人为要求调整待遇举行罢工,并于11月5日至市参议会请愿。11月2日,港口搬运工人联合港务局和自来水厂工人发起反饥饿斗争,推派代表向市府请愿,要求解决生活问题。此外,码头工人还经常破坏敌人军需给养。工人们对仓库情况了如指掌,一有机会便把军用物资拉出港外变卖,或通过关系运往解放区。青岛码头工人的斗争有力地阻碍了敌人军用物资的供应,沉重打击了国民党在青岛的法西斯统治。

到1948年秋季,随着人民解放战争的节节胜利,在山东的国统区内,所有大中城市和铁路、矿山、码头等各业工人,为了迎接解放,积极开展了护厂、护路、护矿的运动。各地职工还在党组织的领导下,秘密行动起来,搜集城市军事、政治、经济、文化各方面的情况,进行监视、牵制、瓦解敌人,给解放军带路,送情报,以及帮助维护社会秩序等活动,用各种有效的形式,支援配合人民解放军的胜利进军。

作为山东城市下层社会的中坚力量和代表,山东的工人阶级是近代山东出现的一个全新的社会阶层,它虽然来自破产的农民和手工业工人,但其既不同于那些与落后经济形式相联系的农民,也不同于近代工业出现以前的各种手工业工人,是历史上革命最坚决、最彻底的阶级,同时也是最有组织性、纪律性和团结性的阶级。

与全国其他地区的工人阶级相比,山东工人阶级登上政治舞台较早。山东工人阶级是19世纪70年代之后从外国资本、官僚资本和民族资本的近代工业中产生的,其真正形成一支以产业工人为主体的、相对稳定的工人阶级队伍,则是在第一次世界大战期间。这一形成时间,较之南方沿海、沿江开埠早的诸省市是晚了一些,产业工人数量也不太多。但由于山东特殊的地理、政治、经济因素,也由于早期马克思主义者的积极活动,特别是中共山东党组织建立之后,在开展工运中,将工作重点放在济南、青岛、淄博等产业工人集中的城市和工矿区,所以,山东工人阶级作为一支独立的政治力量,登上政治舞台较早。反帝爱国是贯穿山东工人运动的一条主线,蓬勃发展的山东工人阶级,是当时北方比较活跃的一支革命力量,在全国占有重要的地位。

结　语

民国时期山东城市下层社会的变迁,是在不断的社会变化中进行的,是多种因素互相作用的结果,也是整个社会发展的一个组成部分,它既有与其他社会阶层变迁相同的共性,也有自己的特性,是近现代中国下层社会发展变化的一个缩影。

一、自然、经济、政治因素对下层社会发展的一般影响

俗话说"一方水土养一方人",一个地区社会阶层的发展,当地的自然条件是基本因素。山东地处中国东部沿海、黄河下游,东临黄海、渤海,是中国主要沿海省市之一。胶济铁路横穿东西,津浦铁路贯通南北,交通十分方便。水平地形分为半岛和内陆两部分,东部的山东半岛突出于黄海、渤海之间,隔渤海海峡与辽东半岛遥遥相对,庙岛群岛(又称长山列岛)屹立在渤海海峡,是渤海与黄海的分界处,扼海峡咽喉,成为拱卫首都北京的重要海防门户。西部内陆部分自北而南依次与河北、河南、安徽、江苏4省接壤。山东的地形、气候、资源、物产、交通状况等大都有利于社会的发展。山东系暖温带季风气候类型,四季分明,冷热适中,光照资源充足,适于农、林、牧、渔各业发展。降水集中,雨热同季,年平均降水量一般在550毫米~950毫米之间,由东南向西北递减。由于

降水量60%以上集中于夏季,故易形成涝灾,冬春又常发生旱灾,对农业生产影响较大。但如能开发利用好水利资源,即可克服这一弱点。山东海洋资源得天独厚,近海海域占渤海和黄海总面积的37%。山东有3000多公里的海岸线,不乏青岛、烟台、威海等优良港口。山东内陆多为平原、丘陵,煤、铁、铝、金等矿产资源十分丰富,小麦、玉米、高粱、大豆、花生等农产品也是品种多、产量大,均为社会发展之所必需。

从自然条件来看山东省是较好的,在全国来看也处于中上,对于下层社会乃至全社会的发展来说打下了一个比较好的基础。但如正文所述,下层社会经历了艰难曲折的发展过程,并不顺利。这是因为除了自然因素外,影响下层社会发展变迁的还有经济、政治等诸因素。

在经济方面,到1949年,全省工农业总产值29.22亿元(比第二次世界大战前的1936年下降了20%),其中农业总产值20.07亿元,工业总产值9.15亿元。① 全省有工业企业112422个,其中国营企业354个,产值3.65亿元,占工业总产值的38.62%;私营企业4252个,产值2.9亿元,占工业总产值的30.69%;个体手工业107707个,产值2.65亿元,占工业总产值的28.04%。在工农业总产值中,农业总产值占68.69%,工业总产值占31.31%。如去掉个体手工业在工业总产值中所占的28.04%(手工业在工农业总产值中约占8.67%),现代工业企业在工农业总产值中仅占22.64%,略高于全国的17%。② 但全国包括西部、边陲、落后省份,山东是东部沿海省份,故不论怎么看,其现代化工业所占比重都是较低的。

工农业比例不合理,农业重而工业轻,基本上是个生产力低下的农业省。在工业内部,轻工业与重工业比例也不合理。在工业总产值中,轻工业产值8.25亿元,占90%,重工业产值0.9亿元,占10%。③ 而且工

---

① 逄振镐、江奔东主编:《山东经济史》(现代卷),济南出版社1998年版,第1—2页。
② 山东省计划委员会编:《山东省国民经济计划志资料长编》第一编,1986年版,第15—17页。
③ 山东省地方史志编纂委员会编:《山东省志·工业综合管理志》,山东人民出版社1993年版,第5—6页。

业布局也很不平衡,工业局限在东部沿海青岛、烟台、威海及胶济铁路沿线济南、淄博等几个孤立的城市中,而南部、西部、西北部等大部分地区几乎没有工业。

农业经济萧条。1949年,全省耕地面积13091.9万亩,全省总人口4549万人,全省人均耕地面积2.88亩,农业人口人均耕地面积3.05亩。由于残酷的封建剥削、长期战争破坏及严重的自然灾害,全年粮食产量仅为870万吨。①

1949年,全省社会总产值32.23亿元,国民收入18.57亿元。② 按山东省人口4549万平均计算,社会总产值人均不足71元,国民收入人均不足41元。

虽然山东城市下层社会通过自己艰辛的劳动,对促进经济的发展起了很大作用,但是从总体上看,民国时期山东的经济状况仍然落后。其根本原因是缺乏促进社会各阶层健康发展的前提。江泽民指出:"鸦片战争后,中国成为半殖民地半封建国家。中华民族面对着两大历史任务:一个是求得民族独立和人民解放;一个是实现国家繁荣富强和人民共同富裕。前一任务是为后一任务扫清障碍,创造必要的前提。"③胡锦涛也指出:"孙中山先生领导的辛亥革命,推翻了统治中国几千年的君主专制制度,为中国的进步打开了闸门。……中国共产党领导的新民主主义革命和社会主义革命,推翻了帝国主义、封建主义、官僚资本主义在中国的统治,建立了新中国,确立了社会主义制度,为当代中国一切发展进步奠定了根本政治前提和制度基础。"④这就是说,从鸦片战争到新中国成立整个近代时期,中国(当然也包括山东)社会要发展,必须进行反帝

---

① 逄振镐、江奔东主编:《山东经济史》(现代卷),济南出版社1998年版,第2页。
② 逄振镐、江奔东主编:《山东经济史》(现代卷),济南出版社1998年版,第1页。
③ 江泽民:《高举邓小平理论伟大旗帜,把建设有中国特色的社会主义事业全面推向二十一世纪》,1997年9月12日。
④ 胡锦涛:《在纪念改革开放30周年大会上的讲话》,2008年12月18日。

反封建斗争,以求得民族独立和人民解放,这是前提。没有这个前提,就不可能向前发展。

鸦片战争后,山东同全国一样,一步步沦为半殖民地半封建社会。鸦片战争后特别是烟台、青岛相继开埠后,外国侵略势力伸入山东。德国在1898年强占了胶州湾,并把山东省变成了它的"势力范围";同时,英国也在"租借"的名义下,强占威海卫。在第一次世界大战中,日本于1914年以对德宣战为由,向山东大举进攻,夺取了原德国在山东的权益。其后,日本帝国主义又支持军阀马良、张宗昌等镇压了山东的五四爱国运动和五卅爱国运动。1928年日军再次出兵山东,制造了震惊中外的五三惨案,并强行占领济南一年多。抗战爆发后,山东几乎全部沦陷。抗战胜利后,美帝国主义支持蒋介石打内战,山东成为其重点进攻地区。总之,近代以来,山东是遭受外国帝国主义尤其是日本帝国主义侵害最深的省份之一。

与此同时,山东也是封建势力统治严重的省份之一。山东是孔孟之乡,长期作为封建王朝统治的精神支柱和指导思想的儒家思想在山东源远流长、根深蒂固。无论是晚清封建统治者,抑或是北洋军阀和国民党的势力,都一脉相承地在山东实行封建统治,都将封建地主阶级作为其统治基础;也都一脉相承地倡言并力行"尊孔读经",以此禁锢山东人民的思想,抵制进步文化。山东在外国帝国主义侵略奴役与国内封建势力统治剥削的双重压迫之下,民族没有独立,人民没有解放,下层社会如何有好的命运?

有鉴于此,山东人民前仆后继地进行了反帝反封建的斗争,下层社会是其中的生力军。事实证明,人民每进行一次斗争,每进行一场革命,社会的发展就前进一步。辛亥革命到抗战前,山东经济得到了较快发展,除了客观原因外,辛亥革命推翻帝制,以及五四运动所迸发出来的爱国主义激情,无疑是重要的动力源泉。更为重要的是,五四爱国运动产生了中国共产党,从此开始了共产党领导下的下层社会的变迁。波澜壮阔的抗日战争、气势磅礴的解放战争,中国共产党及其领导的山东人民推翻了外国帝国主义和国内封建势力的统治,实现了社会发展的全面进步。这都从正面证明了反帝反封建斗争与中国近代社会发展的密切关系。

除了上述这个根本原因外,民国山东城市下层社会的发展还受到其他一些具体因素的影响。比如,近代山东多土匪,是全国匪患严重的"重灾区"之一;近代山东尤其是北洋军阀统治山东之后,直至解放,山东多战乱,民不聊生;近代山东除"人祸"外,还有"天灾",尤其是黄河,年年为患,甚至一年几患。社会动荡不安,灾害时常袭扰,人民不得"安居",焉能谈得上"乐业"?相比而言,山东抗战前一段时间,即韩复榘主鲁时期,战争较少,社会比较安定,于是社会经济就发展了,曾达到旧中国时山东的最高水平。这也从一个侧面证明社会稳定是实现社会向前发展的一个重要因素。但在民族没有独立、人民没有解放的旧中国,即便是韩复榘主鲁时期,实现社会向前发展的根本前提仍是反帝反封建斗争。在半殖民地半封建社会里,即使社会再稳定,其发展也只能有"量"的变化,绝不会发生"质"的突进。所以稳定只是影响当时社会发展的一个重要因素,而不是根本原因。

从辛亥革命到解放战争,从旧民主主义革命到新民主主义革命,其间各种斗争连绵不断,跌宕起伏。从北洋军阀对民主共和的践踏与革命势力的反抗斗争,到国民党的地方独裁统治与共产党领导的反独裁的武装暴动,从抗日战争时期日本侵略战争与国共和山东人民的反侵略战争,到解放战争时期国共所代表的两种不同历史命运的大决战,所有这些都是激烈的、复杂的。辛亥革命以后的政局变动是辛亥革命的发动者所始料未及的,中国新旧政治体制的转型也因这一始料未及的政局变动而变得曲折和复杂,并直接影响着社会各阶层的变迁。

受此影响,在帝国主义和封建势力统治下不被重视的城市下层社会的发展就非常艰难,极不稳定。只有在中国共产党领导下的新民主主义革命中,下层社会才真正被重视,才能真正掌握自己发展的命运。

二、东西方文化、新旧文化冲突对下层社会发展的重要影响

"近代西方文化是伴随着血与火而涌入中国的。因而西方文化的冲击带有强烈的侵略性质,中国被迫打开大门、承受西方文化,则具有明显的屈辱、被动和非自觉性。"[①]中国传统社会的特点表现为,政治上是高度的中央集权,经济上是一家一户的小生产。与此相适应,在意识形态领域里占统治地位的是儒家思想。山东是孔孟之乡,儒家思想、安守自封观念更是深入人心,如果没有外来因素的影响,社会各阶层的发展将会缓慢地、四平八稳地进行下去。这一情况决定了中西文化冲突在山东必然表现得比其他地区更为激烈。

辛亥革命之前,山东的中西文化冲突突出地表现为民教冲突。山东是基督教会在中国传教成就最大的省份之一。1911年,山东的新教教徒数为21947人,1920年增加到41821人,占全国信徒总数的12%以上,信徒人数居全国第二位,仅次于广东。[②] 西方文化的大规模进入,导致了中西文化的激烈冲突,山东各地频繁发生的教案可以从一个方面反映出中西文化冲突的实际情形。1910年以前在山东发生有记载的教案有43起。[③] 民教冲突,归根到底还是个侵略与反侵略的问题。传教带有侵略性质,因而具有强烈民族意识和爱国意识的山东人民面对境外的入侵本能地进行抗击是必然的。

辛亥革命特别是五四运动后,除原来的中西文化冲突继续延续外,从西方传入山东的各种不同的社会思潮尤其是马克思主义与非马克思主义之间的论争也异常激烈,但最终马克思主义占了上风。马克思主

---

① 丁守和:《从中西文化的比较看中国现代化的历程》,湖北大学中国思想文化史研究所编:《中国文化的现代转型》,湖北教育出版社1996年版,第110页。
② 陶飞亚、刘天路著:《基督教与近代山东社会》,山东大学出版社1995年版,第122—123页。
③ 陶飞亚、刘天路著:《基督教与近代山东社会》,山东大学出版社1995年版,第347—351页。

义与中国具体国情相结合,产生了中国共产党领导的新民主主义革命。

民国时期山东,新旧文化的冲突也异常尖锐。这种冲突在五四新文化运动中表现得尤为突出。五四之前的新文化运动,提倡民主、科学,反对专制、迷信,尤其是对在山东影响至深的儒家学说为代表的维护封建专制制度的旧礼教、旧道德发动了猛烈的攻击。五四之后的新文化运动,使马克思主义在山东得到广泛传播,先进的知识分子大力宣传马克思主义,对一些非马克思主义的思潮进行了猛烈的抨击,对封建旧礼教、旧伦理继续攻击。面对革命浪潮,新旧军阀及封建维护者们拼命挣扎,一次又一次地掀起了"尊孔读经"的复古逆流。但以马克思主义为代表的新文化最终取得了胜利。

在如此激烈的中西文化、新旧文化的冲突中,下层社会的变迁不可能再缓慢地、四平八稳地进行下去,而是受到了剧烈的冲击。其正常发展的过程被打乱,时而倒退,时而停滞不前。直到在代表先进文化的中国共产党领导下,下层社会的发展才逐步找到方向,走上了正常的向前发展的道路。

三、党的领导对下层社会发展的决定性影响

民国山东城市下层社会的发展以中国共产党的成立为界,前后有着本质的区别。共产党成立之前,下层社会受外国帝国主义、国内封建势力的剥削和压迫,无法掌握自己的命运,始终处于饥寒交迫的悲惨境地,甚至是在死亡线上挣扎。其发展也是缓慢的、不自觉的。中国共产党成立后,山东是党组织建立较早的地区,山东城市下层社会也较早地受到了影响。在共产党的领导下,以工人阶级为主力军的城市下层社会第一次有了翻身做主人的机会,第一次有了主宰自己命运的机会。下层社会的发展进入了一个新的阶段:开始与党所领导的伟大的新民主主义革命相关联,从不自觉的、受压迫式的发展变为自觉的、积极的发展,即从量

变到质变。

新民主主义革命胜利之前,帝国主义的侵略和封建主义的压迫是下层社会向前发展的最大障碍。毛泽东在《论联合政府》中曾指出:"在一个半殖民地的、半封建的、分裂的中国里,要想发展工业,建设国防,福利人民,求得国家的富强,多少年来多少人做过这种梦,但是一概幻灭了。许多好心的教育家、科学家和学生们,他们埋头于自己的工作或学习,不问政治,自以为可以所学为国家服务,结果也化成了梦,一概幻灭了。"①事实证明,没有民族的独立和人民的解放,无论哪一种势力掌权,中国社会的健康发展都只是幻想。历史告诉我们,共产党领导的新民主主义革命的胜利是中国社会向前发展的根本前提。

中国共产党自诞生起即高举反帝反封建的旗帜,领导中国人民进行新民主主义革命,并使革命斗争从胜利走向胜利。在山东,共产党先后领导了国民革命、土地革命、抗日战争、解放战争,直到山东全部解放。"革命是解放生产力",②是为实现社会向前发展扫清障碍,解决前提。《中国共产党章程》中规定:"党除了工人阶级和最广大人民群众的利益,没有自己特殊的利益。"并且始终将全心全意为人民服务作为自己的宗旨。共产党领导人民进行新民主主义革命,归根到底都是为了人民,都是代表着中国最广大人民的根本利益。正如习近平总书记所说:"守初心,就是要牢记全心全意为人民服务的根本宗旨,以坚定的理想信念坚守初心,牢记人民对美好生活的向往就是我们的奋斗目标;……时刻不忘我们党来自人民、根植人民,……永远不能脱离群众、轻视群众、漠视群众疾苦。"③

在近代中国,只有共产党真正代表了广大劳苦大众(也包括城市下层社会)的根本利益,真正把领导广大劳苦大众翻身得解放作为己任。

---

① 《毛泽东选集》第 3 卷,人民出版社 1991 年版,第 1080 页。
② 《邓小平文选》第 3 卷,人民出版社 1993 年版,第 370 页。
③ 习近平:《在"不忘初心、牢记使命"主题教育工作会议上的讲话》,2019 年 5 月 31 日。

在党的领导和指引下,广大劳苦大众有了明确的奋斗目标:推翻三座大山,翻身做主人。当然,这种"从不自觉的、受压迫式的发展变为自觉的、积极的发展"在新民主主义革命胜利之前有一个渐进的过程,并不是一蹴而就的。只有在新民主主义革命完全取得胜利、推翻三座大山之后,广大劳苦大众才能真正成为国家的主人,才能彻底完成这一从量变到质变的过程。

历史证明,只有共产党才能救中国,历史还将证明,只有共产党才能领导中国进行社会主义建设。始终代表中国先进生产力的发展要求、始终代表中国先进文化的前进方向、始终代表中国最广大人民的根本利益的中国共产党必将带领中国人民在社会主义康庄大道上奋勇前进!

参考文献

一、档案类

1. 山东省档案馆馆藏档案
2. 山东省图书馆馆藏档案
3. 中国第二历史档案馆馆藏档案
4. 济南市档案馆馆藏档案
5. 青岛市档案馆馆藏档案
6. 烟台市档案馆馆藏档案
7. 威海市档案馆馆藏档案
8. 淄博市档案馆馆藏档案
9. 潍坊市档案馆馆藏档案
10. 济宁市档案馆馆藏档案

二、地方志、调查统计资料类

1. 赵琪修、袁荣等纂:《胶澳志》,青岛华昌印刷局1928年版
2. 潘守廉修、袁绍昂纂:《济宁县志》,台北成文出版社1968年版(据1927年铅印本影印)

3. 葛延瑛、吴元禄修、孟昭章等纂:《重修泰安县志》,泰安县志局1929年版

4. 张英麟、毛承霖纂:《续修历城县志》,历城县志局1926年版

5. 梁秉锟修、王丕煦纂:《莱阳县志》,台北成文出版社1968年版(据1935年铅印本影印)

6. 张自清修、张树梅、王贵笙纂:《临清县志》,台北成文出版社1968年版(据1934年铅印本影印)

7. 李树德修、董瑶林纂:《德县志》,台北成文出版社1968年版(据1935年铅印本影印)

8. 舒孝先修、崔象谷纂:《临淄县志》,1920年版

9. 石毓嵩、路程㵲纂:《商河县志》,台北成文出版社1976年版(据1936年铅印本影印)

10. 王元一:《桓台县志》,1934年版

11. 王荫桂修、张新曾纂:《续修博山县志》,博山三元堂书店1937年版

12. 董政华修、孔广海纂:《阳谷县志》,济南翰墨斋南纸印刷局1942年版

13. 叶春墀编:《济南指南》,大东日报社1914年版

14. 罗腾霄编:《济南大观》,济南大观出版社1934年版

15. 周传铭编:《济南快览》,济南世界书局1927版

16. 孙宝生编:《历城县乡土调查录》,历城县实业局1928年版

17. 魏镜编:《青岛指南》,平原书局1933年版

18. 谋乐编:《青岛全书》,德国青岛印书局1911年版

19. 青岛市社会局:《青岛市社会局行政纪要》,青岛市社会局1931年版

20. 胶澳商埠局编:《胶澳商埠行政纪要》,青岛华昌印刷局1927年版

21. 胶澳商埠局编:《胶澳商埠行政纪要续编》,青岛华昌印刷局1929年版

22. 郑千里编:《烟台要览》,胶东新报社1924年版

23. 刘精一编:《烟台概览》,复兴印刷书局1937年版

24. 刘云楼等编:《烟台大观》,烟台大观编辑所1941年版

25. 伪山东省公署:《山东省概况》,伪山东省公署1941年版

26. 张育曾、刘敬之编:《山东政俗视察记》,1934年版

27. 山东省地方史志编纂委员会:《山东省志》,山东人民出版社1991—2001年版

28. 杨士骧等修、孙葆田等纂:《山东通志》,商务印书馆1934年版(上海古籍出版社1991年影印版)

29.《民国山东通志》编辑委员会:《民国山东通志》(1—5册),山东文献社2002年版

30.《山东史志丛刊》编辑部:《山东史志丛刊》,山东省地方志编纂委员会1987—1992年出版

31. 何炳贤主编:《中国实业志·山东省》,民国实业部国际贸易局1934年版

32. 胶济铁路车务处:《胶济铁路经济调查报告总编》,胶济铁路车务处1933年

33. 山东省政府建设厅编:《山东矿业报告(第五次)》,1936年

34. 山东省会警察厅编:《山东全省警务报告书》,1927年

35. 山东省会警察局:《山东省会警察概况》,1937年

36. 济南市社会局:《济南市社会局工作报告(十八年度)》,1929年

37. 济南市公署秘书处编印:《济南市政概要》,1940年

38. 王清彬等编:《第一次中国劳动年鉴》,北平社会调查部1928年版

39. 邢必信等编:《第二次中国劳动年鉴》,北平社会调查所1932

年版

40. 彭泽益:《中国近代手工业史资料(1840—1949)》,三联书店 1957 年版

41. 陈真编:《中国近代工业史资料》,三联书店 1961 年版

42. 汪敬虞编:《中国近代工业史资料》,科学出版社 1957 年版

43. 杨大金编:《现代中国实业志》,商务印书馆 1940 年版

44. 彭明主编:《中国现代史资料》,中国人民大学出版社 1989 年版

45. 许道夫编:《中国近代农业生产及贸易统计资料》,上海人民出版社 1983 年版

46. 张研、孙燕京主编:《民国史料丛刊》,大象出版社 2009 年版

47. 中国第二历史档案馆编:《中华民国史档案资料汇编》,江苏古籍出版社 1991—2000 年版

48. 山东省档案馆、山东省社科院历史研究所编:《山东革命历史档案资料选编》(1—23 辑),山东人民出版社 1981—1987 年版

49. 山东省总工会、山东省档案馆合编:《山东工人运动历史文献选编》,山东省总工会 1984 年版

50. 山东省政协文史资料委员会编:《山东文史资料选辑》(1—32 辑),山东人民出版社 1982—1995 年版

51. 山东省地方志编纂委员会编:《山东史志资料》(1—9 辑),山东人民出版社 1982—1985 年版

52. 中国史学会山东济南分会编:《山东近代史资料》(1—3 册),山东人民出版社 1958 年版

53. 山东省政协文史资料委员会编:《山东文史集粹·社会卷》,山东人民出版社 1993 年版

54. 济南铁路总工会工运史编写组编:《济南铁路工运史资料选编》(1—4 辑),1984 年—1986 年版

55. 济南市史志编纂委员会编:《济南市志》,中华书局 1997 年版

56. 济南市志编纂委员会:《济南市志资料》(1—3 辑),济南出版社 1981—1982 年版

57. 中国民主建国会济南市委员会、济南市工商业联合会编:《济南工商史料》(1—4 辑),1987—1992 年版

58. 济南市政协文史资料委员会编:《济南文史资料选辑》(1—10 辑),1982—1992 年版

59. 济南市总工会工运史研究室:《济南工运史料》(1—4 辑),1982—1986 年版

60. 青岛市史志办公室编:《青岛市志》,新华出版社、五洲传播出版社 1994—2002 年版

61. 青岛市博物馆等编:《德国侵占胶州湾史料选编》,山东人民出版社 1986 年版

62. 青岛市政协文史资料委员会编:《青岛文史资料》(1—10 辑),1981—1996 年版

63. 山东省总工会工运史研究室、青岛市总工会工运史办公室编:《青岛惨案史料》,工人出版社 1985 年版

64. 烟台市地方史志编纂委员会编:《烟台市志》,科学普及出版社 1994 年版

65. 潍坊市地方史志编纂委员会编:《潍坊市志》,中央文献出版社 1995 年版

66. 潍坊市政协文史资料委员会编:《潍坊文史资料》(1—10 辑),1985—1994 年版

67. 济宁市政协文史资料委员会编:《济宁文史资料》(1—9 辑),1985—1992 年版

68. 聊城市政协文史资料委员会编:《聊城文史资料》(1—7 辑),1983—1995 年版

69. 临沂市政协委员会编:《临沂文史集粹》(1—6 卷),山东人民出版

社 1997 年版

三、报刊

1.《山东民国日报》

2.《申报》

3.《大公报》

4.《大众日报》

5.《青岛民报》

6.《青岛时报》

7.《芝罘商报》

8.《晨报》

9.《东海日报》

10.《解放日报》

11.《劳动季报》

12.《劳工月刊》

13.《东方杂志》

14.《申报月刊》

15.《山东文献》

16. 山东省政府秘书处:《山东省政府公报》

17. 山东省长公署统计处:《山东统计月刊》

18. 济南市政府秘书处:《市政月刊》

19. 青岛特别市总务局:《青岛市政公报》

20. 青岛特别市社会局:《青岛社会》

21. 山东省立民众教育馆:《民众周刊》

四、论著

1.《毛泽东选集》(1—4 卷),人民出版社 1991 年版

2.《邓小平文选》(1—3卷),人民出版社1994年版

3. 安作璋主编:《山东通史》(现代卷),山东人民出版社1992年版

4. 逄振镐、江奔东主编:《山东经济史》(近代卷),济南出版社1998年版

5. 李文海主编:《民国时期社会调查丛编》,福建教育出版社2005年版

6. 张玉法著:《中国现代化的区域研究·山东省》,台湾"中央研究院"近代史研究所1982年版

7. 朱汉国主编:《中国社会通史》(民国卷),山西教育出版社1996年版

8. 张静如、刘志强主编:《北洋军阀统治时期中国社会之变迁》,中国人民大学出版社1992年版

9. 张静如、卞杏英主编:《国民政府统治时期中国社会之变迁》,中国人民大学出版社1993年版

10. 张静如、刘志强、卞杏英主编:《中国现代社会史》,湖南人民出版社2004年版

11. 乔志强主编:《中国近代社会史》,人民出版社1992年版

12. 严昌洪著:《20世纪中国社会生活变迁史》,人民出版社2007年版

13. 李孝悌著:《清末的下层社会启蒙运动:1901—1911》,河北教育出版社2001年版

14. 陆汉文著:《现代性与生活世界的变迁——20世纪二三十年代中国城市居民日常生活的社会学研究》,社会科学文献出版社2005年版

15. 何一民主编:《近代中国城市发展与社会变迁(1840—1949)》,科学出版社2004年版

16. 李明伟著:《清末民初中国城市社会阶层研究(1897—1927)》,社会科学文献出版社2005年版

17. 张鸿雁著:《侵入与接替——城市社会结构变迁新论》,东南大学出版社 2000 年版

18. 陈国庆主编:《中国近代社会转型研究》,社会科学文献出版社 2005 年版

19. 贾秀岩、陆满平著:《民国价格史》,中国物价出版社 1992 年版

20. 张公权著,杨志信译:《中国通货膨胀史》(一九三七——一九四九年),文史资料出版社 1986 年版

21. 韩亦龙主编:《中国近代警察制度》,中国人民公安大学出版社 1993 年版

22. 谢振民编著,张知本校订:《中华民国立法史》,中国政法大学出版社 2000 年版

23. 商务印书馆编译所编:《中华民国法令大全》,商务印书馆 1915 年版

24. 商务印书馆编:《中华民国法规大全》,商务印书馆 1936 年版

25. 宋恩荣、章咸主编,中央教育科学研究所教育史研究室编:《中华民国教育法规选编(1912—1949)》,江苏教育出版社 1990 年版

26. 曹全来著:《国际化与本土化:中国近代法律体系的形成》,北京大学出版社 2005 年版

27. 池子华著:《流民问题与社会控制》,广西人民出版社 2001 年版

28. 池子华著:《中国近代流民》,社会科学文献出版社 2007 年版

29. 池子华著:《农民工与近代社会变迁》,安徽人民出版社 2006 年

30. 周德钧著:《乞丐的历史》,中国文史出版社 2005 年版

31. 曲彦斌著:《中国乞丐史》,上海文艺出版社 1990 年版

32. 邵雍著:《中国近代妓女史》,上海人民出版社 2005 年版

33. 王书奴著:《中国娼妓史》,岳麓书社 1998 年版

34. 张超著:《民国娼妓盛衰》,社会科学文献出版社 2009 年版

35.《文史精华》编辑部编:《近代中国娼妓史料》,河北人民出版社

1997年版

36. 卢汉超著,段炼、吴敏、子羽译:《霓虹灯外——20世纪初日常生活中的上海》,上海古籍出版社2004年版

37. 蔡勤禹著:《国家、社会与弱势群体——民国时期的社会救济(1927—1949)》,天津人民出版社2003年版

38. 侯杰、秦方著:《旧中国的下九流》,天津人民出版社2004年版

39. 张国刚主编、郑全江著:《中国家庭史》(第五卷·民国时期),广东人民出版社2007年版

40. 刘平著:《文化与叛乱:以清代秘密社会为视角》,商务印书馆2002年版

41. 王笛著,李德英、谢继华、邓丽译:《街头文化——成都公共空间、下层民众与地方政治(1870—1930)》,中国人民大学出版社2006年版

42. 杨天宏著:《口岸开放与社会变革——近代中国自开商埠研究》,中华书局2002年版

43. 刘明逵编:《中国工人阶级历史状况(1840—1949)》,中共中央党校出版社1985年版

44. 老舍著:《骆驼祥子》,人民文学出版社1962年版

45. 《旧中国的资本主义生产关系》编写组编:《旧中国的资本主义生产关系》,人民出版社1977年版

46. 彭南生著:《半工业化:近代中国乡村手工业的发展与社会变迁》,中华书局2007年版

47. 周俊旗著:《民国天津社会生活史》,天津社会科学院出版社2002年版

48. 忻平著:《从上海发现历史——现代化进程中的上海人及其社会生活》,上海人民出版社1996年版

49. 杨子慧主编:《中国历代人口统计资料研究》,改革出版社1996年版

50. 王寅生等撰：《中国北部的兵差与农民》，国立中央研究院社会科学研究所1931年版

51. 赵宝爱著：《慈善救济事业与近代山东社会变迁：1912—1937》，济南出版社2005年版

52. 中共青岛铁路地区工委、中科院山东分院历史所、山东大学历史系编：《胶济铁路史》，山东人民出版社1961年版

53. 山东大学、淄博矿务局编：《淄博煤矿史》，山东人民出版社1985年版

54. 中共枣庄矿务局委员会、山东大学历史系、中科院山东分院历史研究所编：《枣庄煤矿史》，山东人民出版社1959年版

55.《华丰煤矿史话》编写组编：《华丰煤矿史话》，山东人民出版社1983年版

56. 中共山东省委党史研究室著：《中共山东地方史》第1卷，山东人民出版社1998年版

57. 山东省总工会编：《山东工人运动史》，山东人民出版社1988年版

58. 邓中夏著：《中国职工运动简史》，人民出版社1953年版

59. 石绍敏主编：《山东煤矿工人运动史》，煤炭工业出版社1995年版

60. 吕伟俊主编：《民国山东史》，山东人民出版社1995年版

61. 吕伟俊著：《韩复榘传》，山东人民出版社1997年版

62. 吕伟俊著：《张宗昌》，山东人民出版社1989年版。

63. 吕伟俊等著：《山东区域现代化研究（1840—1949）》，齐鲁书社2002年版

64. 朱玉湘主编：《山东革命根据地财政史稿》，山东人民出版社1989年版

65. 朱玉湘著：《山东近代经济史述丛》，山东大学出版社1990年版

66. 陶飞亚、刘天路著:《基督教与近代山东社会》,山东大学出版社 1995 年版

67. 王守中、郭大松著:《近代山东城市变迁史》,山东教育出版社 2001 年版

68. 党明德、林吉玲主编:《济南百年城市发展史——开埠以来的济南》,齐鲁书社 2004 年版

69. 聂家华著:《对外开放与城市社会变迁——以济南为例的研究(1904—1937)》,齐鲁书社 2007 年版

70. 济南市社会科学研究所编著:《济南简史》,齐鲁书社 1988 年版

71. 济南市政协文史资料委员会编:《济南旧习俗》,黄河出版社 2002 年版

72. 倪锡英著:《济南》,中华书局 1936 年版

73. 任银睦著:《青岛早期城市现代化研究》,生活·读书·新知三联书店 2007 年版

74. 青岛市档案馆编:《青岛旧事》,青岛出版社 1991 年版

75. 宋连威著:《青岛城市的形成》,青岛出版社 1998 年版

76. 青岛市档案馆编:《帝国主义与胶海关》,档案出版社 1986 年版

77. 邓向阳主编:《米字旗下的威海卫》,山东画报出版社 2003 年版

78. 孔令仁、李德征主编:《周村开埠与山东近代化》,山东大学出版社 1996 年版

79. 胡汶本等著:《帝国主义与青岛港》,山东人民出版社 1983 年版

80. 寿杨宾主编:《青岛海港史(近代部分)》,人民交通出版社 1986 年版

81. 丁抒明主编:《烟台港史(古、近代部分)》,人民交通出版社 1988 年版

82. [美]施坚雅等著,叶光庭等译:《中华帝国晚期的城市》,中华书局 2000 年版

83. ［美］鲍德威著,张汉等译:《中国的城市变迁:山东济南的政治与发展(1890—1949)》,北京大学出版社 2010 年版

84. ［美］费正清主编,章建刚等译:《剑桥中华民国史》,上海人民出版社 1991 年版

85. ［美］史蒂文·瓦戈著,王晓黎译:《社会变迁(第 5 版)》,北京大学出版社 2007 年版

86. ［美］帕克等著,宋俊岭等译:《城市社会学》,华夏出版社 1987 年版

87. ［美］塞缪尔·亨廷顿著,王冠华等译:《变化社会中的政治秩序》,三联书店 1989 年版

88. ［美］伊恩·罗伯逊著,黄育馥译:《社会学》,商务印书馆 1990 年版

89. ［澳］沃特斯著,杨善华等译:《现代社会学理论》,华夏出版社 2000 年版

90. ［美］威廉·福特·怀特著,黄育馥译:《街角社会》,商务印书馆 2003 年版

91. ［法］安克强著,袁燮铭、夏俊霞译:《上海妓女:19—20 世纪中国的卖淫与性》,上海古籍出版社 2004 年版

92. ［美］贺萧著,韩敏中、盛宁译:《危险的愉悦:20 世纪上海的娼妓问题与现代性》,江苏人民出版社 2003 年版

五、论文

1. 黎霞:《负荷人生:民国时期武汉码头工人研究》(华中师范大学 2007 年博士论文)

2. 胡俊修:《"东方芝加哥"背后的庸常——民国中后期(1927—1949)武汉下层民众日常生活研究》(华中师范大学 2007 年博士论文)

3. 陈尔杰:《民国北京"平民教育"的渊源与兴起(1912—1920)》(北

京大学 2012 年博士论文）

4. 孙高杰：《1902—1937 年北京的妇女救济——以官方善业为研究中心》（南开大学 2012 博士论文）

5. 朱一丹：《吉林通俗教育讲演所研究（1915—1931）》（吉林大学 2016 年博士论文）

6. 聂家华：《开埠与济南早期城市现代化（1904—1937）》（浙江大学 2005 年博士论文）

7. 张超：《民国娼妓问题研究》（武汉大学 2005 年博士论文）

8. 朱云峰：《清末民初济南公共领域的近代转型（1904—1919）》（山东大学 2006 年硕士论文）

9. 万强：《近代济南的人口与城市发展（1904—1936）》（内蒙古大学 2004 年硕士论文）

10. 谷学峰：《近代济南市民文化研究（1904—1937）》（山东大学 2005 年硕士论文）

11. 王醒：《济南市政建设与城市现代化研究（1904—1937）》（山东师范大学 2010 年硕士论文）

12. 桂晓亮：《济南商埠研究（1911—1928）》（山东师范大学 2007 年硕士论文）

13. 李万荣：《胶澳开埠与青岛城市的早期现代化（1898—1914）》（东北师范大学 2002 年硕士论文）

14. 葛晓茜：《烟台城市近代化的历史考察》（山东大学 2008 年硕士论文）

15. 孟宁：《近代济南城市空间转型及发展研究（1904—1948）》（西安建筑科技大学 2009 年硕士论文）

16. 孟玲洲：《传统与变迁：工业化背景下的近代济南城市手工业（1901—1937）》（华中师范大学 2011 年硕士论文）

17. 刘慧：《济南与烟台城市早期现代化比较研究》（山东师范大学

2008年硕士论文)

18. 崔玉婷:《抗战以前青岛华人社会阶层分析》(山东大学2003年硕士论文)

19. 张秋菊:《抗战以前烟台社会阶层结构的变迁》(山东大学2004年硕士论文)

20. 张刚:《抗战以前济南社会阶层结构的现代转型》(山东大学2004年硕士论文)

21. 腾松梅:《抗战前烟台市民构成分析》(山东大学2008年硕士论文)

22. 侯艳丽:《透视民国乞丐》(吉林大学2003年硕士论文)

23. 曹胜:《德占时期青岛城市建设研究》(山东师范大学2003年硕士论文)

24. 张伟:《青岛市民社会生活研究(1922—1937)》(青岛大学2010年硕士论文)

25. 王洪发:《青岛城市现代化进程中社会分层研究(1897～1937)》(青岛大学2009年硕士论文)

26. 司娟:《民国山东婚俗研究(1912—1937)》(山东师范大学2011年硕士论文)

27. 徐冬:《民国通俗讲演所述论》(河南师范大学2012年硕士论文)

28. 唐增益:《近代陕西城市下层社会群体研究》(西安工程大学2016年硕士论文)

29. 李婷婷:《西安人力车夫及其社会控制研究(1936—1947年)》(陕西师范大学2016年硕士论文)

30. 吕伟俊、聂家华:《生成与生存:城市化背景下的山东城市下层社会述论(1912—1937)》,《东岳论丛》2008年第3期

31. 吴忠民:《从阶级分析到当代社会分层研究》,《学术界》2004年第1期

32. 崔玉婷:《抗战以前青岛华人社会阶层分析》,《文史哲》2003年第

1 期

33. 马陵合:《人力车:近代城市化的一个标尺——以上海公共租界为考察点》,《学术月刊》2003 年第 11 期

34. 邱国盛:《从人力车看近代上海城市公共交通的演变》,《华东师范大学学报》2004 年第 2 期

35. 王印焕:《交通近代化过程中人力车与电车的矛盾分析》,《史学月刊》2003 年第 4 期

36. 池子华:《论近代中国农民进城对城市社会的影响》,《江苏社会科学》2005 年第 3 期

37. 张百庆:《中国城市早期现代化过程中的娼妓问题》,《史学月刊》1999 年第 1 期

38. 任云兰:《近代城市贫民阶层及其救济探析——以天津为例》,《史林》2006 年第 2 期

39. 牛林豪:《论民国社会救济中的传统因素》,《株洲工学院学报》2005 年第 5 期

40. 杜丽红:《20 世纪 30 年代北平人力车夫管理与救济》,《中国社会科学院近代史研究所青年学术论坛》(2002 年卷),社会科学文献出版社 2004 年版

41. 于景莲:《20 世纪二三十年代的济南人力车夫研究》,《滨州学院学报》2009 年第 2 期

42. 李红英:《略论近代中国社会职业乞丐问题》,《安徽师范大学学报》2000 年第 1 期

43. 邓小东、杨骏:《民国时期的乞丐及乞丐救济》,《晋阳学刊》2004 年第 1 期

44. 严昌洪:《近代人力车夫群体意识探析》,《华中师范大学学报》2007 年第 6 期

45. 刘秋阳:《民主革命时期中共对城市下层社会的认识与启蒙》,

《党史文苑》2006年第20期

46. 孟庆良:《济南解放前夕的社会状况与工人运动》,《中共济南市委党校学报》2004年第3期

47. 池子华:《流民的文化现象——以清代淮北为例》,《苏州大学学报》2003年第1期

48. 朱汉国、王印焕:《民国时期华北农民的离村与社会变动》,《史学月刊》2001年第1期

49. 朱汉国:《民国时期中国社会转型的态势及特征》,《史学月刊》2003年第11期

50. 朱汉国:《关于社会史研究的若干问题——以民国时期的社会史研究为例》,《史学月刊》1998年第3期

51. 王印焕:《民国时期的人力车夫分析》,《近代史研究》2000年第3期

52. [美]A·G·帕克指导、齐鲁大学社会学系调查编著,郭大松译、庄惠娟校:《济南社会一瞥(1924年)》(上),《民国档案》1993年第2期

53. [美]A·G·帕克指导、齐鲁大学社会学系调查编著,郭大松译、庄惠娟校:《济南社会一瞥(1924年)》(下),《民国档案》1993年第3期

54. 行龙:《人口流动与近代中国城市化研究述评》,《清史研究》1998年第4期

55. 陈晓鸣、张蕾:《中国近代城市史个案研究举要》,《上海师范大学学报(哲学社会科学版)》2004年第2期

56. 罗国辉:《城市下层社会群体研究述评》,《学术界》2008年第2期

57. 郭德宏:《社会史研究与中国现代史》,《史学月刊》1998年2期

58. 迟维东:《试析社会下层的动向对历史演进的影响》,《社会》2001年第7期

59. 陈映芳:《中国城市下层研究的经纬和课题》,《江苏行政学院学报》2004年第3期

60. 侯艳丽:《民国时期的乞丐及其影响》,《忻州师范学院学报》2006年第2期

61. 钟年、张宗周:《丐帮与丐——一个社会史的考察》,《湖北大学学报(哲学社会科学版)》1997年第1期

62. 罗国辉:《民国时期乞丐群体成因探析——以上海乞丐群体为例》,《天中学刊》第21卷第6期

63. 秦晓梅:《近代山东娼妓业的兴衰》,《中华女子学院山东分院学报》2007年第2期

64. 鲍成志、邱国盛:《近代中国城市游民阶层的形成及其特征》,《苏州铁道师范学院学报》2000年第1期

65. 郭大松、贾月臣:《民国前期济南的人口与社会问题辨析》,《山东师范大学学报(社会科学版)》1998年第2期

66. 李路路:《论社会分层研究》,《社会学研究》1999年第1期

67. 刘祖云:《社会分层的若干理论问题新探》,《江汉论坛》2002年第9期

68. 谭玉秀、范立君:《20世纪30年代南京国民政府解决失业问题透视》,《党史研究与教学》2005年第5期

69. 李百浩、李彩:《青岛近代城市规划历史研究(1891—1949)》,《城市规划学刊》2005年第6期

70. 胡俊修、姚伟钧:《二十世纪初的游动摊贩与中国城市社会生活——以武汉、上海为中心的考察》,《学术月刊》2008年第11期

71. 胡俊修、李美佳:《近代中国城市的底层民生与市政冲突——1908年汉口摊户风潮探析》,《湖北社会科学》2011年第1期

72. 黄巍:《民国初年东北社会下层女性生存状况探微》,《学理论》2013年第17期

73. 杨齐福:《民国时期城市苦力的多维研究——以沪宁杭城市人力车夫为考察中心》,《福建论坛(人文社会科学版)》2013年第6期

后 记

拙作是在我博士论文基础上修改润色完成的,从选题到写作到如今即将付梓,其间经历了很长的时间,也颇多曲折,这是一个磨练的过程。拙作能够出版,有很多人需要感谢,如果没有诸位给我的指导、支持和帮助,拙作不可能走到今天。

首先要感谢我的两位导师吕伟俊教授和于化民教授。我才疏学浅,承蒙两位先生厚爱,收我为徒,耐心教导。博士论文的选题也来源于吕师承担的教育部重大项目《民国时期城市下层社会研究:以山东地区为例》,在老师的带领和鼓励下我有幸加入项目团队,进而从事民国城市下层社会研究。论文从题目的确定、资料的查找、文章架构的制定到初稿的写作、反复修改到最后定稿,每一个阶段两位先生都给予我无微不至的关怀,大到理论观点的确定,小到标点符号的运用,都耐心细致地对我进行指导,老师严谨的学风和渊博的学识将使我受益终生。论文的研究内容涉及城市史、社会史、经济史等众多领域,属于多学科交叉的综合性研究,这需要深厚的理论素养支撑,对于学科背景单一、水平不高的我来说是个很大的挑战,困难可想而知。论文的写作并不顺利,以至于拖了多年才完成,我深感对不住两位先生。期间几度甚至进行不下去了,在我最困难最苦闷的日子里,是老师给予我精神上的鼓励,帮我解决了许多实际问题,我才能够坚持下去,最终完成了论文。我一点一滴的成长和进步,无不凝结着两位先生的诸多心血,感激之情无以言表。

感谢参加我论文评阅、答辩的南京大学张宪文教授、北京师范大学陈其泰教授、复旦大学刘平教授、山东大学胡卫清教授和徐畅教授,他们提出的中肯的、极有建设性的意见和建议给了我很大的帮助和指导,使我受益匪浅,对论文的最终完成起了重要的促进作用。感谢我的同事赵爱国教授、王云庆教授、刘旭光教授、曲春梅教授、院资料室郑敏老师、张凤娟老师以及山东大学历史文化学院的诸位领导、老师,在论文写作过程中给予我很多关心和支持,在工作安排上给予我很多方便,让我感受到来自学院的关怀。还有李勇慧、聂家华、郭谦、于景莲、朱伟、伍玉振、马双、彭月娟等诸位师友,在论文思路、资料查找整理等一些具体环节上给予我许多帮助。在此一并表示衷心的感谢。

感谢我的家人,是你们给了我无限的温暖、充分的理解和大力的支持,让我可以全力以赴地投入到论文写作中去,并在我论文遇到困难时给予我鼓励,令我得以重新鼓起勇气继续下去。没有家人的支持,论文也不会顺利完成。

感谢江苏人民出版社编辑张晓薇老师、洪扬老师对拙作出版给予的大力帮助和付出的辛勤工作,两位老师认真、严谨的专业态度让我受益良多,而她们细致、高效的编辑工作保证了拙作顺利付梓。

由于我水平有限,拙作还有很多缺点与不足,也难免有错误、疏漏之处,恳请各位方家不吝批评指正。学术探索的道路永无止境,我将继续努力,一路前行,不辜负各位师长、朋友的厚爱,争取更大成绩!

毕　牧

2020 年 9 月于泉城